「泊まれる公園」をコンセプトにした宿泊施設INN THE PARK(インザパーク、静岡県沼津市)。Open Aが設計し、子会社が運営する

営に関わったりしながらつくづく感じることは、公園という、もともと寛容性を帯びた空間には、さまざまなコンテンツが掛け合わせ可能であるということ。しかも、「オープンマインド圧」のようなものが働くのだろうか、利益を追求するためのコンテンツはなんとなくふさわしくないと避けられ、おのずと公共性を持ち合わせたコンテンツが選ばれる。そうした「公園×○○」という新たなビルディングタイプを模索してきた。

本書の1章では、実際にOpen Aが設計や運営、さらに事業構築そのものに関わった複数のプロジェクトについて、「公園×○○」という切り口で、プロジェクトのきっかけから、プロセス、デザイン、マネジメント、その後の展開/実現のポイントまでを分析していく。

機能性が希薄な都市空間の可能性

「公園×◯◯（PARK and ◯◯）」について実践を重ねるうちに、あることに気がついた。それは、「都市は公園化（PARKnize）したがっているのではないか」ということだ。

最初は、文字通り、既存の公園に新たな機能を掛け合わせることにより、その可能性を拡張させることに注力していた。しかし最近、都市に残されたさまざまな空き地を公園もしくは公園のような空間に見立て、変換するような仕事が増えてきた。たとえば、1章で取り上げる「Slit Park YURAKUCHO」（p.146）はビルの隙間の道路の公園化だし、「iti SETOUCHI」（p.168）も閉鎖されたデパートの1階部分の公園化だ。両方とも目的性の薄い、もしくは目的自体を失い、事実上、地図から消去されたような場所たち。そこを再生する手法として「公園」というビルディングタイプを、無意識に選択していたのだ。

なぜだろう？

公園とは、そもそもそこに居る目的が希薄だったり、曖昧だったりしてよい場である。いい加減さや緩さがあらかじめ許容されている。普通のビルディングタイプではなかなかないことだ。人通りのほぼない道路や閉鎖されたデパートはあらかじめ目的を消失しているから、再生する手段として、目的性の薄い公園は相性が良く、チャレンジのハードルも低い。だから自然と公園を選択したのだ、と最初は思っていた。

しかし、プロジェクトが完成し、今まで閉じていた場所がひらくと、その空間は都市の新たな道線を生み出したり、異なったエリア同士をつなぐ結節点のような役割を果たし始めた。人の流れや緩やかな交流が発生することにより、小さいけれども確実な商取引も誘発されている。もしかすると、既存の都市の中では小さすぎて成立しないような規模の商いが、収益圧力の低いパブリックスペースだからこそ可能に

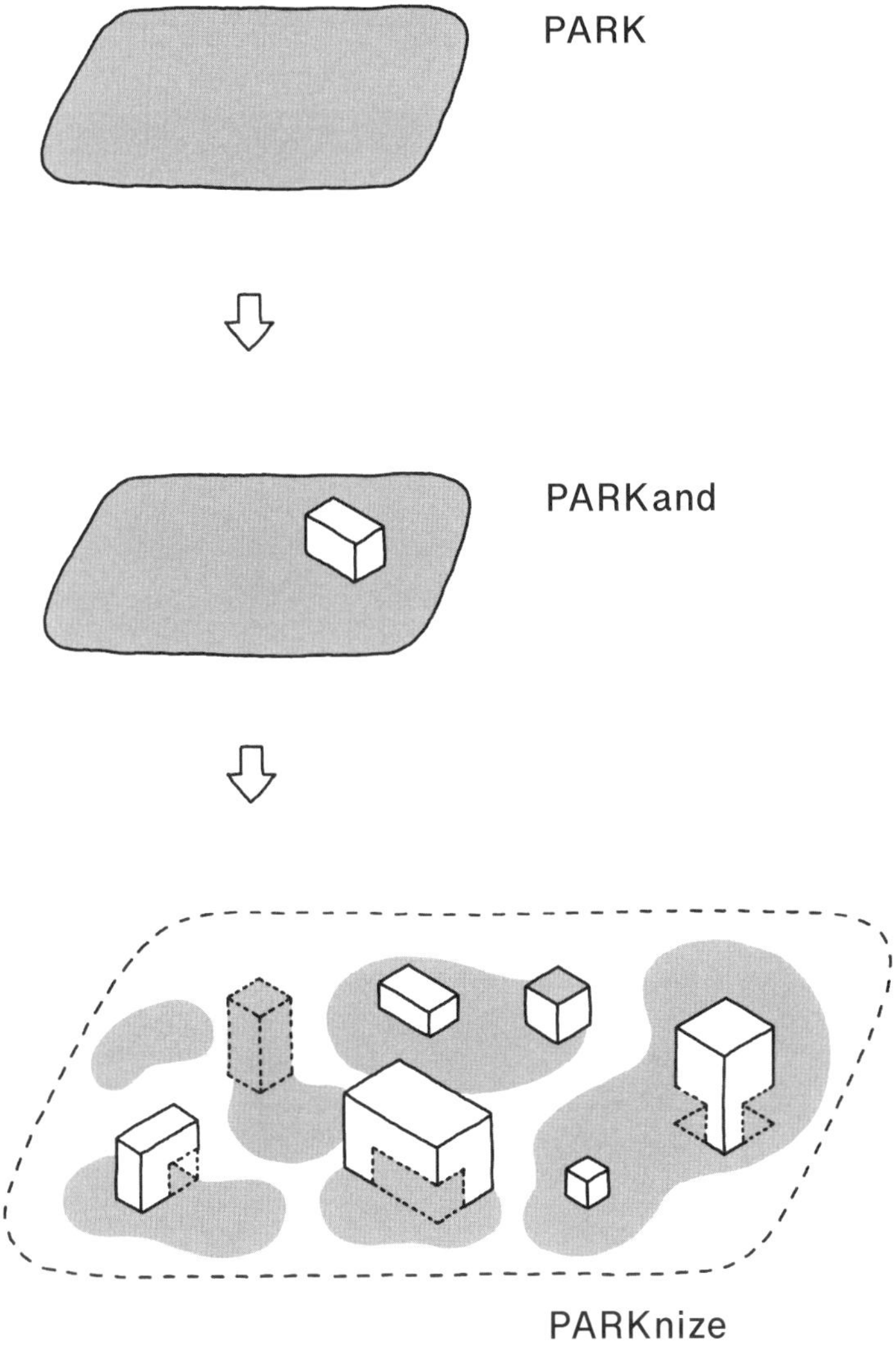

PARKandからPARKnizeへ

ビルの隙間の路地を公園化したSlit Park YURAKUCHO（p.146参照）

なっているのかもしれない。

これは何を意味しているのだろうか？

たとえば、道路の目的は通行である。そこを通る人や車、自転車といったターゲットに合わせて「歩道」や「車道」としてキャラクタライズ、すなわちデザインがなされていた。ひたすら機能を分化し、通行に対する合理性を追求した近代の思考。この考え方は、デパートでも同じで、ターゲット、つまり客層によって空間のキャラクターを設定してきた。しかし今、空間と目的とターゲットを一直線につなぐ近代の価値観が崩壊している。機能主義の終焉と言い換えてもよいかもしれない。

道路に人が滞留し、小商いが一時的に集積した状態をマルシェと呼び、本来の目的だった通行という機能からは積極的に逸脱し、さらに機能の混在を進めようとしている。そうしたとき、そこを道路と捉えるより、「細長い公園」として捉えた方が圧倒的に都合がいい。これは前述の閉鎖したデパートや、駅前のコンコース、人通りが少なくなったアーケード商店街にもフィットする再解釈である。

こうした状況を、「都市は公園化したがっている」と捉えて考察したのが、本書の2章である。2章では、公園化した国内外の事例をスケール別に収集し、僕らが考える、都市の余白を公園化するためのアイデアをまとめた。

駐車場化する都市

まったく違う方向からも、やはり都市が公園化したがっているのではないか、と思うことがある。それは、駐車場だらけになっていく地方都市の風景を眺めるときだ。このまま都市の駐車場化が進めば、その後、この街の風景は一体どうなるのだろうか？小さな街の中心市街地を眺めながら、こんな思いに駆られるのは僕だけではないだろう。

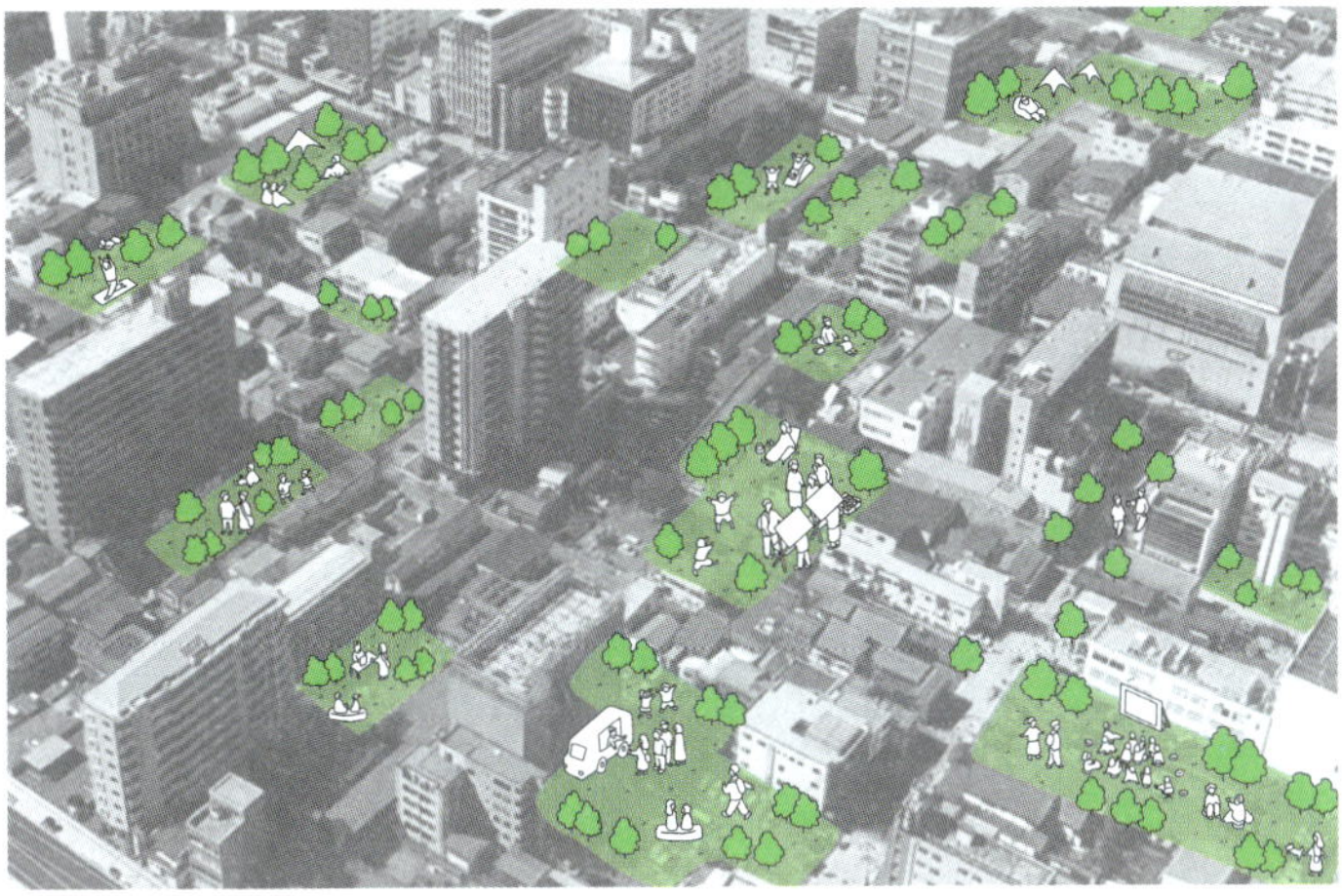

駐車場だったスペースが公園化した風景（p.234参照）

今、最も素直にそして安全に、いや安直に考えれば、地方都市の中心市街地の空き地は駐車場にしておくのが経済的には適切な回答なのかもしれない。実際、多くの地権者がそれを選択している。しかし冷静に考えれば、駐車場は目的地ではない。街から目的地が消えていけば当然、駐車場も必要なくなる。だから駐車場という選択は、都市を安楽死に向かわせるもののはず。人口が激減するなか、こうした状況に抗えと言うのは酷なことかもしれない。

そんな街の再生を相談されても、このデフレ・スパイラルから抜け出す魔法のようなアイデアをそう簡単に繰り出せるわけではない。それに無力感を感じることもあった。しかし、「公園化」というキーワードが、風景の価値観を逆転するヒントをくれた。

駐車場化の後にくる、公園化する都市

街に目的地がなくなれば当然、駐車場の必要もなくなる。その後、私たちは街にどんな風景をイメージできるだろうか?ここからは、衰退の先にある地方都市の風景の勝手な妄想である。

収益手段のなくなった土地の値段は一気に下落する。駐車場のアスファルトは剥がされ、土に戻り、うっすらと草木が根づき始める。安くなったそんな土地を、小さな商いも併設した住居を建てる用地として購入してみる。2階に住みながら、1階にはカフェでも、本屋でも、雑貨屋でも、趣味的な小商いをやる。小商いは楽しく暮らすための手段であり、街や近隣へのインターフェース。駅からそれほど遠いわけではなく、周辺には古くからある飲食店がまだちらほらある。結局、残っているのは、家族経営の小さいけれどキャラの立ったコンテンツなのだ。

購入したちょっと広い敷地に大きめの木を植えてみる。余った部分はパブリックに開放する。庭というより小さな公園の中に家を建てるよ

うな感覚だ。そこで近所の人が子どもや犬と一緒に散歩をしている。自分の土地の一部だけれど、適度な距離感がそれを許容する気持ちにさせてくれる。天気のよい夕刻にはオープンエアで夕食をとる。時折、通りすがりの近所の人が食卓に混ざり賑やかになることもある。もはや、自分の所有空間と公共空間との境界は、積極的に曖昧になっている。

コロナ禍を経て、在宅勤務や副業などが一般化したことで、仕事と暮らしの境界も曖昧になった。こんなライフスタイルに共感してくれる人々が周りに暮らし始め、境界の曖昧な都市空間の中に、ぽつりぽつりと建物が建ち始める。「疎」か「密」かで言うと、「疎」な家並み。家と家の間には植物や樹木が生えていて、歩くと気持ちよさそうな小道がなんとなく連なり、1つのエリアを構成するようになる。

こんな風景を想像してみてほしい。まるで公園の中で暮らしているようではないか。

駐車場化した後に、街は公園化し始める。

人口が半分になっていくのだから、街が衰退するのは当たり前。それを無理に食い止めて、賑わいの復活や活性化を掲げたところで、実現する可能性が低いことはすでにみんな知っている。だとするならば、「疎」になってゆく街の風景を、衰退の象徴として捉えずに、未来の可能性と捉えるのが、これからの街の美学になるのではないだろうか。

「衰退する都市」ではなく、「公園化する都市」へ。本書で提起する「PARKnize」という概念を、今よりちょっとハッピーな未来をつくるために使ってほしい。

この本の使い方

本書は、大きく3つの章から構成されており、「公園」という空間の概念や可能性の拡張を追求している。既存の公園をアップデートしたり、新しいタイプの公園をつくったり、都市の余剰空間を公園的に活用していく、そんな新しいチャレンジにこの本を役立ててほしい。

※ 掲載されている情報は2024年9月時点のものである。

1章 ｜ PARKand（公園×○○）

Open Aや公共R不動産が関わった12のプロジェクトを通したケーススタディ。公園に異なる要素・機能を掛け合わせる多様な展開について、「つなげる／置く／重ねる／見立てる」の4パターンに分類して紹介する。

各プロジェクトについて、「きっかけ／プロセス／デザイン／マネジメント／その後の展開・実現のポイント」という5つの観点から、詳細なプロセスを時系列で解説。実現したことだけでなく、困難だったことをどう乗り越えたかについても記す。企画／事業スキーム構築／設計／運営とさまざまな立ち位置で関わってきた馬場正尊による12のドキュメントである。

章の冒頭には、12プロジェクトの整備および運営のスキーム図を一覧化。近年の公園にまつわる潮流や課題を論じるコラムも収録している。

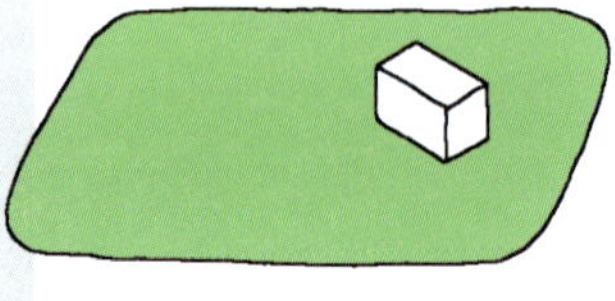

ポイント

- 公園のアップデートに伴う多様なスキームとプロセスの提示
- Park-PFIをはじめ、公園や公共空間にまつわる制度をふまえた実践の紹介

江戸の都市化と公共空間

松本剣志郎著

塙書房刊

目次

目　　次

Ⅱ　公共空間支配論

江戸の都市化と公共空間

序章　課題と方法

一

われわれは高度に都市化した社会を生きている。都市化とは、都市的な生活様式および思考様式などの形成と、その深化・拡大の過程のことである。都市化社会といえば、そのような都市化によってもたらされた状況を、都市住民たちが共通に支持している社会を指し示す言葉となる。ゲオルグ・ジンメル以来、社会学が常に問題としてきたものはそれであった。[1]直面する社会問題を分析する枠組みとしての都市化は、歴史学においても有効な視座を提供する。

本書は、日本近世の江戸を舞台に、都市化社会の成立と展開が身分制城下町に与える影響と、そこからの新しい秩序形成の過程を、公共空間に即して考えようとするものである。

二

ドイツ語には、都市化 Verstädterung と都市社会化 Urbanisierung という二つの概念があり、ユルゲン・ロイレッケによれば、前者は本質的に量的な過程を、後者は質的な過程を指しているという。[2]この用法に基づけば、都市化を踏まえた都市社会化こそ、本書で問題とされるべきものとなる。だがロイレッケによるその用いられ方をみれば、近代化の内容物としての都市化ないし都市社会化となっていることは明らかである。しかしながら、都市化は近代化の文脈においてのみ有効性を発揮するものではない。

かつて若林幹夫が、都市的なるものが社会を覆っていった近代に「都市的なるもの」と「近代的なるもの」との区別は甚だ困難なものになったと指摘して、言説のずれ込みを鋭く告発したことは幾重にも顧みられてよい[3]。社会学の見解を瞥見すれば、森岡清志は、都市的生活様式を「都市という居住地において発生する共通・共同の生活問題を、専門分化した機関とサービスの連携として成立する専門処理システムによって解決・処理することを原則とするような共同生活のあり方」と規定し、都市化を「このような生活のあり方に接近し、受け入れてゆく過程」「専門処理にますます高度に依存してゆく過程」と定義している[4]。近代を前提とした議論ながら、これを前近代に応用することは可能であろう。都市化論に歴史的なアプローチの求められる所以である。

周知のように、網野善彦は、関渡津泊、市、宿、寺社門前などを「都市的な場」として概念化し、日本中世史研究に新たな潮流を生み出した[5]。イスラーム研究は、都市的な生活、都市的な生き方、都市的な社会規範、都市的な生活倫理、都市的な社会空間、等々の都市的なものの総体を「都市性」（アーバニズム）という言葉で表現した[6]。いずれの概念も発見の道具として、都市的なるものを多様に見出し、豊かな歴史像を描くことに成功している。それらが存在に目を向けているとすれば、都市化は過程に重きを置いている。都市化論を、都市性の形成・展開・変容などの諸過程を問題にしようとするものと理解すれば、都市化は時代と地域を問わず適用されうる概念となるだろう。

一方で近世都市史研究は、この間、独自の展開をみせていた。それは「町《ちょう》」への注目である。朝尾直弘はこれを「地縁的・職業的身分共同体」と規定し、惣村を母胎に生み出された都市の基本単位であると指摘した(7)。その提起をうけながら、近世都市を把握する方法を鍛え上げていったのが吉田伸之である。吉田の主張の集約されたものといえる分節構造論は、城下町を武家地・寺社地・町人地など原理の異なる社会の分節的共在とみて、それぞれにおいて都市社会を部分的に編成・統合する要素に着目し、そのもとに秩序づけられる社会構造を可能な限り精緻に分析することで都市の全体性を捉えようとする方法である(8)。部分への注目は、場の空間構成とそこで展開される社会関係とを不可分のものとして捉える社会＝空間構造論が下敷きとなっている。こうした方法論を伴って、在地社会をも視野におさめた社会的権力論が提起され、また細部への注目から身分的周縁論が相補的に進展してきた。

従来の都市史研究が封建都市論(9)、幕藩制構造論(10)、世直し状況論(11)などの、その時々の中心的な研究潮流に枠づけられた都市像を描いてきたのに対し、都市内部の社会構造を確実に描く分節構造論によって、都市史そのものを問題としうるようになった。そのことの功績は大きく、渡辺浩一がこれを「都市史の自立」と呼んだのも肯ける(12)。分節構造論がすぐれた方法論であることは、多くの研究者がそれに基づいて大きな成果を挙げていることにも証されている(13)。

とはいえ、いかなる方法論も、たとえそれがすぐれていたとしても、そこから照射できない問題群をもつこともまた自明である。領主権力の契機を組み込めないこと、部分社会の加算が都市とはいえないこと、などの指摘はたしかに方法論の限界を突いている(14)。分節的把握に基づく都市社会論は、基礎になる分析として有効であって、その先の都市論へはまた別の方法が必要とされるのである。

都市化論はこうした状況認識のうえで提起されるものである。社会構造分析の手法に学びながら、都市の動的な過程を都市化の観点から捉えてみようとする。詰まるところ分節構造論が個々の人間や社会集団を対象とするのに対し、都市化論は社会の状況や過程に、より関心を向けようとするものだといえよう。

こうした着想の前提をなす研究は、岩田浩太郎の都市経済史分析である[15]。それは都市騒擾の構造的要因を探ろうとするもので、とりわけ享保十八年（一七三三）の高間伝兵衛打ちこわしの前提をなす都市の経済転換の分析はあざやかである。岩田は都市的な生業として、外食業や日常品のリサイクル業の成立・展開をみるほか、塵芥処理や火災対応などの都市問題が請負へ依存していくことにも注目する。領主層の需要に依拠しない、都市的な経済循環をここに見出すのである。これは都市の再生産の論理といってよい。こうした都市化社会は十七世紀後半から十八世紀初頭にかけて形成され、享保期に画期を有するものと判断される。

かの井原西鶴が「千軒あれば友過といへるに、爰《（都のこと）》にて何をしたればとて、渡り兼へきか」（『本朝二十不孝』）と書いたのは貞享三年（一六八六）のことである[16]。元禄期社会の質的転換を、いち早く構造的に明らかにしたのは中井信彦であった[17]。その中井が西鶴の町人ものに着目するのも道理である[18]。「銀が銀もうけする世」（『西鶴織留』元禄七年）の到来と、猫の蚤取り[19]に代表される渡世の多様化、すなわち分業の発達こそ（それも極端な）、都市化社会の一指標である。

つづく享保改革が、十七世紀に進んだ生産力の上昇と、これをうけた商品貨幣経済の進展を背景にもっていたことを思い起こせば、都市経済の転換も首肯される。それはまた都市に生きる人びとの心ないし集合意識の変容をも伴っていた。宝暦十三年（一七六三）生まれの加藤曳尾庵は、天和・貞享の町人に奢りなく、元禄より奢りはじめ、「享保の頃は、町人甚奢強く物好き出来、利倍なき故、有ものはへらし、無きものは身上を潰し断絶せり、よつてこゝろ甚下品に成たり」と捉えた[20]。武陽隠士も文化十三年（一八一六）に「元禄・享保の頃より利欲の工み事始まり、それより以来百年の間、だんだん奢侈の募り、利欲盛んに起り来るに随ひ、悪知恵いやましに

深くなり、かくの如きの時世となり、互ひに虚偽り工み謀る事になれり」と断じている。(21)

こうした社会状況はいつ頃から萌しはじめたのであろうか。寛文六年（一六六六）生まれの荻生徂徠は「金さへあれば如何様の事もなるといふより、世界段々に奢に成たる故也。世界皆かくのごとく成たる故、世界の金、人々へ引はりたらず成、諸色も次第に高く成たる事なり。寛文の中頃より、はや世界そろそろとかやうなる筋にをもむきたると見え」と、寛文頃に貨幣経済の浸透とそこからの人心の乱れを捉えている。(22)

都市化社会は寛文期頃から芽生えはじめ、元禄期にはつぼみをつけ、享保期に全面開花したと江戸時代人たちに捉えられているといえよう。このことを踏まえて当該期の研究状況を顧みれば、まず北原糸子は三都において、施行する者とされる者との階層差を前提にした町方施行の成立を享保期に見出し、これがその後の都市社会においても継続されることを指摘した。(23) 吉田伸之は元禄―享保期の三都に、本来的な町共同体を変質せしめる高利貸資本の登場と、その対極に位置する都市下層民衆の構造的定着をみた。(24) 塚本明は享保期以降、町共同体の機能低下、下層社会の広汎な成立、そして都市経済の拡大という事態をうけて、町人からの「新規願」（政策提案）受入体制が三都それぞれに構築され、都市全域を視野に入れた出願人が登場してくることを都市行政への主体的関与として評価した。(25) いずれも画期を享保期にみるところで平仄が合う。

その後、研究は分節構造論に流れたが、その批判のうえに立つ研究も出はじめている。藤本仁文は三都に共通した享保期の消防制度整備に着目し、それが公権力によって都市全体を視野に都市居住者の負担へと編成されるものの、武家や公家、寺社の個別領主権と対抗せざるをえなかったと指摘する。(26)

都市経済、都市飢餓、都市下層民衆、都市行政、そして都市火災といった事象への着目から、都市化社会とその時代像があざやかに提示された研究といえる。それらはいずれも都市住民が身分・階層を問わず関わらざるをえない共有される公共的課題からのアプローチであった。本書が都市公共空間に着目する理由もそこにある。

三

古代ギリシアに遡ってひとの公的領域と私的領域を論じたのは、ハンナ・アレントであった[27]。このうち公的領域は「現われ」と「共通世界」として理解される。それは「公に現れるものはすべて、万人によって見られ、聞かれ、可能な限り最も広く公示される」ことをまずは含意する。そのことに増して注目したいのは「人びとを結びつけると同時に人びとを分離」させるところの「共通世界としての公的領域」を説明する際に、アレントがテーブルをたとえに用いていることである。「世界の中に共生するというのは、本質的には、ちょうど、テーブルがその周りに坐っている人びとの真中に位置しているように、事物の世界がそれを共有している人びとの真中にあるということを意味する[28]」。アレントは「公的領域」を空間に即して把握していると言える。

他方でユルゲン・ハーバーマスが論じたのは、喫茶店やサロン、会食クラブといった施設が討議の場として市民的公共性を誕生させるも、印刷出版メディアの発展とそれの権力による取り込みから公共性は変容を来すというものであった[29]。問題は公論形成のされ方であって、公共性は言説の空間として捉えられていると言えよう[30]。

翻って日本において「公共」を冠する言葉を問題にしようとしたとき、東島誠が剔抉した問題構成を避けてとおるわけにはいかない[31]。common と public の原理的な差異を問うて、従来の研究（ないしその態度）をほとんど一蹴した東島は、公共圏とは「万人に開かれた領域であり、批判的討議の広場である」として、日本におけるそれを「江湖」に発見する。とはいえ公共圏と江湖、いずれも不在であるがゆえに理念として顕示されたものであった。公共圏にせよ、江湖にせよ（あるいは公界にせよ）、実体化と同時に本来の意味を喪失してしまう。こうして不在からはじまる、創造への取り組みこそが問われるところとなった。まさに鋭い提起で、公共性あるいは公共圏について有無を言わさぬ迫力をもつ。

ここで追求されたのは実体ではなくあくまで理念である。批判的であるために、理念が必要であるということはよくわかる。だが実体を問うこともまた必要なのではあるまいか。「公共性の問題は空間論として論じなければならない、そうすることによって公共性をめぐる論議は言葉や観念のみの論議から解放される」と喝破したのは間宮陽介であった[32]。間宮は、空間を人間の根本的な存在条件とみて、人間存在の空間的形態を「生活」とみたのである。この提起をうけて篠原雅武は「『公共空間とは何か』という問いを突きつめようとした議論は、『公共性とは何か』の問いへと横滑りする」と問題構成のズレを鋭く指摘し、空間論として問題を把握・展開させた[33]。ここにおいて公共空間は、日常生活に内在して形成され、人びとの行為によって存立していく実在の空間と捉えられた。

本書が問題にしようとする公共空間は、まずもってそのような実在の空間である。都市は公共空間と私的空間から構成される。住宅街あるいは商店街とそこをとおる街路（通路）をイメージすればよい。街路（公共空間）がなければ、人は住宅（私的空間）から一歩も外へ出ることができない。ここでの公共空間はまさに「人びとを結びつけると同時に人びとを分離」させるものである。都市は最初から人びとに関わる公共的な事柄をもっている。公共空間はそのひとつにして、もっとも根源的なものなのである。

歴史学は都市公共空間をこれまでどのように主題としてきたのであろうか。東島が中世から近世にかけての京都における救恤と橋普請を取り上げた論考の主題を「public works そのものではなく、それを媒介する open forum の構造なのである」[34]と強調したのは、やはり言説空間の問題であったといえる。なるほど公共事業は「桟敷の作り出す〈万人に開かれた領域〉を媒体として充足されること」で、はじめて公共の問題となるというのも理解できる。とはいえ public works を素材としたこと自体を問うてもよいのではないか。[35]

その観点からすれば櫛木謙周が書名に「公共性」を掲げ、古代史の側から積極的に応答したことは瞠目に値する。櫛木は「原則としてすべての階層・職種・身分等に開かれた、共通した関心領域としての公共的領域、公共的問題がどの社会にも存在するという平凡な事実から出発する」ことをやや遠慮がちに、だが確信をもって宣言している。[36]論じられるのは王権のイデオロギー支配と関わらせたところの、首都の賑給や清掃である。ここで櫛木が注目するのは「行い」である。「異質な住人の共通する願望を体現する行為自体」とも言う。[37]ここに問題は言説空間から離れ、「公共的なるもの」の意識形態やそれを充足するための制度ないし処理のシステムが問われることとなったのである。

関連してもうひとつ触れておかなければならないのは、公共性と「自発性」の問題である。塚本明は、近世後期の京都における橋普請や救恤を「都市全体の負担」として住民が認識し、これを決定していくことを捉えて「公共負担意識」を論じた。[38]町共同体の変容から都市全体が問題となっていく過程は、都市化社会の到来とそれへの対応とみることができる。

ここで公共負担意識を自発性の点から捉えようとするのであれば、問題は深まらない。公共負担が意識はどうあれ、担われること、行為がおこなわれることが重要なのであって、自発性が問題の本質ではない。行為の先に意識を見通すべきなのである。本秀紀は、「政党であれ、『自発的結社』であれ、労働組合であれ、本質的には『私的利害』をまとった存在であって、それらがその〈私性〉を――捨て去るのではなく――かかえたままで、

『普遍的なもの』を論じ、コミュニケートしあう」ことに、「公共圏」を性格づけようとする[39]。私的利害を有する者たちによる、目前の公共的課題解決へ向けての議論と行為こそが問われる事柄である。問題の焦点は、議論と行為の背景を政治的社会的構造に根ざしながら捉え、意識の領域に踏み込みつつ明らかにしていくところにあるのである。

四

本書は都市の公共的課題として公共空間の問題を取り上げ、それを都市化の文脈で論じるものである。全体をⅠ公共負担組合論とⅡ公共空間支配論に分けて、それぞれ論文を配した。

Ⅰは四章構成とし、江戸の道、橋、川、水路、堀の維持管理を担った住民諸組合の実態を明らかにして、行動原理や規範意識を追究しようとした。それらを役負担ではなく公共負担として捉えようとしたことが著者独自の理解である。ここでは長州藩毛利家、対馬藩宗家、佐土原藩嶋津家、松代藩真田家などにのこされた大名家史料を活用することで、はじめてこうした組合の実態が明らかとなった。

Ⅱは三章構成とし、幕府の公共空間支配の基調とその変容を、都市社会の展開と絡めて考察する。ここでは道奉行に着目し、それが関わるところの支配の具体的局面に焦点をあてた。公共空間の問題は、支配の側からすれば「公儀地」の問題といえるように思われたことから、公儀地文言の用例分析も試みた。だがそこからみえてきたのはまた別の問題への繋属であった。

差別と分断を基軸とする身分制城下町にあって、都市の公共的課題がいかに現れ、解決されていくのか。そこに身分制城下町の都市化を見出しうるのではなかろうか。

註

（1）ゲオルグ・ジンメル（松本康訳）「大都市と精神生活」（『都市社会学セレクション』1巻、日本評論社、二〇一一年、原論文一九〇三年）。
（2）ユルゲン・ロイレッケ（辻英史訳）「都市化から都市社会化へ」（今井勝人・馬場哲編『都市化の比較史』日本経済評論社、二〇〇四年）。
（3）若林幹夫「社会学的対象としての都市」（井上俊ほか編『岩波講座現代社会学』18巻、岩波書店、一九九六年）。
（4）森岡清志「都市・都市化・都市的生活様式」（同編『都市社会の社会学』放送大学教育振興会、二〇一二年）。
（5）網野善彦「中世都市論」（『岩波講座日本歴史』7巻中世3、岩波書店、一九七六年、後に『網野善彦著作集』十三巻、岩波書店、二〇〇七年所収）。
（6）後藤明『メッカ』（中公新書、一九九一年）。
（7）朝尾直弘「近世の身分制と賤民」（『部落問題研究』六八号、一九八一年、後に『朝尾直弘著作集』七巻、岩波書店、二〇〇四年所収）、同「惣村から町へ」（『日本の社会史』6巻、岩波書店、一九八八年、後に『朝尾直弘著作集』六巻、岩波書店、二〇〇四年所収）。
（8）吉田伸之『巨大城下町江戸の分節構造』（山川出版社、二〇〇〇年）、同『伝統都市・江戸』（東京大学出版会、二〇一二年）。
（9）豊田武『日本の封建都市』（岩波書店、一九五二年、後に『豊田武著作集』四巻、吉川弘文館、一九八三年所収）ほか。
（10）中井信彦「近世都市の発展」（『岩波講座日本歴史』11巻近世3、岩波書店、一九六三年）ほか。
（11）松本四郎『日本近世都市論』（東京大学出版会、一九八三年）ほか。

(12) 渡辺浩一『近世日本の都市と民衆』(吉川弘文館、一九九九年)。

(13) 小林信也『江戸の民衆世界と近代化』(山川出版社、二〇〇二年)、岩淵令治『江戸武家地の研究』(塙書房、二〇〇四年)ほか。

(14) 塚本明「日本近世都市史研究のあらたな展開のために」(『歴史評論』五〇〇号、一九九一年)、仁木宏『空間・公・共同体』(青木書店、一九九七年)、西木浩一「書評　吉田伸之著『巨大城下町江戸の分節構造』」(『歴史評論』六二五号、二〇〇二年)、伊藤毅「書評　塚田孝著『歴史のなかの大坂』」(『年報都市史研究』11、山川出版社、二〇〇三年)、岩本馨『近世都市空間の関係構造』(吉川弘文館、二〇〇八年)。

(15) 岩田浩太郎『近世都市騒擾の研究』(吉川弘文館、二〇〇四年)。

(16) 『新編西鶴全集』二巻本文篇(勉誠出版、二〇〇二年)一〇七頁。

(17) 中井信彦『幕藩社会と商品流通』(塙書房、一九六一年)。

(18) 中井信彦『町人』日本の歴史21巻(小学館、一九七五年)。

(19) 『西鶴織留』巻三(『新編西鶴全集』四巻本文篇、勉誠出版、二〇〇四年)三七二頁。

五十ばかりの男、風呂敷をかたにかけて、猫の蚤を取ましよと、声立てまはりける。隠居がたの手白三毛をかはゆがらるる人、取れとて頼まれけるに、一疋三文づつに極め、名誉に取ける。先猫に湯をかけて洗ひ、ぬれ身を其まま狼の皮につつみて、しばし抱きけるうちに、蚤どもぬれたる所をうたてがり、皆おふかみの皮に移りけるを、大道へふるひ捨ける。是程の事にも、そもそも何としてか分別仕出し、身過の種とはなりぬ。

フィクションとはいえ西鶴の挙げる渡世は、ジンメルが紹介する「パリの十四番目役」を想起させる。

十四番目役というのは、住居に人にわかるように看板がかかっていて、晩餐の時刻に正装をして準備しており、晩餐会の人数が十三人になりそうなときに、すぐに呼び出しに応じられるようにしている人のことです。

(ゲオルグ・ジンメル「大都市と精神生活」前掲、十六頁)

(20) 加藤曳尾庵(鈴木棠三校訂)「我衣」(『日本庶民生活史料集成』十五巻、三一書房、一九七一年)十九頁。

(21) 武陽隠士(本庄栄治郎校訂・奈良本辰也補訂)『世事見聞録』(岩波文庫、一九九四年)二〇三頁。
(22) 荻生徂徠(平石直昭校注)『政談―服部本』(平凡社東洋文庫、二〇一一年)一三三頁。
(23) 北原糸子「『享保』飢饉と町方施行」(『日本史研究』二二八号、一九八一年、後に同『都市と貧困の社会史』吉川弘文館、一九九五年所収)。
(24) 吉田伸之「近世都市と諸闘争」(『講座　一揆』三巻、東京大学出版会、一九八一年、後に同『近世巨大都市の社会構造』東京大学出版会、一九九一年所収)。
(25) 塚本明「近世中期京都の都市構造の転換」(『史林』七〇巻五号、一九八七年)、同「都市構造の転換」(『岩波講座日本通史』14巻近世4、岩波書店、一九九五年)。
(26) 藤本仁文「元禄―享保期三都における消防制度設立」(『ヒストリア』二〇九号、二〇〇八年、後に同『将軍権力と近世国家』塙書房、二〇一八年所収)。なお藤本には宝暦―天明期までを含めた「一八世紀の社会変動と三都」(『日本史研究』六三一号、二〇一五年)もある。
(27) ハンナ・アレント(志水速雄訳)『人間の条件』(ちくま学芸文庫、一九九四年、原著一九五八年)。
(28) ハンナ・アレント『人間の条件』(前掲)七八～七九頁。
(29) ユルゲン・ハーバーマス(細谷貞雄・山田正行訳)『公共性の構造転換』第二版(未来社、一九九四年、原著一九六二年)。
(30) 以上の理解にあたっては、齋藤純一『公共性』(岩波書店、二〇〇〇年)参照。
(31) 東島誠『公共圏の歴史的創造』(東京大学出版会、二〇〇〇年)。なお塚本学「書評　東島誠著『公共圏の歴史的創造』」(『歴史評論』六二六号、二〇〇二年)参照。
(32) 間宮陽介『同時代論』(岩波書店、一九九九年)三一二頁。
(33) 篠原雅武『公共空間の政治理論』(人文書院、二〇〇七年)十六頁。
(34) 東島誠『公共圏の歴史的創造』(前掲)二五頁。

(35) 東島誠『公共圏の歴史的創造』(前掲) 二四四頁。
(36) 櫛木謙周『日本古代の首都と公共性』(塙書房、二〇一四年) 八頁。
(37) 櫛木謙周『日本古代の首都と公共性』(前掲) 四頁。
(38) 塚本明「近世後期の都市の住民構造と都市政策」(『日本史研究』三三一号、一九九〇年)。
(39) 本秀紀「『市民的公共圏』と憲法学・序説」(『法律時報』七三巻一号、二〇〇一年、後に同『政治的公共圏の憲法理論』日本評論社、二〇一二年所収) 一八四〜一八五頁。

I　公共負担組合論

第一章　江戸の公共負担組合と大名家

はじめに

都市がそれとして機能してゆくためには、道路や橋梁、上下水道といった都市住民の交通および生活に関わる基盤設備が、その必要とされるほどに整備されていなければならない。前近代における都市基盤の管理運営手法は、当該の都市に固有の仕組みをもち、それはまたその時代の国家と社会のあり方に深く規定されている。本章は十七世紀半ば以降、世界有数の都市へと巨大化した江戸を対象に、地域的都市基盤の管理運営をめぐる国家と社会の諸関係を、「組合」を軸に明らかにし、そのことをもって身分制城下町における都市的秩序の展開を考えようとするものである。

そこで日本近世の都市基盤に関する従来の研究をみれば、つとに幸田成友によって経済史の観点から、江戸と大坂それぞれの都市内交通についての行き届いた概説がなされている(1)。戦後には、南和男や中部よし子によって都市基盤整備における労働力の問題として一定の深まりをみせ、他方で脇田修によって都市公共機能の分野における、政治権力から委ねられたところの町人「自治」が指摘された(2)。そうした議論を一歩進めて、つぎに都市基盤への負担の論理が問われたとき、研究は公共負担論と役負担論として別個に進展した観がある。

まず公共負担論について塚本明は、近世後期の京都を舞台に、都市の公共機能における支配側の管轄領域の拡大と、その他面で住民側が都市全体への視野を獲得して公共負担意識を成立させることとをあわせて論じた[3]。ここでは橋普請が特定地域への役負担から、より広域の住民の合意による負担へと変化していることが重視された。ついで東島誠により、やはり京都を対象に中世から近世への公共負担構造の転換が論じられた[4]。橋普請についてみれば、住民の公共負担意識が勧進を媒介に形成されるものの、近世公権力のもとで入札原理に回収されていくことが示されている。

他方で役負担論は江戸を対象とした研究から主張され、まず岩淵令治が都市の主に治安維持を図った辻番を屋敷拝領者の役と捉え[5]、つづいて小林信也が道普請や異変処理を道に面した土地の所持者の持場負担として論じた[6]。両者は対象を異にするが、いずれも住民の負担を公儀地への役負担と考えている点で共通している。そのことの明示はないが藤村聡もやはり幕府から課せられた負担として橋や上水の組合をみている[7]。

両論は対象とする都市に違いがあり、また公共負担論が町共同体の負担可能規模を超える橋を対象としているのに対し、役負担論は個々の屋敷や町共同体に近いところでの議論となっている。そうしたことを考慮しても両論は矛盾対立するものではなく、統合して理解することが可能と考える。すなわち、公共負担のあり方のひとつとして、権力の設定した役負担を捉えるのである。時系列で整理すれば、公共負担意識を回収したところに成立してきた近世公権力の都市は、役負担を設定することで都市機能の維持管理をまずは図った。その後これを基調としながら都市機能は展開するが、やがて近代に向かってその仕組みは綻びをみせ、伏流していた公共負担意識が装いを新たに登場してくるものと見取り図を描くことができる。

この点で、著者がかつて明らかにした橋普請と川浚いを担った三味線堀組合の展開事例は、十七世紀後半から幕末までの長期にわたっており参照されうる[8]。これを本章の議論に引きつければ、役負担の設定は幕府による組合の組織化と同義であり、組合持場の拡大は役負担の仕組みの綻びに端を発し、それと同時に組合の意志形成があって責任主体へと脱皮して、組合は都市社会の展開をうけた公共負担意識のもとに成長していったと把握できる。

しかしながらこれの一般化には解決すべきいくつかの論点がある。まず個々の持場負担と組合の持場負担を同質のものとして論じてよいかという問題がある。個々に課せられた持場負担の原型は、すでに古代の都城にみえており、櫛木謙周は道に面した屋敷の負担原則のあり方を支配管轄の問題と密接に関わらせて論じている[9]。江戸幕府による持場に関する初発の制定法がみられないのは、こうした前代より継承されてきた慣習に依拠していたためとみられる。その点で組合は前近代において極めて巨大化した都市に、はじめて必要となった都市的な仕掛けであったと言える。

つぎに問題とされるのは近代へ向かっての公共負担意識の発現主体である。ここで留意すべきなのは、三味線堀組合が武家屋敷組合であり、それを内部で主導したのは大名家であったということである。京都と江戸はその歴史的前提もさりながら、武家屋敷の大規模展開において格段の差がある。公共負担意識を求められる対象もおのずと異なろう。そして公共負担意識は必ずしも自発性のみに規定されるものではなく、それぞれに私的利害を背後にもつ者たちが、諸関係のなかで選び取らされてゆくところの結果でもあると理解したい[10]。自発的であることが問題の本質ではなくて、私性を抱えた者たちによる公共負担への関係の仕方とその過程が問われるべき事柄なのである。この場合、そうした行動を促し、駆り立てるものを政治的社会的構造の変容のなかに捉えることが必要であろう。

こうして本章の課題となるのは、役負担の設定とその破綻、そしてそれを補完する仕組みを実態に即して明ら

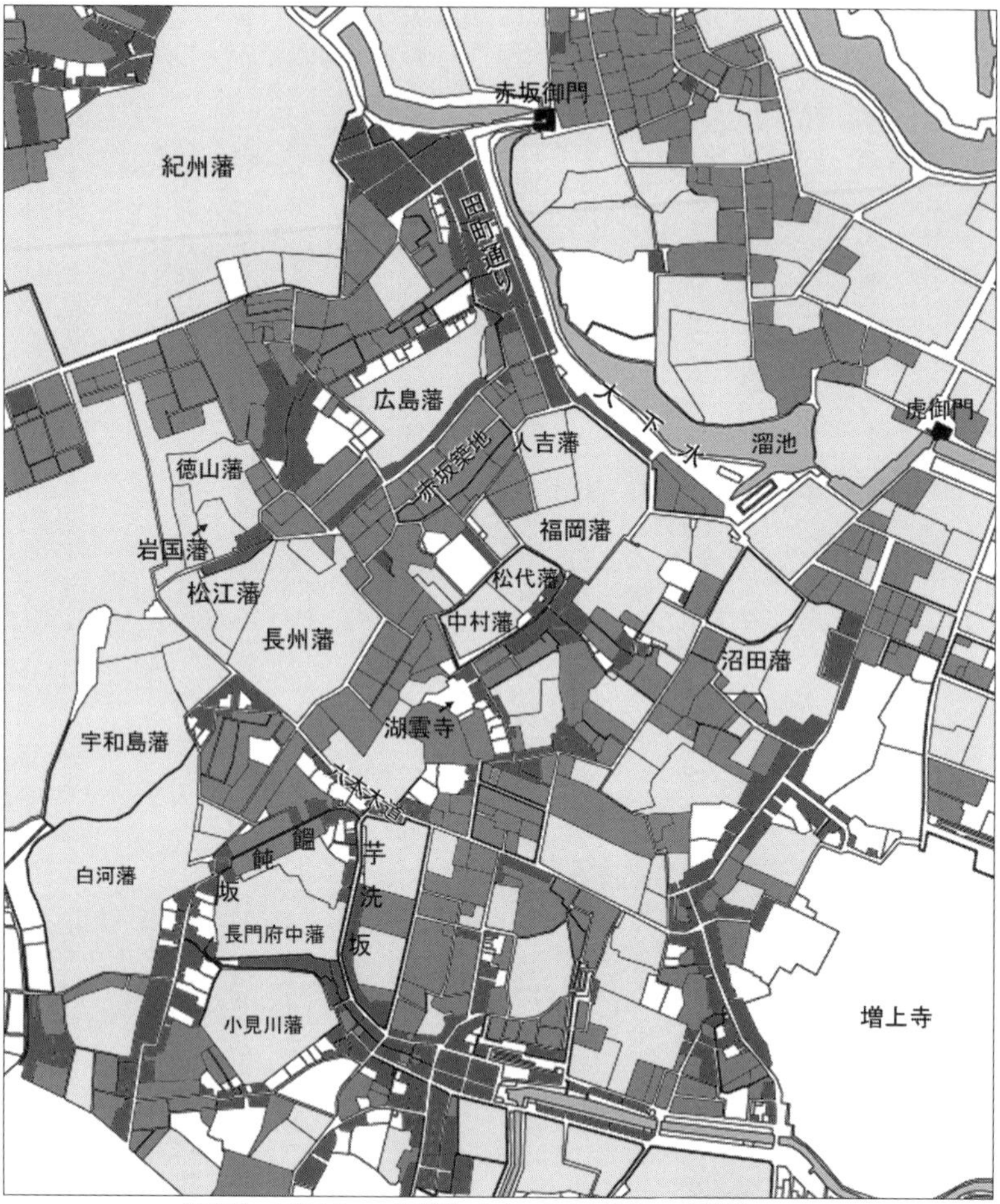

図１　麻布・赤坂周辺（19世紀半ば頃）（『江戸復元図』東京都、1989年ほかより作成）

かにすることとなる。そのための分析対象と方法として、ここでは長州藩麻布下屋敷に視点を定め、それが地域の公共的課題にどのように関わるかをみるなかに探ることとした（図1参照）。特に取り上げられるのは大下水組合と道造組合である。両組合は同地域にありながらも働きかける対象を異にするから、対照的な歴史的展開を遂げる。それゆえ本章は両組合を個別に追う複線的な叙述形式をとっている。これら公共負担組合のあり方の変容のうちに、身分制下の近世都市における秩序のありようが姿を現すこととなろう。

一　公共負担組合の成立と展開

長州藩麻布下屋敷は寛永十三年（一六三六）に拝領したものであったが、なおしばらくの間そこは江戸の郊外であったから、長州藩は自らの屋敷地周囲にのみ関心を向けていればよかったものとみられる。麻布下屋敷が地域の公共的課題への対応を迫られたことをはじめて確認できるのは、享保十二年（一七二七）に成立した赤坂中ノ橋組合においてであった。詳細は不明だが、旗本を含む橋普請組合であったようで、宝暦五年（一七五五）には旗本を除外し、松江藩との両家持となっている[11]。

ここで確認される最初の組合が享保期であったことは示唆に富む。岩田浩太郎はこの時期を都市経済の転換期と捉え、それまでの領主層を中心とする需要と供給の枠組みから脱した、都市それ自体の経済循環の形成を明らかにしている[12]。都市的な生活や生業の開花がみられるのであり、これを城下町における社会の都市化の一局面とみたい。公共負担組合はそうした社会状況のなかで成立してきたのである。大下水組合および道造組合の組織化もその延長線上にある。

1　大下水組合の成立

元文五年（一七四〇）十月、若年寄本多忠統は道奉行を通じて長州藩はじめ麻布辺りの武家および町方に対して「赤坂溜池端大下水道、只今迄御用場ニ而候処、此度組合ニ而浚候様」に命じた[13]。赤坂溜池端大下水道とは、享保年中に道奉行によって整備された下水路で、麻布・赤坂辺りの高台の居住地からの排水を集め、赤坂溜池の縁をとおって最終的に溜池に注ぐものである[14]。赤坂溜池は江戸城外堀の一部であると同時に、近世初期には上水源としても使われていた。だが十七世紀半ばに玉川上水が引かれたことで上水源としての役割を終え、つぎには麻布・赤坂地域の住民の増加をうけて下水の流れ込む貯水池となった。当初、住民らは個別に排水していたものと推測されるが、それでは追いつかず、幕府による大下水の整備へと至ったのであろう。大下水は都市化の進展のなかで必要とされた都市的設備であった。

これの維持管理は、赤坂溜池と日比谷御門外御堀の常浚いとあわせて京橋炭町の豊田屋源助と和泉屋傳七が請け負った。彼らには助成として赤坂新町三丁目に常浚屋敷一筆が与えられ、その町屋敷経営の利益（「地代上り高」）をもって費用が賄われた[15]。しかしその仕法は早々に行き詰まりをみせる。「赤坂溜池大水道、前々ゟ町中承りニ而年々さらゑ《（浚）》候へ共、近年無其儀む《（埋）》まり候而不通ニ候、雨之節赤坂筋水上り候[16]」という状態のなかで組合が組織されたのである。

若年寄本多は、道奉行に作成させた麻布・赤坂周辺の悪水道筋絵図をみて、大下水を利用する住民にその維持管理の費用負担を命じた。「御用場」としての公儀負担から、「組合場」としての受益者負担への転換であった。組合は内部で万石以上、万石以下、町方の三グループに分けられた[17]。万石以上は長州藩、福岡藩、広島藩、松代藩、徳山藩、人吉藩、岩国藩、紀州藩家老三浦家の八家である。これの年番は福岡藩と広島藩が隔年で勤めるよう指示された。年番には道奉行より年番勤方書付、武家・町組合名前幷高付帳面、大下水請負浚候仕法帳面が渡され、これをもって組合は始動することとなった。

最初の年番広島藩は、まずは道奉行より渡された書類すべてを組合へ回覧した。浚渫の請負金は年四五両で、請負人は先の和泉屋である。和泉屋にとっては、常浚屋敷からの利益によって維持管理するものより大下水のみが切り離されたことになる。年番の仕事は、毎年二月二十日までにグループから集金し、まとめて請負人へ渡すことと、その旨の道奉行への報告であった。組合に維持管理についての意志決定の権限はなく、負担の枠組みに過ぎない。組合構成家は表高を基準に負担割合を示す組合高を設定されたが、居屋敷以外は半高となり、その他に考慮すべき用件があれば独自の引高が適用された。各家は高百石につき銀三分五厘四毛余の割合で負担金を醵出した。

大下水組合は下水路に接続する屋敷を組合員としたが、それは特定の地域に居住する者を利用の面から等しく扱うものであった。武士と町人、大名と旗本、あるいは直臣と陪臣（紀州藩家老）の差がここでは捨象される。他方で負担割合は表高に基づいており、身分序列は組合に如実に反映されている。利用の平等性を含意する組合は身分序列を内包するものであった。それが可能であったのは、組合の成員間に身分関係は存在しないからである(18)。

しかしながら長州藩毛利家と岩国藩吉川家は違った。毛利元就の次男が入った吉川家は、兄弟筋ながら毛利家からは「家来」として位置づけられた。後に吉川家は独立を目指しさまざまな身分格式を幕府から認められるが、その地位は変わらなかった。寛延元年（一七四八）に道奉行より「家来」についての説明を求められた長州藩は

「大膳大夫（長州藩）ゟ相願（平出）御目見茂被仰付、三季献上物等仕（平出）御内書致頂戴候格相ニ而、外ニ者類餘り無之者」と答えている。[19]「家来」とはいえ、かかる負担は「屋敷江付候而之儀」であり、屋敷に対する「公儀御役」であるから、自らの屋敷を所持する以上は吉川家にも負担義務が生ずる。長州藩は幕府命令によって「家来」と同組合に属することを余儀なくされたわけである。しかしながら、組合廻状において「旦那家来一同」に名前が並べば、他家からは両家が「傍輩」のようにみえてしまう。

長州藩は、この同列の「外見」を解消する手立てを探った。この場合、参照されるのは他藩における先例で、長州藩は大藩の家老が独立した江戸屋敷を構えている場合、「水道、辻番又者屋敷事等之儀」は主人と家老とが同廻状になるのかを内々に調査した。だが、これに対する仙台藩や徳島藩などの回答は、いずれも同地域に屋敷がないかあるいは屋敷の名目が主人名であって同様の問題は生じていないというものであった。先例のないことから道奉行への直接の申し入れが困難と判断した長州藩は、年番両家へ「家来」の事情を説明した。

かくして年番の配慮から廻状は別紙となった。だが負担割付帳は、吉川家を除いてしまえば合計額が出せないことから同列である。道奉行は都市の地縁的な組合の内部に主従関係が存在する可能性があることなど想定しえなかったであろう。組合は利用の平等性に、負担面での身分序列を有効に取り込むところに成立したが、長州藩にとっては内部に主従関係を抱え、その後の屋敷付の負担と組合に微妙な影を落とすこととなった。

2　道造組合の成立

延享五年（一七四八）二月、道奉行は長州藩に麻布下屋敷の北側をとおる坂道の管理主体を尋ねた。[20]そもそも道はそれを挟む屋敷同士で半分ずつ管理するのが原則である。そのことに照らし合わせれば坂道は長州藩の管理すべき場所ではなかった。しかしながら坂道は長州藩側に高く、向かいの旗本土屋家側およびその先の町屋にかけて低くなる地形であった。そのため藩側から下水ないし土砂が流れ出すことで悪道となっており、それに対処するための砂留木も長州藩が設置したものであった。こうした実態に加えて土屋家の「小身」（三〇〇石）が考慮され、長州藩による道造りが実施されることとなった。そのことの報告をうけた道奉行は、長州藩の管理すべき場所ではないことを認めながら、江戸の内には他にも「大家之御世話」になる場所がいくつもあるとして、今回の長州藩による道造りを喜んで受容した。

其御方（長州藩）ゟ可被仰付所共不相見儀候得共、外々ニ茂ヶ様之儀毎々有之、先者御大家之御世話ニ相成候、兎角難被為成御事候ハ、割相ニも可相成哉候へ共、惣兵衛（土屋）方或者町屋とても餘分之割方与（可ノ誤）不相見候、然者大方御世話ニ被成御事候、先者此度可被仰付由候へ者、於拙者別而致大慶候

原則はそれとして、地域の地形と社会的居住環境に即した柔軟な対応が道奉行の求めるところであり、望ましい方向で原則をはみ出すことはむしろ歓迎された。望まれたのは「大家」に対してそのことの自覚とそれに伴う行動であった。長州藩は道造りにあたって近所へ「此方ゟ可致道とも不相見候得共（中略）先此度ハ作せ申」ことを通達した。これを当然の行為であり、将来もおこなわれるものと認識されることを回避しようとしたのである。この道造りは規模も小さく麻布下屋敷隣接の道であったから長州藩の寛大な対応となったが、半年後の道造りは少し趣きを異にする。

この年（改元して寛延元年）九月、道奉行は長州藩はじめ麻布近辺の大名家留守居らを集め、六本木芋洗坂・饂飩坂・日下窪辺りの道造りを命じた(21)。これらの道は「小身之町屋等」の管理場所であったため道造りが行き届かず、「此度計道作御組合」が組織されることとなったというのである。組合の構成員は、長州藩、宇和島藩、白

河藩、延岡藩、長門府中藩、奥殿藩、長瀞藩、生実藩、小見川藩、旗本坪内家の十家である。その負担割合は、道造りが屋敷前にかからない家は三分一高とされ、長州藩は屋敷前の町屋通りも道造りをおこなっているため引高十万石に設定された。長州藩は屋敷地と接しないこの道造組合を受け容れたが、一方でこの年より麻布下屋敷脇の馬場を預り地とされてその管理義務も負っていた。このため道奉行用人へつぎのように「内咄」した。

御預ヶ地も屋敷江付而之御役目、此度之道作りも是又同前之御事御座候得者、いつれとても被仰付候而者、疎略不仕奉遂其節候段勿論之儀御座候、兼而被聞召置候得者御沙汰不極内御吟味被成被下候様奉存候付、御内々御自分様迄御咄仕候、屋敷数も有之儀、いつれニ此先いかやう之儀可有之段も難計

預り地も道造りも屋敷に付く負担としては同等である。その責任を果たす旨を伝えながらも、組合正式決定以前の通知および藩の所持屋敷数についての理解を求めた。これは複数の屋敷を所持する大名家が、それぞれに屋敷付きの負担を多数命じられることのないよう予め道奉行を牽制したものと解しうる。

他方で出入り鳶頭より、麻布下屋敷周辺の道造り実施を町名主たちが道奉行へ願い出たとの情報が寄せられた。これに道奉行は翌年の命令を示唆したと言う。長州藩は対応を協議し、つぎのように取りはからうこととした。

龍土辺道造り之御沙汰有之、六本木辺之通御組合被仰付候而御造せ被成候ハヽ、此御方御屋敷なと一方ハ町屋之儀候間、御組合ニ而御造せ被成ニ而可有之哉、其段ハ只今難相知候得共、小身家なとのやうに御屋敷前之道左様もいかゝ敷候間、御沙汰無之内御造せ被成可然儀与相見候

屋敷前の道を「小身家」のように組合持とされることは大家の面目をつぶすものと意識され、ならば命令される前に道造りに取りかかることが適当と判断された。のみならず組合となれば、やはり岩国藩吉川家と同列になることへの危惧もあった。

これまで同地の道造りは、鳶頭の記憶によれば、道幅のおよそ三分の二を藩側が造り、向かいの町屋は裏から土などを持ち出す程度で、上に敷く砂利は藩側がすべて用意していたという。藩では「せはき道に御座候得者、半分、或ハ三歩二茂此御方ゟ造り、町屋之方残置候様にも難相成」と道全体を慮り、道奉行へはつぎのように町方側も含めた道造りを実施する旨を言上した。

道之儀いつ方とても半分充之事ニ而、此方ゟ不残作り候筈と申儀者無之候得共、此方屋敷前之儀、町屋之者共茂いつれも常々屋敷出入仕候者共之儀故、境を立、とやかく可申訳ニも無御座候故、此方之道造り候節者町之方も直し遣候心得ニ御座候

門前町人らとの常日頃の結びつきが、道半分の原則を軽やかに乗り越えている。とはいえこれには藩側の戦略的意図があって、こうしたことの積み重ねをもって六本木辺りの道造組合から脱けることが目論まれた。かくして道奉行との協議がなされ、「御大家様之儀、御屋敷付之道を組合造ニハ御気之毒」との共感を得て、屋敷前の道の組合造りは回避された。あわせて藩では吉川家との主従関係を説明し、将来に同組合とならないよう配慮を求めた。

翌寛延二年、六本木辺りの道造りを終えて、ことの一回性を確認した長州藩に道奉行はつぎのように述べた。

道作りハ其度切ニ而後江懸り候儀者無御座候、然共十年も其余も過候へ者又道損し申事も御座候、左様之節者前々組合を見渡沙汰仕事御座候

道造りは道に問題が発生した際に実施されるもので、組合もその時々に組織され、後年に引き継がれるものではなかった。しかしながら後年に道が破損した場合には、以前の組合が先例となって効力を発揮する。都市基盤への永続的な関わりを、ゆるやかに義務づける仕掛けとしての組合は、はじまったばかりであった。

3　公共負担の振替

大下水組合が年番を置き、恒常的な組織体であったのに対し、道造組合は問題対応型で単発に組織されるものであった。都市基盤の種類による維持管理の方法とその頻度の差が組合の形態に反映されている。そして恒常的な組織体はときに流用された。大下水組合による道造りである。

宝暦二年（一七五二）十二月、道奉行は若年寄松平忠恒の許可を得て、赤坂大下水組合による赤坂田町通りの道造りを命じた(22)。

赤坂田町通り道、以之外悪敷、若出火等之節者消防之手廻成兼可申候、常々往来之者茂殊之外難儀ニ付、道造候様町人共申付候処、地面者悪敷、困窮之者者(は)多ク、自力ニ難成由名主共申聞候、御伝馬人足等之御用勤候場所旁故、赤坂大下水浚組合高割出金を以造せ可申

赤坂田町一丁目から五丁目は、赤坂溜池に沿った町まちで、低地に位置する。当時の赤坂田町通りは、ことのほか悪路で、出火時には消火に手間取る可能性もあった。円滑な都市内交通を確保するものとしてある公権力は、不特定多数の「常々往来之者」の難儀をうけとめて、当然、町まちへ道造りを命じた。だがその道造りは、もはや町まちの「自力」で対応できる範囲を超えていた。そこに大下水組合が振り向けられることとなったのである。同じ地域の公共的課題に、別の目的で組織された組合を充当させたのはやはり大藩の存在にあったろう。道奉行は大下水組合の年番に命令を伝えたのではなく、組合内部で飛び抜けた表高を有する長州藩、福岡藩、広島藩、松江藩の四家を呼び出し、命令を伝えている。負担額の八割近くを占める彼らの了承を得ることが先決と判断されたのである。道造りの費用は「年々之浚代ニ而差引、末々捨りニ者不致」という、大下水浚渫費との相殺とさ

れたから、大名らの負担が増えるわけではなかった。のみならず道奉行は大下水浚渫請負額の値下げをも約束した。このため値下げを拒否した請負人の豊田屋と和泉屋は交代となり、赤坂町名主の秋元八郎左衛門と堀江惣次郎が新たな請負人となった。

道造りの規模は全長六〇七間の平均幅二間であったから、一キロメートルを超えている。工法は栗丸太を土台に、赤土で築き固め、そのうえに砂利を敷き詰めるというものであった。これの総費用は三三〇両二分余で、そのうち大名・旗本らは八五％以上にあたる二八二両一分余を負担した。のこりの四八両余のうち、四四両余を田町通りに接する赤坂田町五丁分と新町三丁分が負担し、赤坂伝馬町などがさらにのこりを分担した。これら町まちは大下水浚渫費の年間新請負額二五両を向こう五年間全額負担することとし、その後の十年間は浚渫請負額を十両として八両三分を武家が、一両一分を町が負担することとした。十五年後からはまた二五両に戻し、武家が二三両三分、町が一両一分を負担することに決した。こうした計算はすべて道奉行によるもので、武家側はこれを受け容れるのみであった。

道奉行は公権力としての強制力をもって都市基盤の維持管理システムの調整を図ったと言える。このとき道奉行がまずは大藩四家をおさえているのは戦略的である。組合内で圧倒的な負担額をもつ彼らを欠いては道造りの実現可能性は低く、この場合、道奉行は組合よりも大藩四家の動員をねらっていたとみられる。その際に組合の枠組みは有効な手段となった。このように組合の枠組みで大藩を動かすことが可能なら、逆に大藩の意向が組合を左右することもありうべきことである。大藩と組合は相互に規制しあうものであったと考えられる。

明和五年（一七六八）は道造りから十五年を経た年で、大下水浚渫の年間請負額は二五両となるはずであった。しかしここで道奉行は請負に入札制を導入した。落札したのは赤坂田町の市郎兵衛で、請負額は十五両三分余であった。この年、道奉行から管轄を引き継いだ普請奉行は、翌六年、年三度の大浚を二度にするよう命じたから、請負額は十四両一分余まで下がった[23]。

当初の大下水浚渫は幕府指定の特定業者が請け負っていたが、幕府の値下げ要求を拒否したことから地域の町名主が請負人となり、ついで競争入札制度の導入へと至った。組合の負担額は大きく減少していったが、いずれも幕府主導による請負人選定で、組合の関与する場面はなかった。だが入札制の導入後、幕府は入札の取り仕切りを組合に委ねた。折しも幕府が緊縮財政を強力に進めている時期であり[24]、他方で支配行政の合理化の観点から明和五年に道奉行が廃止され、その管轄領域は普請奉行が継ぐこととなっている[25]。幕府行政の効率化と合理化が推進される状況のもとで、入札を幕府普請方が直接実施するのではなく、これを組合の催すものとしたのである。組合にとってこのことは都市基盤へ主体的に関係する局面の開けることを意味した。

二　公共負担組合の主体性と請負人

大下水組合は恒常的な組織体として、地域的都市基盤に入札から関与するようになった。それは幕府から強制的に委任されたものであったが、組合の自主的な裁量の増大をも意味した。その裁量の発揮される様子を組合年番と請負人に注目しながらみてみることとしたい。

1　組合一統の形成

安永三年（一七七四）五月、幕府普請方は赤坂溜池端の上水路の修復を企図した[26]。その際、赤坂大下水の埋まり、および場所によっては幅の狭小が支障となった。そこで普請方は大下水組合に「先規之通、深サ三尺堀込《(ママ)》、幅狭り候所者切広ヶ、しからみ《(柵)》等致候様」命じた。年番広島藩が大下水の状態を確認したところ、赤坂名主は「御組合ニ相成、御定法通り之浚方ニ相違も無之」旨を主張してきた。組合の初発に立ち戻っての「御定法」には「下水深サ地形ゟ四尺」と規定されていたから、それを踏まえて年番は廻状をもってつぎのように組合中へ提案した。

此度被申渡候三尺通り堀込、しからみ等いたし候得者、全新規ニ三尺通堀立ニ相成、常浚之趣意ニ而ハ無之普請ニ相成申候、尤是迄之常浚方にて差而滞り之筋も無之相済来候、然上ハ此度上水普請有之候より事起り、深浚ニ付、右之意味申解、筋可相立哉者難計候へ共、一通り及御断試可申と奉存候

まずこれが画期的であるのは、廻状による組合中への「相談」であり、構成家へ「存寄」を求めるものであったことである。これまで年番は幕府命令の伝達に終始し、組合はそれに唯々として服してきた。そうした集合が内部の意見集約を図り、合意形成を志向したのである。ついで内容をみれば、今回の幕府命令をもともとの「御定法」と対比し、その埒外の程度を組合の本来的機能である「常浚」ではなく新たな「普請」とみなした。そして現状の仕法に問題がないことから、試しに断りを入れることを提案したのである。

そのようにして組合内の同意を得てきた年番に、普請方は「御定法通り」が意図したところであったとしながら、なおも所々の浚渫を命じた。これに赤坂名主は「此度各別ニ浚出銀有之候而ハ、是迄常浚之詮も無之様ニも相当候様ニ被相考候、此訳如何」として「不審」を表明した。対して年番広島藩は、組合立て以降、常浚費用と大浚回数の減少があってその分の埋まりは生じたはずとして浚渫に前向きな姿勢に転じた。こうして再び廻状によって組合中の意向が諮られ、浚渫およびしがらみの設置が実施されることとなった。

組合は請負人作成の仕様帳を普請方に提示し、その修正指示を加えたのち、組合主催によって入札を募った。これに八通の応札があったものの、安札は八一九両という「組合一統甚難渋」の高額となった。組合は仕様の変更を普請方に打診したが認められず、かえって「金高五百両余、御組合中御手元ニ有之心ニ候」と指摘された。元文五年に四五両ではじまった費用負担は、宝暦二年に二五両となり、明和五年に十五両三分余となり、当今は十四両一分余まで下がっていた。宝暦二年以降、組合が負担した額は四八二両余で、もし減額のなかった場合は九九〇両（四五両×二二年間）を負担していたはずとなるから、差し引き五〇七両余が浮いた計算になる。普請方は最初に幕府が設定した金額を本来的なものと認識していたのである。加えて普請方は、仕様を松の木から、より丈夫な栗の木を用いたものに変更するよう指示した。これは赤坂の三河屋治右衛門が八八三両二分余の安札をつけたが、やはり割高である。こうした事態に年番広島藩は、従来より栗と松の選択は勝手次第であって下値の方を採用してきたことを普請方に主張し、さらにつぎのように述べた。

兼而者少金ニ而も相済可申哉と組合一統存罷在候処、段々御注文増、金余程之金高ニ相成、組合一統甚以迷惑仕候、松ニ而仕置、近年之内朽損等御座候節ハ素ゟ其節組合申合修復も可仕候

広島藩という大藩が「組合一統」を背景に強い態度に出れば、普請方程度の役人では到底太刀打ちできない。広島藩は普請方に仕様の減少を認めさせ、さらに浚渫中に堀割を臨時水吐き場として使用することの許可も得た。この結果、三河屋は請負額を六六三両三分余に引き下げ、八月より作業に取りかかった。普請方の最初の命令をうけてからすでに三ヶ月が経過していた。

ここに組合は都市基盤の責任主体へと脱皮した。幕府のもとでの物言わぬ費用負担団体から、「組合一統」として意見形成し、ときには「迷惑」を主張することで指示内容を変更させるに至った。幕府指示は相対化され、

その適否を組合発足時の「御定法」や現実的な負担度合いによって断じられることとなったのである。組合の自律性の獲得と言えるが、他方で組合の責任下でこの先も都市基盤が維持管理されていくことは幕府の都市運営にとっても望ましい。もはや事態は負担の原則や制度を内面化したうえで進行しているのである。

2　年番による組合運営

組合は幕府と地域との間にあって、都市基盤の責任主体として存在するようになった。天明六年（一七八六）七月の江戸大洪水によって赤坂大下水は、芥留杭が押し折れ、上水樋口へ支障をきたす状態となった[27]。年番広島藩は請負人堺屋平兵衛へ修復の仕様帳を作らせ、組合中の同意を得たうえで、普請方へ伺いを立てた。注目したいのは、都市基盤の破損状況をうけて組合側から修復へ向けて動いたということである。そうしたときに、組合を起動させるのは年番であった。

寛政四年（一七九二）のしがらみ修復の費用は金二両余であった[28]。これを組合中へ割りかけるにはあまりに少額である。そのため年番広島藩は「纔之金高故、此方仕置普請ニ取計」ことを組合中に告げた。「仕置普請」は普請費用が少額の際に採られた手法で、入札を募らずに常浚請負人に修繕させたから、迅速にことに対応できた。費用は一定の金額になるまで年番が立て替えておいた。実際、翌五年の年番である福岡藩は、常浚費用の徴収にあわせて、寛政元年と三年に実施したしがらみや芥留などの「仕置普請」代金を集めている[29]。年番には組合を代表して都市基盤への絶えざる関心とともに費用の立て替え能力も必要であった。

その年番は、道奉行命令をうけて組合発足当初より広島藩と福岡藩とによって隔年に勤められてきた。しかし享和二年（一八〇二）に広島藩が赤坂田町道造組合への加入を命じられたことで年番を中途で離脱することとなった[30]。福岡藩が急遽年番を引き継いだものの、新たな年番家を設定する必要が生じた。以前のように幕府による新年番家の指名を願った福岡藩に、普請方は「当時者先年之振ニ茂難相成」として指名せず、組合内で決めるよう指示した。もはや組合の運営方式に幕府は介入せず、内部の合意による運営を期待し、任せていると言える。

　福岡藩が組合中に諮ったところ、「小家」には年番を引き受けられるはずもなく、「此御方（長州藩）、藝州様、筑前様御引請被下候様御小家方ゟ申来候」とのことで、大藩三家へ期待が集まった。だがすでに大藩は多くの負担を負っている。広島藩は赤坂御門内から麹町貝坂辺りの道造組合の頭取を勤めており、福岡藩は麹町大通りの永年番と屋敷より遠隔の場所での一手持勤めがあった。長州藩にも薩摩小路上水組合や麻布預り地などがある。それぞれに屋敷付きの負担は複数に及び、これを理由に年番を拒否することはできない。長州藩では「御組合内之事ニ付、一向御遁ル被成候様ニハ被為成間鋪、藝州様、筑前様御同様ニハ御引請不被成而者被相済間鋪歟」として三家平等の負担を志向した。その際、重視されたのはつぎのことである。

　勿論　（平出）公庭ゟ御言付被申ニハ無之、被仰談ニて御調被為成候事故、御三家　御同様ニ社《こそ》有之度事ニ付、其含を以何辺於江戸御為筋能様取計仕候様

「公庭」とは、おおやけの場所を意味する言葉だが[31]、あるいは「公辺」の誤りであろうか。ともかくもここでは「公儀」と同義と捉えてよかろう。幕府命令ではなく、組合内の合議によって調整の図られていることが重視されており、そのうえで三家の公平・平等な負担が目指されたのである。そして最終的には藩の「御為筋」が重んじられた。これは年番の拒否による組合内の関係悪化および威信の失墜とを恐れた言葉であろう。この場合、多少の負担を払ってでも「御為筋」となる結果が求められたのである。

　その後、年番は福岡藩、広島藩、長州藩そして松江藩によって勤められることとなった。「小家」に代わって

大藩が年番を引き受けるという合意がなされたのである。大藩には大藩ゆえの義務が組合のなかで要請され、また大藩がそれに応えることで組合は円滑に運営されたのであった。

3　請負人の位置

年番による組合運営を補助し、浚渫や普請の実務を取り仕切ったのは請負人である。遅くとも天明三年（一七八三）から大下水組合の常浚請負人を勤めていたのは赤坂田町二丁目家主の出雲屋利兵衛であった[32]。彼は請負人の立場を安定したものとするため寛政三年（一七九一）には五ヶ年季の請負契約（「定請負」）を組合と結ぶことに成功している[33]。組合としても手慣れた専門業者への継続委託は心安く、両者ともに利害の一致をみたのであろう。組合年季明けを目前にした寛政七年十二月、出雲屋は年額二七両一分をもって再びの五年契約を組合に願い出た。組合中はこれを認めたものの、普請方は請負額の高値を指摘し、金額についての再交渉を組合に命じた。結局、翌八年二月に年額二六両二分で、普請方の許可がおりている。定請負は組合と請負人との契約であるが、普請方の決裁を必要としたのであった。

この定請負をめぐる交渉の最中、寛政八年正月、大下水落口石垣が崩壊し、請負人の仕事が必要な事態となった。いまだ出雲屋の請負を普請方は許可していなかったが、組合は「何レ難捨置場所」であると判断し出雲屋に仕様見積書を作成させている。つづけて組合中の同意がとられ、普請方の許可を得て、出雲屋による普請がおこなわれた。さらにこの石垣普請の過程で、普請方よりしがらみなどの修復も指示されている。こちらは入札制がとられ、三河屋次右衛門[34]が五七三両で落札した。しかしあまりの高額であるため、普請方は五月になって修復箇所の減少を指示し、四八二両余での実施となった。

以上から組合のもとで働く請負人の二類型が明らかである。定請負人は本来の大下水の浚渫およびこれに付随した比較的小規模の普請や修復を請け負った。先の「仕置普請」も定請負人によるものである。他方で大規模の普請では入札制がとられて、安札を付けた者がそれの請負人となった。

つづけて文化四年（一八〇七）のしがらみ修復を年番（長州藩）と請負人の動きに着目しながらみてみたい(34)。まずは年番の指示で常浚請負人伊勢屋甚兵衛が修復仕様帳を作成し、それをもって修復実施それ自体について年番が「組合中」の同意を取り付けている。そのうえで請負人を通じて赤坂町名主惣五郎より「町方何之存寄も無之」旨を得ている。「組合中」に町方は含まれていなかったのであり、この場合武家間の合意が先に立つことを示している。ともあれ組合の総意のもとで、五月十三日に普請方へ伺いが立てられ、後日普請方下奉行らによる実地見分がおこなわれた。その場で、しがらみの配置変えや古杭の再利用が指示されたが、こうしたことが可能であったのは見分が専門的な実務官僚によるものであったからである。長州藩側も作事方と棟梁が立ち会っている。

ついで入札の実施についての同意が「組合中」へは年番より、「町方」へは請負人をとおしてとられた。長州藩屋敷内での開札には、万石以下グループを代表して旗本近藤家家来が立ち会い、赤坂町名主も同席した。入札者は八人で、伊勢屋が一二〇両ほどで落札し、即日、仕様内訳帳の作成が命じられている。伊勢屋は常浚請負人であったから修復の仕様帳を作成し、入札の準備をし、そして自ら落札して今回は修復の請負人ともなったのである。普請方へは入札三番札までと組合姓名高付帳、開札立会人印形書などが提出された。これは六月八日のことであったが、つぎに普請方指示があるのは九月十日で、この間組合はなにも動くことができていない。

普請方は組合旗本の高の誤りを指摘し、請負額の高値を指摘した。年番は内々に高値の幅を問い、およそ三十両との答えを得ている。伊勢屋へ減額が指示され、九二両で修復の許可が普請方より出たのは十一月十七日であった。修復はひと月ほどで終了し、普請方の見分をうけて集金が指示されたのは十二月二十五日のことである。修復実施に至る過程での年番や請負人の行動は普請方の指示監督のもとにあって、とりわけ請負額には普請方の厳しい目が注がれた。幕府に費用負担はないのにもかかわらずである。これは入札の裏側での不正や談合の可能性を否定できないからであろう[35]。

普請方は江戸中の公共負担組合を監督下に置いていたから、その役職の専門性とともに請負額の比較検討をもとにして組合と請負人とに対することができた。組合としても請負額の低廉化は望ましいことであったが、修復認可に至るまでの時間の長さは都市基盤に責任を有す者としては気遣わしいものであった。この経験はつぎの修復に活かされることとなる。

文化十年（一八一三）六月のしがらみ修復もやはり「組合中」の総意をもって普請方へ伺いを立て、入札を指示されるものであった[36]。ここでは年番（長州藩）が組合構成家へ廻状で「御出入之内入札相望、身元慥成者」を募っていることが注目される。入札者は組合構成家出入りの商人ないしはそのネットワークにつながる者に限定されていたのである。開札には旗本岡野家家来と赤坂町名主後見が立ち会い、松屋金兵衛が三五両二分で落札した。こうして普請方へ以前と同様の書類が提出され、その指示待ちとなったのだが、夏場の強雨時期であり指示の遅れは修復場所の増加になりかねない。年番は普請方へ「此上強雨等御座候而者増ヶ所出来可仕茂難計奉存候間、此節ゟ取懸り申度」と即時の修復を打診した。普請方もこれを許したものの「入用取調之上高直之品も有之候得者、追而減方可申達候間、兼而其段請負人江御申渡置、御取懸り可有之」として請負額の精査とその結果次第での値下げ命令をほのめかした。

組合と普請方とのせめぎ合いがみえてくるが、これを一方向からみれば普請方は見分と請負額のチェックとをもって組合を統御し都市基盤の維持管理を実現しているのであり、その支配は効率的である。これに対し組合は眼前の都市基盤を優先しているようにみえる。請負人の私的利益追求にとっても組合より普請方の方が制限を加えるものであったと言えよう。

そうした請負人の実態は容易に知れない[37]。しかしながら唯一、その職業を知りうる請負人がいる。文政九年（一八二六）の常浚請負人であった赤坂新町三丁目家主の有馬屋徳右衛門である[38]。有馬屋は嘉永四年（一八五一）の諸問屋再興にあたって炭薪仲買および番組人宿として登録されている[39]。炭薪仲買はひとまず措き、人宿が請負人を勤めていることは請負人の実態を考えるうえで示唆に富む。

人宿は巨大都市江戸において日用をはじめとした労働力の供給業者であった。請負人は日々の浚渫業務のほか、石垣や杭の設置などに多数の労働力を必要としたはずである。仕事のなかには熟練を要するものもあるが、多くは単純肉体労働であったのではないか。そうすると人宿のような労働力を差配する者が請負人を勤めるようになるのは、至極当然の流れであったと考えられる。組合は請負人（人宿）を介して、日用層を都市基盤の維持管理に動員していたのであり、それはひいては幕府の都市政策の一環であったということになる。組合は都市を動かす歯車のなかに確実に位置づいていた。

三　組合と一手持、小家と大家

公共的課題の発生時に、先例をみながらそのとき限りに組織される道造組合は、大下水組合とはまた違った歴史的展開を遂げている。天明九年（一七八九）正月（同月寛政改元）幕府は、道造りはじめ諸種の組合において「組合之出銀差出候儀滞候向も粗有之趣相聞候、左様ニ者有之間敷事ニ候」と、組合分担金の醵出に滞納状況が生じていることを戒めている。[40]滞納者の明示はないが、それは主に「小家」であったとみてよい。分担金の納入と不納が、「大家」と「小家」の別で生起してきているならば事態は深刻である。

寛政改革から本格化する幕府公金貸付の対象は、「小家」たる旗本を多分に含むものであった。文化期にかけて増大の一途をたどる公金貸付は、目先の旗本困窮財政を補塡するものではあったが、それの返済にあたっては知行所への負担転嫁が避けられず、引き起こされた知行所の疲弊は、また旗本財政を窮乏化させるという悪循環へ陥ることに結果した。[41]かくして「小家」が窮乏化により「組合」から脱落していけば、もともと「小家」のために組織された側面の強い道造組合は、「組合」そのものの枠組みを問い直されることとなる。宝暦―天明期を経て、寛政期以降、「組合」は新たな局面を迎えた。

1　道造負担の増大

天明四年（一七八四）十二月、長州藩は麻布谷町湖雲寺前道造組合へ松代藩の代わりに加入することとなった。[42]松代藩が突如、溜池端道橋修復を命じられたための措置で、普請方は長州藩が即答すれば四万石高での加入でよいとした。これに長州藩は「甚迷惑」を主張し「いつれの道御断」を示唆したが、普請方は「近辺いつれも御遁れ不相成」と告げ、出入りの普請方下役も「全御断不相成」旨を伝えてきた。普請方によれば、長州藩は「道作り御組合事少く」、仙台藩は六ヶ所も道造組合に属していると言う。長州藩内では「御手寄之御老中か御用番」への相談も取り沙汰されたが、この件は普請奉行へ「御渡切」とされればもはや交渉もできないと判断し、「石高を少く御出シ被成候方可然」と評議した。

こうして二万石高での道造組合への加入が決まった。ここでの長州藩は早々に負担自体の拒否は不可能と判断し、負担額の低廉化を図るべく動いた。藩主在国中であることから「纔之石高」であれば江戸役人が請け合うとしたのである。ここでの負担の受容理由は、普請方からの強制命令と他藩に比べて属する道造組合の少なさからであった。

寛政五年（一七九三）六月、長州藩は麻布下屋敷門前の道造りを企図した。[43] これの見分にきた普請方は今回の道造範囲に入っていない旗本斎藤家屋敷（三〇〇俵）との間の道造りも指示した。無論、道半分は斎藤家の持場である。長州藩は「道半分之儀ハ斎藤様御造場ニ而、此方之場所取繕候而も斎藤様之方御取繕無之候得者、一面々々ニ向流込候」と、道全体の取繕いでなければ無意味となることを普請方に訴えた。これへの普請方の答えは「斎藤様之儀ハ誠ニ小家之儀ニ而、何れ（平出）　御屋形様御世話被成之外御座（有脱）間敷儀と存候」というものであった。すでに延享五年段階においてみた「小家」の負担を肩代わりさせられる大藩の存在がここにも確認できる。結局、「此度之儀」は長州藩による全面の道造りとなった。

だがまだ今回の道造り範囲は拡がる。七月になって付近の書院番組屋敷の同心らより「組屋敷脇少々計之場所、序を以御作らせ被下候様」との願いが出されたのである。これには先例があると言う。長州藩は「定例」にしないとの条件で、二十間ほどの道造りをついでに施した。大藩の道造りの機会を捉えて、小身の者たちは自己の道造りを実現させていった。長州藩は波及していく道造りの負担を受け容れたが、それはもはや道造りが中小旗本や御家人の経済力をもってしては不可能となっている現実を認識したうえでのことであったろう。[44] しかしながら制度の破綻を補うこうした行為は際限なくつづけられるものではない。

2　組合の限定

文化六年（一八〇九）十月、普請方は赤坂築地周辺の悪路を修繕するよう近隣住民に命じた(45)。

> 赤坂築地辺、道悪敷御座候付、御銘々造之儀、先達而被仰渡候処、鍋嶋捨若様（小城藩）、外四家之御方様ニハ御承知ニ御座候へ共、其外御小身之御方様も有之、高不相応之間数ニ而、其上殊外及大破、御銘々難及御自力御座候間、御一手造難行届、依之最寄御組合へ成共御加入被成、組合造ニ被成度段御伺被成候処、外組合へ被成御加入候而も場広ニ相成候得者、同様難行届、依之大膳大夫（長州藩）下屋敷最寄之儀ニも御座候付、引高十分一高之出銀差出、此度一作限組合へ加り、道造仕候様被仰渡候

劣悪な道の修繕命令に、小城藩と他四家（おそらくは小藩ないし大身旗本）は対応できても、その他大部分を占める「小身」たちは、自家の屋敷前とはいえ知行高不相応の規模であり、「一手造」は不可能であった。それならばと、普請方は「組合造」を提案するが、「場広」（受け持ちの場の拡大）となって結果は同じことであった。かくして普請方のとった手段は、「最寄」の大家を「一作限」で組合に投入することであった。

「小身」の「自力」に及びがたいところに、最寄りの大家を取り込もうとする構図は、宝暦二年来のものであって常套手段である。銘々の屋敷前を自分の持場として「自力」で維持管理するという幕府の負担原則はもはや破綻していた。そして銘々の「自力」を結集したところの「組合」さえも、すでに「小身」だけでは意味をなさなくなっていた。そこに求められたのが大家であり、それを引き出すための言説が「一作限」であった。だがそれは文字通りの一度だけというわけではなかった。命令をうけた長州藩はこの時点で屋敷付きの負担があわせて一五〇万石を超えていたこともあって、藩内で協議しつぎのように結論した。

一作限道造之儀ハ度々御勤被成候へ共、次第ニ御役場相増、尽期も無之事ニ付御断可被仰入

一度だけの道造りは何度もおこなわれ、その場所が次第に自分の持場のようになってきているのである。「一作限」は、大家を際限なく都市基盤に振り向けさせるための限定なき言葉として使われたのであった。かくて「迷惑」を主張した長州藩に、出入りの普請方が「表方」の達しはしないとして、「御組合一手造ニ被仰渡、最前之御沙汰者消へニ相成候由」を伝えてきた。普請方は長州藩への命令を撤回し、「小身」らの「組合一手造」を命じたのである。長州藩は新たな負担を回避することに成功した。だが、もはや都市基盤の維持管理に大藩は不可欠の存在となっている。

文化十年（一八一三）四月の今井寺町通りの道造りでは、普請方の命令をうけた中村藩が「頭取」となり、享和四年（一八〇四）の「一作切御組合普請之振合」をもって再びの「一作切御組合」が組織されるというものであった。[46] 頭取中村藩は万石以上、万石以下ともにかつての「一作切御組合」へ廻状を出したが、他方で万石以上だけにつぎのような提案をしていた。

毎々〆万石以下之御方々様御出銀相滞、先年修復之節之御出銀も今以立替置候儀有之、甚迷惑致候、依之此度普請之儀者万石以上之御方々様方計、一作切申合普請仕度

組合から万石以下を除いてしまえば、万石以上の費用負担は増加するが、組合一統の同意を得る手間や集金などの事務労力は減少する。もともと万石以下の負担割合は少ないうえに、それさえも滞りがちであり、前回の修復費用もいまだに中村藩が立て替えているような状況であった。中村藩の提案した「万石以上御六手申合普請」は受け容れられるところとなり、そのまま「六手」（長州藩、松代藩、延岡藩、泉藩、下館藩、中村藩）による普請が実施された。普請方は組合の枠組みよりも現実の都市基盤が維持されればよいからこれを許容した。こうした結

果は当然、万石以下にも歓迎されることであった。問題は「六手」の意識である。

このときわずかとはいえ負担の増加を受け容れたのは、身分序列で上位に立つ者としての自負ではなかったか。長州藩にあっては遅くとも延享五年以来、都市基盤における「大家」意識は育まれてきたはずである。組合には小家の力を結集させる意味があったが、それでは及ばず大家の加入を必要とするようになり、ついには組合から小家がはじき出されるに至った。そうしたことの延長線上にあるのは組合の枠組みの無意味化である。かくして大家は組合とは別の方向に向かった。

3　一手持への志向

文政五年（一八二二）十月、普請方は長州藩と小城藩に再びの赤坂築地辺りの道造りを打診した[47]。道は大破し、下水は押し埋まり、しがらみは朽ち損じ、このままでは「往来必至ト差支」の状況であるが、周囲の屋敷は「御少高之向多く」、彼らのみでの修復はおぼつかない。そこで「最寄」の両家に組合への加入が求められたのである。だが大藩を都市基盤に振り向けさせるのは以前のように容易ではない。

文化六年の長州藩による拒絶を踏まえた普請方の言い回しは懇切なものであった。「勿論両家ニおゐても外ニ組合場有之、迷惑之儀ニ者可有之候得共、前文之次第故無余儀御訳合を以御談有之候間、格別之勘弁を以取扱有之候様」とは、もはや命令ではなく懇願に近い。それでも長州藩は拒絶した。すでに屋敷付きの負担が「御少高」と比べてあまりの「場広」となっており、屋敷を隔てた場所での負担も複数に及んでいることを第一に、かつても主張された持場の原則を越えた「内分」での取扱、すなわち町家や小身の負担の肩代わりの事実も挙げられた。そうした「難渋」から拒絶に至ったのだが、普請方は諦めなかった。半年が経った翌文政六年四月に三度目の打診をしたのである。

御内（輪）者之訳合迄茂被申立候間、一通り之事と者相聞不申、無餘儀筋合ニ有之候、然処都而道造、其外共組合之儀者、其場所々々次第ニ寄、組合高少之向計ニ而者迚茂道造出来不申候ニ付、無拠大名方屋敷最寄ニ而組合加入無之候得者、道・橋・下水、普請・修復等行届兼候間、屋敷最寄ハ勿論、或者最寄遠ニ而も引出シ、前々ゟ組合相立有之候

本来は表沙汰にすべきでない「内分」での取扱も打ち明けた長州藩に対して、普請方も都市基盤維持管理の現実を暴露したかのようである。もはや旗本らのみでは道造りはじめ橋も下水も、普請や修復は不可能なのであった。すでに持場の負担原則は破綻しているのであり、このため大名家を最寄りの程度にかかわらず「引出シ」てくることで、都市基盤の維持管理が目論まれたのである。とはいえ普請方は「一旦手軽ニ茂道造、下水共修復有之候得者、以来大破ニ不相成様、銘々持場限り折々手入可致」ことを約束もしている。持場負担の原則は放棄されたわけではなく、改めて常日頃の維持管理の徹底が目指された。そのために「手軽」であっても「一旦」は大名家の「一作限組合加入」が必要なのであった。

三度目の打診に長州藩は「当惑」した。藩内での協議の結果、六月になって長州藩が導き出した結論は「引高相応一手持」を普請方へ提案するというものであった。組合への加入ではなく、問題の持場を分割し、自らの持場を新たに設定されることを望んだのである。長州藩が「一作限組合」よりも「一手持」を希望したのは、交渉次第で道造費用を減額できる可能性が生まれるということと、「家来」である岩国藩吉川家との「相役」を回避することができるということからであった。

すでに事態は長州藩と小城藩だけではなく、岩国藩のほか松江藩、沼田藩、徳山藩、人吉藩、結城藩を巻き込

んで進展していた。そのなかで長州藩の「持場御引分」の希望は功を奏し、事態を先取りしていた。他の藩は長州藩以上に負担を忌避しつづけていたらしく、再三の普請方による申達では埒が明かず、十一月になってついには老中水野忠成より「組合加入道造出来候様」命令が出るに至ったのである。普請方の命令は拒絶できても、当時権勢を誇った老中首座の命令は受け容れざるをえない。こうして一年以上の協議を経て、当該場所は分割され、長州藩は「一手持」で、他藩は「組合」にて道造りが実施された。

普請方は、本来の持場を越えた負担には「一作限」の言説をもって大名家を投入してきた。だがそれも時代を経過し回を重ねることで通用しなくなってゆき、幕府権力者の強制命令を持ち出さざるをえなくなったのである。しかし長州藩は他藩とは立ち位置を少し異にする。主従を「一列」に均してしまう組合を長州藩は最後まで厭った。負担の有無と同時に、主従関係を内包する組合そのものもこの場合は問題であったのだ。

「小家」の集住する赤坂築地周辺における都市基盤の問題はまだ終わらない。天保七年（一八三六）八月、普請方は長州藩、松江藩、徳山藩、岩国藩へ「赤坂築地辺、一作限下水堀広、埋浚、道之頽土留仕付、道不陸取繕」を命じた(48)。同地は下水路が狭隘であることから埋まりが早く、降雨によって水が溢れて道を洗い流してしまうという悪循環に陥っていた。これの解決を普請方は目指したものの、やはりこの地域は「何れも小家」であるから、「最寄万石以上」の組合加入が求められたのである。即時の返答と普請の実施を要求した普請方に、長州藩は藩主在国中を理由に返答を延引し、十月になって応答した。そこではまず、文政六年当時に「已来者大破ニ不相成様、御銘々御持場限御手入」が実行されるとの約束で、「全一作限之積を以、場所之内一手持場御引分」をもって道造りを実施したことが主張され、つづけてつぎのように述べられている。

凡十二三ヶ年内外度々同場所修復等被　仰渡候而者、後年際限茂無御座、定持場同様ニ成行

際限なき「一作限」とは「定持場同様」であるとの、鋭く正しい指摘がとんでいる。それに加えて当年の領内洪水（申年の大水）が説明され、長州藩は組合からの除外を求めた。普請方はこうした主張に理解を示したものの、「手前《（長州藩）》迷惑仕候迚御除キ候得者、外御向も同様可被仰立者必定」と、これを認めない方針を示した。他方で松江藩も「再三御迷惑筋御難渋」を申し立てており、普請方はこれにつぎのように「仰諭」した。

素ゟ道造、下水修復之儀者、其地先最寄之　（平出）公役ニ而、小家之御向計御住居有之候場所者、所詮其場所御銘々ニ而ハ難被行届候ニ付、最寄万石以上之御向江加入被仰渡、往来差支無之様御取計被成候儀

文政六年当時の長州藩への説明と同様である。「小家」の能力を超えた公共的課題に大名家を投入しなければ都市公共機能は崩壊してしまうのである。松江藩はこのことを「会得」したうえで「一作限組合場之内、一手持場御引分」を希望した。これも長州藩の対応と同じである。こうして松江藩が普請へと動いたことで、他藩もこれに追随することとなる。長州藩へは十分一の引高を設定し、その引高相応の場所が割り当てられた。のみならず普請方は、長州藩の「迷惑筋」を考慮し、「御別格之訳」をもって翌年の大下水組合出銀高を従来の半高から四分一高へと減額する方向を打ち出した。負担割合の操作は普請方にのこされた権限であり、「大家」をつなぎとめるべく、地域の公共負担はまたも振り替えられたのである。

一連の経過のなかで、普請方による「大家」の説得は「一作限下水修復等出来仕候得者、往来諸人之助ニ相成候」と、都市社会に生きる不特定多数の「往来諸人」を引き合いに出しながらおこなわれた。「小家」と「往来諸人」は都市にあって「大家」の対極的位置に据えられ、そのことで「大家」意識を突くものとなっている。こうして道造りは、組合へ「大家」を加入させることによって実施する段階から、「大家」が一手でおこなう持場の拡大によって実施されるようになった。それは個々の持場負担原則の破綻により現実の都市基盤が危機に瀕し

たところで、かろうじて引き出された行動であった。

おわりに

都市はその初発から人びとに関わる公共的な事柄をもっている。本章では江戸における地域的都市基盤に着目し、そこに生じた公共的課題をめぐる諸関係を明らかにしてきた。城下町はまずは公権力による統制のもとにあって、都市住民による屋敷地周囲への慣習的な維持管理負担を公儀が編成することで都市全体の運営を実現していた。そうしたところに十七世紀を通じた人口増加と都市域拡大があり、享保期には都市的生活様式が広まるに至った。その過程で都市基盤の拡充が要請され、個々の持場負担では対応しきれない部分に公権力の主導で公共負担組合が都市内の各所に組織されたのである。

大下水組合の場合、水路を利用する武家と町を構成員とし、年番をもつ恒常的な組織体として出発したが、当初のそれは幕府のもとでの費用負担団体に過ぎなかった。それが明和期に幕府支配の効率化の一環で、請負に競争入札制を導入したことから、組合は都市基盤の責任主体へと成長を遂げることとなった。組合は幕府命令を相対化して現場の状況と負担額を勘案した行動をとり、他方では大藩間の公平な輪番年番制を導入し、請負人との連携によって都市基盤の維持管理を担った。その請負人は人宿が勤めたから、幕府指示下の組合はこれを通じて都市下層の労働力を都市基盤に振り向けていたことになる。

道造組合の場合、それは問題対応のために単発に組織される枠組みであったから、その結合はゆるやかであった。一方で遅くとも延享期以降、「大家」は「小家」や町の道造負担を肩代わりさせられる状況にあった。道半分という個々の持場負担原則も現実には共同作業を必要としたから、そこに「大家」への依存傾向が生じた。それはまったくの私的な依存ではなく、公権力もまた「大家」の意識と行動に期待を寄せた。そのような公権力による組合の組織化は、都市基盤の深刻な状態に「大家」を「一作限」投入させるために採られた手段としても機能することとなった。だがそれは際限なき「一作限」の負担賦課を招来したから、「大家」はこれを回避する方向を探り、かえって「一手持」の拡大へと結果したのであった。

公権力である幕府は、都市の公共設備に責任を有するものとして、自ら任じている。そのうえで、直接に維持管理するのではなく、これを都市住民の組合に負わせた。当初の組合は費用負担のみであったが、次第に運営をも強制的に委任され、公権力はこれを監督するのみとなった。その一方で、実際の都市基盤の修繕や浚渫は、民間の請負人によるものであった。十八世紀に進展した幕府都市政策は、民間社会の厚みを捉えながら、それとの間に組合を設定することで、自らの統治を貫徹させようとする方向をたどったといえる。

他方で組合は地域居住を属性としながらも、内部に身分序列およびそこから生じる経済力の差を抱えていた。幕府が制度化した個々の持場負担は、居住の平等性を体現しているようでも、内実は不均衡で、都市経済が展開し社会の都市化が進行するなか、「小家」や町に負担は不可能な状況へと陥った。もはや原則論で都市公共機能が維持できなくなったところに、「大家」の存在が求められ、これを取り込む仕掛けとして組合があった。幕府の命令のもとで「大家」は負担を回避しようとしながらも、「小家」や町、そして都市社会の関係の渦に巻き込まれて公共負担の方向へ押し流されていった。

身分序列で上位にある者は、下位にある者より常になにがしか多くの義務や責任を負わなければならない。都市の公共的課題に、幕府原則を越えて、「大家」の行動がみられたことの根底には、都市住民の水平関係ではなく、身分序列の上下関係があった。かくして公権力による調整および「大家」の意識と行動とによって、都市基盤はかろうじて維持されたのである。身分制の城下町江戸における都市公共負担は身分序列のなかにあり、都市的秩序は「大家」を中心に形成されたのであった。

このことは近代都市がまったく新たな論理をもって出発しなければならなかったことを示している。身分制に基礎づけられた「大家」と「小家」が原理的に消滅すれば、都市の公共負担はいかなる関係のもとにたどりつくことになるのか。いずれにせよそれは国家行政（その肥大化）と市民の租税という問題に引き継がれよう。

註

（1）幸田成友『江戸と大阪』（冨山房、一九三四年、後に『幸田成友著作集』二巻、中央公論社、一九七二年所収）。戦後の伊藤好一『江戸の町かど』（平凡社、一九八七年）は、江戸の部分で幸田の仕事を引き継いだものといえる。

（2）南和男『江戸の社会構造』（塙書房、一九六九年）、中部よし子『近世都市社会経済史研究』（晃洋書房、一九七四年）、脇田修「近世都市の建設と豪商」（『岩波講座日本歴史』九巻、岩波書店、一九七五年、後に同『日本近世都市史の研究』東京大学出版会、一九九四年所収）。

（3）塚本明「近世後期の都市の住民構造と都市政策」（『日本史研究』三三一号、一九九〇年）。

（4）東島誠「前近代京都における公共負担構造の転換」（『歴史学研究』六四九号、一九九三年、後に同『公共圏の歴史的創造』東京大学出版会、二〇〇〇年所収）。

（5）岩淵令治「江戸武家方辻番の制度的検討」（『史学雑誌』一〇二編三号、一九九三年）、同「江戸武家方辻番政策の再検討―役と『請負』―」（『学習院史学』三一号、一九九三年）、いずれも後に同『江戸武家地の研究』（塙書房、二〇〇四年）所収。

（6）小林信也「床店―近世都市民衆の社会＝空間―」（『日本史研究』三九六号、一九九五年、後に同『江戸の民衆世界と近代化』山川出版社、二〇〇二年所収）。
（7）藤村聡「近世後期における江戸武家屋敷の上水・橋々組合について」（『歴史学研究』六八二号、一九九六年）。
（8）拙稿「江戸武家屋敷組合と都市公共機能」（『関東近世史研究』五八号、二〇〇五年、本書第二章所収）。
（9）櫛木謙周「都城における支配と住民」（岸俊男教授退官記念会編『日本政治社会史研究』中、塙書房、一九八四年）、同「古代国家の都市政策」（『日本史研究』五一七号、二〇〇五年）、いずれも後に同『日本古代の首都と公共性』（塙書房、二〇一四年）所収。
（10）こうした考え方については、本秀紀「『市民的公共圏』と憲法学・序説」（『法律時報』七三巻一号、二〇〇一年、後に同『政治的公共圏の憲法理論』日本評論社、二〇一二年所収）、大久保史郎「『中間団体』論の視点と課題」（『立命館大学人文科学研究所紀要』八四号、二〇〇四年）から示唆を得た。
（11）毛利家文庫（山口県文書館蔵）四一公儀事二七の五巻。本章が大きく依拠するのは毛利家文庫のうち四一公儀事に分類されている大部の冊子史料である。その名のとおり広く公儀（幕府）に関わる記事が収録されており、そのうち請求番号一～一九および三四（計二六一冊分）は細目録が刊行されている（山口県文書館編『公儀事諸控総目次』Ⅰ・Ⅱ、一九九九～二〇〇〇年、山﨑一郎「解題」参照）。細目録は史料利用の便を飛躍的に高めた仕事である。
（12）岩田浩太郎「都市経済の転換」（吉田伸之編『日本の近世』9巻、中央公論社、一九九二年、後に同『近世都市騒擾の研究』吉川弘文館、二〇〇四年所収）。
（13）公儀事八（七―七）、公儀事一四（一四―三）。
（14）『御府内備考』三巻（雄山閣、一九七七年）二四六頁、二七八頁。
（15）旧幕引継書（国立国会図書館蔵）八〇三―一町方書上（赤坂町方書上　参）赤坂新町三丁目の項。豊田屋源助の名は、宝永・正徳期に深川六万坪を共同購入した者のなかにみえている（『御府内備考』五巻、雄山閣、一九七七年、二一二頁）。
（16）相良文書（広島大学図書館蔵）一一五江戸日記（元文五年十月一日条）。

（17）公儀事一四（一四―三）によれば安永三年の組合惣高は七六万一九七二石で、万石以上が六八万六八〇〇石、万石以下と町方あわせて七万五一七二石であった。実に組合惣高の九割以上が万石以上グループによって占められていたことがわかる。公儀事一七（八―五）によれば、享和二年段階で万石以下が三万七〇六八石、赤坂惣町高三万八一一二石となっている。
（18）身分関係、身分序列については峯岸賢太郎「幕藩制社会の身分構成」（『講座日本近世史』三巻、有斐閣、一九八〇年、後に同『近世身分論』校倉書房、一九八九年所収）参照。
（19）公儀事一〇（一二―一二）。
（20）公儀事一〇（一二―九）。以下、一連の経過は同史料による。
（21）公儀事一〇（一二―一二）。以下、一連の経過は同史料による。
（22）公儀事一二（一三―二）。以下、一連の経過は同史料による。
（23）公儀事一四（一四―三）。
（24）中井信彦『転換期幕藩制の研究』（塙書房、一九七一年）第一章。
（25）拙稿「江戸の公共空間と支配管轄」（『比較都市史研究』三四巻二号、二〇一五年、本書第六章所収）。
（26）公儀事一四（一四―三）。以下、一連の経過は同史料による。
（27）公儀事一五（一七―一〇）。
（28）公儀事一六（四〇―八）。
（29）公儀事一六（四〇―九）。
（30）公儀事一七（八―五）。以下、一連の経過は同史料による。
（31）『日本国語大辞典』第二版（小学館）。
（32）公儀事一五（一七―五）。
（33）公儀事一六（四〇―一二）。以下、一連の経過は同史料による。

(34) 公儀事一八（二五―七）。
(35) 藤田覚『泰平のしくみ』（岩波書店、二〇一二年）第一章。他方で「所々御普請の御場所々々軽キ御役人ハ職人と一ツに成候間、日々其詰場々々へ出候ても何の役ニ立不申、同じ穴の狐にて私欲多有之候由」と、役人と職人との癒着も指摘されている（水野為長「よしの冊子」『随筆百花苑』八巻、中央公論社、一九八〇年、一一五頁）。
(36) 公儀事一八（二五―一九）。以下、一連の経過は同史料による。
(37) 岩淵令治「藩邸」（吉田伸之・伊藤毅編『伝統都市』三巻、東京大学出版会、二〇一〇年）は、幕末明治の請負人の事例を紹介し、下請の存在も指摘している。
(38) 旧幕引継書八〇三―一町方書上（赤坂町方書上　壱）赤坂表伝馬町一丁目の項。文政九年二月に有馬屋が、町内向かいの明地へ床番屋を設置し、その番人へ下水内塵芥を取り捨てさせることの許可を普請方より得た旨が記されている。
(39) 田中康雄編『江戸商家・商人名データ総覧』1巻（柊風舎、二〇一〇年）一五六頁。
(40) 『御触書天保集成』五〇九六号、五五九八号。触を出したのは若年寄太田資愛である（「憲法類集」『内閣文庫所蔵史籍叢刊』二八巻、汲古書院、一九八三年、二〇三頁）。
(41) 竹内誠「化政期における公金貸付の展開と領主経済」（『日本経済史大系』四巻、東京大学出版会、一九六五年、後に同『寛政改革の研究』吉川弘文館、二〇〇九年所収）。
(42) 公儀事一五（一七―七）。以下、一連の経過は同史料による。
(43) 公儀事一六（四〇―一三）。以下、一連の経過は同史料による。
(44) 天明七年四月、近所に住む森山孝盛ら旗本たちは道造りを企図し、長州藩に組合への加入を申し入れたが、「新規之事」につき長州藩は承諾していない（『自家年譜』上、内閣文庫影印叢刊、一九九四年、一九六頁）。

一同廿五日、門前道造届書幷絵図面相添石野遠州江遣ス、車留之札三十日切之積り相届、今日ゟ建ル

右者門前甚路次悪敷相成、殊当年祭礼年故、萩原弥五兵衛申合、松平大膳太夫殿相加申度致手段候へ共、新規之事故承知無之、其内次第道悪敷相成、往来成兼候故、近所出入植木屋七右衛門江申付、明日ゟ取掛候積り、兼而

石野遠州江承合候処、一同届ニ而者組合造りニ相成候間、銘々届ニ可致旨、車留之札者三十日切ニて日延候、其節断次第之由被申越候、向頬藤掛鉄太郎も同様道造被致候得共、右之通故銘々届ニ致候、
道造り入用自分屋敷前片頬　長サ十七間、幅弐間之積り　四両壱歩拾匁ニ而請合候、砂利少々入、焼瓦なと貫候而入、土者半分どぶ之土入

ここには旗本たちの具体的な道造りの様子もうかがえ興味深い。近所に出入りの植木屋が道造りに関与し、砂利少々のほかは、焼瓦やドブの土をもって道が造られていたのである。

(45) 公儀事二七の一巻。以下、一連の経過は同史料による。
(46) 公儀事一八（二五―一九）。以下、一連の経過は同史料による。
(47) 公儀事二七の五巻。以下、一連の経過は同史料による。
(48) 公儀事二七の一二巻。以下、一連の経過は同史料による。

第二章　江戸武家屋敷組合と都市公共機能

はじめに

江戸の武家屋敷には、道や橋、水路などの都市公共機能を維持管理するために、地縁的な「組合」を組織するものがあった。こうした組合の存在自体については、都市運営の制度的検討のなかで、はやくから後藤新平（塚越芳太郎）や幸田成友によって指摘されてきたところである(1)。その後、伊藤好一も江戸の上水や下水、および辻番の実際を紹介するなかで、それらの組合へ言及している(2)。

こうした地縁的な武家屋敷組合による都市公共機能の維持管理行為は、いかなる契機や背景のもとでおこなわれたのであろうか。これには岩淵令治が、武家方辻番を「公儀の番」と性格づけ、屋敷拝領者に対して賦課された役とした理解がまずは参照される(3)。これを発展させて小林信也は、道路に面した場所に土地を所持する者は、その道路を持場として道普請や異変処理をしなければならなかったとし、これを幕府から課された役負担とした(4)。両者の見解を踏まえるならば、武家屋敷組合の維持管理行為は役負担であったと言いうるだろう。実際、寛政期において姫路藩酒井家が属した上水と橋々の組合を検討した藤村聡は、組合の行為を幕府から課された負担と位置づけている(5)。

しかしながら、役負担は公儀による上からの編成の論理であり、これのみで組合の行為を理解することにはお

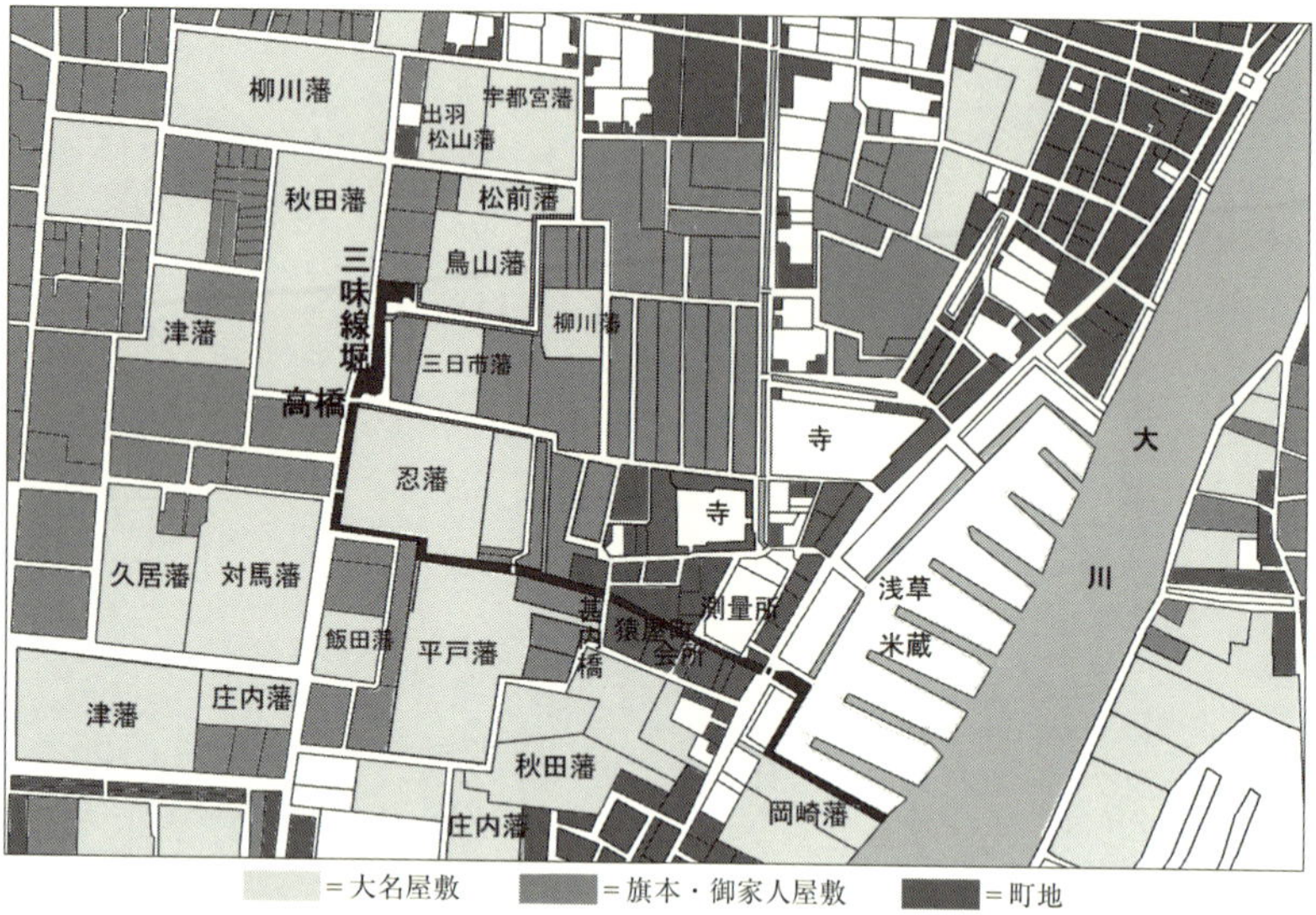

図2　三味線堀周辺（19世紀半ば頃）（『江戸復元図』東京都、1989年ほかより作成）

のずと限界があろう。都市公共機能を有する地域の社会的諸関係のなかに組合を位置づけることが求められるのではなかろうか[6]。そのためには個別具体的な武家屋敷組合の実態を、できるだけ長期にわたって明らかにすることが求められる。

　本章で検討の素材とする武家屋敷組合は、下谷の三味線堀組合である（図2参照）。対馬藩宗家に伝わった史料は、稀有なことにこの組合について語ってほとんど余すところがない。三味線堀は、浅草鳥越からの入堀で、寛永七年（一六三〇）に川筋の掘割がなされたとされる。上野不忍池から忍川となって流れた水は三味線堀に入り、そこから鳥越川と名を変えて浅草米蔵の脇から大川（隅田川）に注ぐ[7]。堀筋の周囲には組合に属した大名屋敷や旗本屋敷のほか、御家人の組屋敷、猿屋町や鳥越町などの町地、そして寺院も存在している。ここでは、そうした地域のなかに組合を捉えることとしたい。

一　三味線堀組合の成立

1　橋組合の端緒的成立

貞享五年（一六八八）三月二十六日、道奉行は三味線堀に架かる橋の修復を、橋近隣の武家十家に命じた(8)。旗本松浦市左衛門の屋敷に招集されて、命をうけたのは、対馬藩宗家、福井藩松平（越前）家、白河藩松平（奥平）家、山形藩松平（結城）家、園部藩小出家、大和松山藩織田家、播磨山崎藩本多家、旗本松平仁右衛門家、旗本細井新五郎家および松浦家である(9)。

彼らには「松平下総守（白河藩）殿鳥越屋敷北之方橋損候付、何茂中ゟ新規ニ被掛直候様ニ与之御事」が、若年寄大久保忠増からの命として伝えられた。このときあわせて「橋掛り候指引之儀御手寄ニ付、兵部大輔（福井藩）殿・下総守殿ゟ被成可然」こと、「橋入目銀御知行高ニ応し御出し可被成」ことが伝えられた。橋に最寄りの福井藩と白河藩が「指引」として一同を取り仕切ることとなり、修復費用は各家の知行高に応じて負担することとなったのである。貞享五年は江戸各所で橋組合が組織されていく年にあたっており(10)、基本的な組合運営や費用徴収方式はこの頃に定まったものとみられる。

以後、指引両家を中心に武家十家で実際の橋普請に関わる決定が、廻状を使いながらなされてゆく。命令の出された翌二十七日、橋見分のため一堂に会した十家は、橋を「取崩し候ハヽ、往来も留り如何」のことから仮橋を設置することや、普請小屋の設営について協議し、詳細を指引に一任している。

橋普請は、当初「入普請」を予定していたが、「今様之御普請者何方ニ而茂入札ニ罷成候由」との状況をうけて、入札が催されることとなった。入札と対比される「入普請」とは、武家自前の普請組織による普請のこととみられる。四月一日付の仕様注文書は、十四ヶ条にわたって橋各部の寸法や材料を指定するもので、入札にあたっては十両につき一両の敷金の納入を求めている。こうして実施された入札の結果、一一〇両二分と銀六匁で、南飯田町の岡本屋助十郎と神田蝋燭町の大工太郎兵衛による請負が決まった。請人には鉄砲津明石町の岡本屋左兵衛が立っている。彼らによる橋普請は十五日間程度で完了したようである。

普請費用は武家十家の知行高の総計をもとに、各家の負担額を算出するものであったから、橋普請の完了を前に指引両家は各家に知行高の申告を求めた。対馬藩宗家ではこの知行高が問題となった。同藩においては「対馬国一円、肥前国之内ニて壱万石余被下置、高ハ相知レ不申」ものであったからである。およそ同藩の「公儀勤」は十万石以上の格で勤めてきたが、ときには五万石から九万石の格で勤めたこともある。今回のような橋普請における先例はない。

対馬藩の懸念したのは、指引両家から「若拾万石以下ニ割付参候てハ如何ニ御座候」ということであった。同藩は十万石格での割付けを希望していたのである。ここには負担額の多寡は考慮されていない。それよりも知行高の多少による格の誇示に重きが置かれている。そのために対馬藩が頼ったのは老中阿部正武であった。阿部は対馬藩の取次（御用頼み）の老中であったのだろう。四月二十日に阿部家用人に希望を伝えると、二十二日には用人からの指示で、先例となるこれまでの勤め向きの書付を調えて提出した。(11) ここでは延宝八年（一六八〇）以来、十万石以上格で勤めた事例七件、五万石から九万石の格で勤めた事例四件が記されている。あわせて将軍家法事にかかわって十万石以上格で勤めた事例六件も示された。こうして希望どおり十万石格での負担が老中阿部より指示されたのである。

四月二十六日、道奉行の見分を経て橋普請が完了し、翌日より往来が開始された。各家は白河藩松平家屋敷に二十九日迄に分担金を納入するよう求められた。十家の知行高の総計は六六万八九五〇石八斗三升三合である。これを請負額で割れば、高千石につき銀九匁九分二厘の負担となる。対馬藩は十万石だから銀九九二匁、実際にはこれを金換算して十六両二分と銀二匁で納めた。武家十家のうち最大の知行高を有するのは福井藩で二五万石、この負担額は金四一両一分余であった。他方で最小は旗本松浦家の一〇〇〇石であったから、金一分に満たない。各家は分担金の納入と引き替えに、指引から請取書を発行された。あとは指引が請負人へ支払いを済ませればすべて完了である。

以上の経過において、史料上に「組合」という文言は登場しない。とはいえ、公儀の命令をうけて地域の公共的課題に、複数の武家屋敷がはじめて共同で取り組んだものである。それは武家たちにとって一回性の臨時的な負担であったが、先例となるには十分であった。

2　橋組合の制度的成立

つぎに橋普請の実施が確認されるのは享保十年（一七二五）である。[12] このときは桑名藩松平（奥平）家、秋田藩佐竹家、対馬藩宗家、弘前藩津軽家、豊後杵築藩松平（能見）家、丹波柏原藩織田家、烏山藩大久保家、相良藩本多家、三日市藩松平（柳沢）家、松前藩松前家および旗本十一家の計二一家で橋が架け直された。道奉行の指示で対馬藩と桑名藩が「世話」を勤めたという。

このことを念頭に、元文元年（一七三六）十月、再びの橋の損壊をうけて橋最寄りの桑名藩では、まず対馬藩に相談をもちかけた(13)。その同意を得て、桑名藩ではかつての家々に「板橋損申候而人馬往来危罷成候付、致修復可然と奉存候」と廻状を送り、「御同心」のほどを伺ったのである。橋の損壊状況をみて、道奉行の指示を待つのではなく、近隣住民である武家の側から動きはじめていることに注目しておきたい。こうして二一家の総意をもって道奉行へ伺いが立てられ、その見分を経た後、普請に取りかかることとなった。だがここで道奉行は、二一家のうち万石以上の家々の家来を招集し、つぎのように指示した。

下谷三味線堀御組合橋只今迄ハ、宗対馬守殿、松平下総守殿御両人ニ而御世話有之候由、御組合之内御高も御座候処、毎度御両所計之御世話与申儀も外々ニ例も少キ儀御座候間、以来者左之通御順ニ御年番御心得可被成候、此外御組合御人数も御座候得共、何茂万石以下ニ御座候間、万石以上之御方計御年番之義申談候、

年番御順

辰年　松平下総守（桑名藩、十万石）

　　本多越中守（相良藩、一万五〇〇〇石）

巳年　此　方　様（対馬藩、十万石）

　　織田出雲守（柏原藩、二万石）

午年　佐竹右京大夫（秋田藩、二十万五〇〇〇石）

　　松平弾正少弼（三日市藩、一万石）

未年　津軽出羽守（弘前藩、四万六〇〇〇石）

　　松前志摩守（松前藩、一万石）

申年　大久保山城守（烏山藩、三万石）

松平市正（杵築藩、三万二〇〇〇石）
岩瀬市兵衛（道奉行）
辰十一月　松平新八郎（道奉行）

ここにはじめて「組合」の文言をみることができる。「御組合橋」とは、この組合の責任のもとで維持管理される橋を意味する。組合は、これまでのように橋の損壊時に先例をみながら招集される臨時的な負担の枠組みではない。恒常的な組織として、日々に橋の機能に責任を有す。そこには「年番」が必要である。橋に最寄りの家が「世話」をするのではなく、公平・平等に事務負担を分け合おうというわけである。ただし、道奉行指定の相年番の組み合わせが、知行高に基づいていることは明白である。この場合、知行高の大なる方が主導することとなろう。またそもそも万石以下は年番から除外された。

こうして最初の年番となった桑名藩と相良藩は、十一月二十四日付廻状に二一ヶ条からなる橋修復仕様書を添えて組合内の廻覧に供した。この廻状は、万石以上と以下（「御組合御小身之御方」）とで別廻状になっている。入札の実施にあたっては、各家から応札者を廻状で募ったが、秋田藩は下ヶ札で「望之者」があれば応札させるが、基本的には年番に一任したい旨を記している。

十二月二日に桑名藩屋敷において執りおこなわれた入札には十一名が応札し、霊岸嶋東湊町の菱木屋喜兵衛が一一〇両（実際は古橋材木代を差し引き一〇三両二分）で落札した。二番札は白子屋勘七の一二七両二分、以下、下総屋甚兵衛、山本屋市右衛門、藤田屋十兵衛、紀伊国屋作左衛門、尾張屋五兵衛、近江屋新兵衛、結城屋又次郎、津国屋平三郎とつづき最高値は大工宇右衛門の二一二両であった。安値をつけた菱木屋と白子屋は、享保十九年（一七三四）から御入用橋の定請負人を勤めていた商人である。(14) こうした手広く事業を展開する請負人と、詳細は不明ながら「大工」では組織力や資金力に大きな差のあることが推測される。入札の結果は、翌三日付廻状で組合内へ報された。このとき菱木屋の入札書と請合証文、応札者および応札額一覧、そして請負金額の決定をうけての各家負担額一覧が、あわせて廻覧された。組合内では、およそすべての情報が公開されている。

普請日数はやはり十五日間程度であったようである。この間、仮橋も設置された。代金は、橋が半分ほどできたところで、半金が菱木屋に渡されている。こうして十二月二十三日の道奉行見分を経て、橋普請は完了した。とはいえ、地形の落ち着くまでは車留札を立てて、大八車や牛は通行止めとした。これは翌年二月に通行可となった。

橋普請の費用総額は請負額に「請負被下金」一両一分を加えて、一〇四両三分となった。これを組合総高五一万二五〇〇石で割り、高一万石につき銀一二二匁六分四厘が各家の醵出額となった。組合構成家のうち、秋田藩、弘前藩および杵築藩には「引高」が適用されている。これらの藩の当該の屋敷が上屋敷ではないからであろう。およそ四分の三高となっている。ただし、桑名藩も下屋敷だが引高となっていない。橋に最寄りであることが、その適用を妨げているものとみられる。負担額の最大は秋田藩で三二両三分余、最小は旗本成瀬家（一〇〇俵）で銭六二文であった。この差は大きい。同じ地域の公共的課題に、知行高に基づいて負担金を醵出するとはこういうことであった。都市公共機能は、大名家へ大きく依存していたといえる。

延享五年（一七四八）二月、橋普請が十二年振りに実施された[15]。およそこの程度の間隔での普請が必要なのであろう。詳細は不明ながら、このときの年番は秋田藩佐竹家と三日市藩松平（柳沢）家であった。注目しておきたいのは、このとき橋を「高橋」と呼んでいることである。元文元年には確認されなかった名称である。この名づけによって、橋は都市社会へたしかに位置を占めたのではなかろうか。ここから三味線頭部の糸巻を意味する転軫橋《てんじん》（音から天神橋とも）の俗称の成立は、さらにその歩を進めたものと思われる[16]。確たる名前をもつ橋に、故障が生じた場合、その責任の所在も強く意識されることとなろう。

三味線堀高橋組合は以上のような経緯で成立した。貞享五年の幕府命令による橋普請が端緒となり、享保十年の橋普請を経て、元文元年に臨時的な負担の枠組みを常態化することで組合となったのである。「組合橋」となった橋に、組合は恒常的な維持責任を有すこととなる。公儀は江戸各所にそうした維持管理主体を設定し一般化させ、それらを体系化することで江戸の都市機能を維持管理していったのである。

地縁に結ばれた複数の武家屋敷の組合には、これを取り仕切る家が必要である。当初のそれは軍の指図の意味ももつ「指引」と呼ばれた[17]。これがつぎには、人のために尽力する「世話」となり、最終的には「年番」と呼ばれることとなった。この呼称の変化も臨時組織から常時組織への移行をあらわしている。

都市公共機能の維持に関わる負担は、武家たちの知行高に比例した。屋敷地面積の狭小や屋敷内人口の多寡は考慮されない。都市公共機能への負担は身分序列のうちにあった。年番から万石以下が除外されるのも、現実的な事務負担とともに、身分序列の問題であったろう。

都市の公共機能ということは、不特定多数の利用者が存在する。橋の架け替えにあたっては、仮橋が設けられたし、普請中は三味線堀筋の通船が止められた。組合の行為はこうした公共機能の利用者の存在を常に背景にもっていることには意を留めておきたい。

3　定浚組合の成立と請負人

三味線堀の川筋の浚渫を担う組合も組織されている。この浚渫組合の成立については不詳だが、宝暦十一年

（一七六一）に「浚小屋場」が普請奉行から組合へ渡されていることが確認でき[18]、これ以前に成立をみている。寛政五年（一七九三）に年番間を引き継がれた文書一覧の表題に、組合成立からしばらくの間の様子を多少うかがうことができる[19]。なお、この頃の組合構成家は、秋田藩佐竹家、津藩藤堂家、桑名藩松平家、対馬藩宗家、三日市藩柳沢家、平戸藩松浦家、岡崎藩本多家、弘前藩津軽家、烏山藩大久保家、久居藩藤堂家、安中藩板倉家、松前藩松前家の十二家である。定浚組合は大名家のみで構成され、旗本は除外されていた[20]。

一三味線堀定浚受負請状拾弐冊
一同御出料御高割目録帳拾壱冊
一摂津国屋忠兵衛追々指出候古願書、仕様、証文等都合七通幷同人ゟ御普請奉行所江差出候仕様帳下書共ニ壱袋
一明和五年原藤十郎殿屋敷柵普請諸取計廻状願書等壱袋
一同六年三味線堀仕様注文壱冊袋入
一安永弐年三味線堀定浚取計留書三冊袋入
一同七年三味線堀取計控壱冊
一同年三味線堀竿間石垣修覆入目請状壱冊
一安永九年柵損シ普請帳壱冊袋入
一天明四年三味線堀定浚永久願留壱冊幷松平筑後守様御屋敷替ニ付御届向留書壱冊袋入
一同五年三味線堀御組合柵御出金割付帳壱冊袋入
一同八年浅草御蔵火除地幷猿屋丁明地柵普請入目割付帳壱冊

一廻状幷手紙等数通壱結
一寛政四年原藤十郎殿屋敷柵普請留書等袋入
一昨今年定浚諸書物壱箱
　　但、入合目録箱之内有之

明和五年（一七六八）の堀筋に面する屋敷柵普請、安永七年（一七七八）の竿間石垣普請、同九年の柵普請、天明八年（一七八八）の浅草御蔵火除地と猿屋町明地に面する柵普請など、定浚組合は浚渫のみならず三味線堀から大川口までの堀筋全体の機能に責任を有していた。明和六年（一七六九）の「三味線堀仕様注文」とは、堀筋を「埋り候度々ニ浚」う方式から「定浚」へと変更したことに伴う文書とみられる。この定浚を請け負ったのが三条目にみえる摂津国屋忠兵衛であった。

ところがこの摂津国屋は、寛政四年（一七九二）に三味線堀組合の定浚請負人の地位を追われた。同年五月六日、普請奉行は定浚組合に属する桑名藩松平家へ、摂津国屋と山崎屋芳兵衛が大名小路上水における請負普請での「麁末之致方」から「定請負之儀取上」となり、「御役所御用向茂以来不被仰付」ことを伝達し、三味線堀定浚組合の「心得」として組合「一統申合」せるよう指示した[21]。摂津国屋は、少なくとも大名小路上水と三味線堀定浚の請負人であったのであり、江戸内各所の上水や堀など公共機能の複数を請負う者であった。こうした存在は当時、必ずしも珍しいものではなかったろう。請負取り上げの経緯をみれば、大名小路上水組合が普請方へ、摂津国屋の解雇について伺いを立てている。請負人の任免は普請方の権限であった。そのため、あるひとつの請負の失敗が、請負人の請負事業全般に波及してきたのである。

当年の三味線堀組合の年番は対馬藩宗家と三日市藩柳沢家であったが、普請方が年番を把握していなかったために、三味線堀最寄りの桑名藩への伝達となっていた[22]。桑名藩から報せをうけた年番両家（主導は対馬藩）は、翌七日付廻状で組合構成武家たちへ事態を告げた。これへ対応すべく「御打寄之上御評議」の開催を年番は打診したが、「御互ニ遠慮之筋」もあって、開催は見送られた。とはいえ普請方からの通知になんの返答もしないというわけにはいかない。六月五日になって、ようやく年番は廻状で組合一統の同意を取りつけた文書を作成した。それは、摂津国屋は三味線堀では「差当不埒之筋も無」いので請負取上の必要はないと考えていること、ただし「御役所御用向」の請負禁止が「御咎筋」であるならばまた組合中で協議する、というものであった。

しかしながらこの返答書が普請方へ提出される直前に、普請奉行三嶋政春より摂津国屋との請負契約を解除せよとの命令が出た。請負の継続という「穏ニ御聞通も御座候ハ、手入之儀も有御座間敷哉」と内心で組合は思っていたが、ことここに至っては新たな請負人を募るほかなかった。とはいえ、請負を望む者は容易に現れなかった。定浚が実施されなくなって、堀筋も次第に埋まってくる。

そのようななか神田三河町三丁目裏町の鍵屋喜平次が名乗りをあげた。「前々ゟ右躰之筋手懸」と、他所での請負経験の豊富さを主張した鍵屋に、組合中は浚渫場所やその深さなどを規定した十八ヶ条からなる仕様注文書を提示し、請負額を算出させた。浚渫のため堀筋に土船を三艘入れるほか、請負人の仕事には石垣や柵の修復、毎朝六ッ時の見廻りと堀内の捨物への対応、石垣や土手の草取りも含まれた。鍵屋は、注文書どおりの浚渫には「至而埋り強」ことから三年かかるとしたが、年間請負額としては八五両を提示した。これは従来の一四四両よりも格段に低い金額である。

そのため組合は、中途での増金の不可であることや今後三年間の浚渫計画も提出させた。それらの吟味の結果、鍵屋は「普請方も手馴候者与相聞」、同町家持上州屋藤八という「身元慥成証人」もおり、非常に「弁利」との認識に達した。彼の指摘した「至而埋り強」の状態は、前の請負人摂津国屋の不行届との推測が組合中に出はじめてもいる。鍵屋は、定浚の「永久」請負を希望したが、組合は「初年ゟハ難申達」ことであるから、五ヶ年季で「浚方善悪試」と回答した。他方で組合は、請負額の「今一応差詰」を要求したが、鍵屋は「積方下直」ですでに見積もっており「一向引下ケ方無御座」と回答した。請負年数と請負額について、組合と請負人のせめぎあいのみえるところである。この間、他にも請負希望者が複数出たようだが、鍵屋の吟味が進みその条件もよいことから、それらは組合中で議論されるには至っていない。

こうして「組合一統」の合意のもとで、鍵屋を定浚請負人とすべく、八月六日に普請方へ伺いが立てられた。請負人の選定は、組合の独断で決められるものではなかった。十七日、普請方下奉行から浚渫の仕様帳、請負額の内訳書および三味線堀絵図の提出を指示された。このうち内訳書の中身を示せば、土船一艘一日あたり賃銀二匁×三艘×三十日分＝一八〇匁、浚方人足一人一日あたり賃銀二匁五分×三人×三十日分＝二二五匁、草取人足一人一日あたり賃銀四匁×月三回＝十二匁、石垣および柵の「少破」修復費一年に五両、浚土片付費一年に六両となっている。これの年額合計は九四両一分と銀九匁となるが、ここから九両一分と銀九匁を特別に「引方」して、八五両という請負額が導かれたのであった。なお閏月のある年も請負額は変わらない。

九月十日、普請方改役以下の役人による見分が実施された。ひと月を経た十月十二日、普請方は、閏月のある年も請負額が変わらないのならば、通常の年の請負額を引き下げることができるのではないか、と組合を糺した。鍵屋はこれをうけて、請負額を七七両に引き下げ、これをもって閏月のある年も引き受けるとした。

ついで十月二十九日、普請方は、「少破」の具体的数字の提示および組合持場の朱引き絵図の作成を組合に求めた。破損の発生次第で別に支出を立てればよいわけで、破損のない年は費用が不要になるはず、との認識が普請方にはある。組合は「其節々入料別段ニ差出候而ハ却而不勝手ニも有之、請負之者へ為受持候方弁利」と主張したが認められず、鍵屋は「少破」修復費を削り、あらためて年額七二両二分を提示した。組合持場の朱引き絵図については、「組合一統」の確認が必要で、ひととおり完成したのは十一月二十七日のことであった。これまで厳密な持場の線引きはなく、先例やその場の状況をみて判断していたのであろう。それが図面上に明確に視覚化されることとなった。

十二月に入り、今度は土船を日々賃借するのではなく、新造することを念頭に、請負額を見積もるよう普請方から指示が出た。組合はこれを承知したが、請負人の選定のためにすでに半年が経過している。「浚方打捨置候而ハ見苦敷も有之、第一舟之通用ニ茂差支候間、請負之儀早々申渡度」と、組合は普請方にいささか苦言を呈している。土船三艘の新造は十五両と見積もられた。十二月十八日、組合名簿の提出に来た年番対馬藩と普請方とのやりとりは振るっている。普請方は、組合持場の「年々損等」への対応を問うたのである。

三味線堀組合持場普請所之儀、此程之懸紙ニ而委細相分候、右之内年々損等も可有之、右入料ハ如何致候哉、是等も積立可被差出事ニ候与被申候付、最初ハ右入料積ニ差加置候処、其後御取調方ニ不宜候之事ニ付、組合ニ者不弁利之筋なから相除候、唯今ニ而ハ最早組合一統申談も相済候事故、又々難及相談、年番共迷惑之趣相答候処、左候ハ、右ニて宜段被申聞

この問いに年番はいら立ちをあらわにした。年番が「組合一統」を背景に強い態度に出れば、普請方程度の役人では相手にならない。そもそもの鍵屋の見積もりは、土船代や人足賃などの合計額から特別に「引方」して、八五両を提示するもので、各費目の厳密な合計ではない。それゆえに閏月のある年も関係ないし、「少破」の規模や有無は問題ではなかった。しかしながら普請方はこれとは逆の計算をたどった。各費目は精査されたが、そ

のことはかえって請負を融通の利かないものとした。

年が明け寛政五年になるが、請負人の決定するまで年番は交代できなかった。正月二十三日、普請方はまたも請負額の減少を求めてきた。これに年番は、あまり下値では浚渫が疎略となる心配を訴え、現状の請負額に不都合もないことを主張したが、普請方は認めなかった。二月四日、鍵屋の「格別切縮」た額である六九両一分をもって、ようやく請負額の問題は決着した。

その後、しばらく普請方から請負人について音沙汰がない。四月には、前の請負人摂津国屋より組合へ、前年の六月に罷免されるまでの浚渫請負代金の請求があった。閏月も入れて七ヶ月分の代金七二両が組合から支払われている。そして六月十一日、待望の普請方指示が到来した。

先達而申立有之候三味線堀定浚受負之儀、松平越中守様江相伺御差図相済候（後略）

この数ヶ月、老中首座松平定信の決裁を待っていたのである。微細にわたった請負の吟味は、寛政改革のあおりをうけたものであったとみられる[23]。とはいえ、公儀に費用負担のあるわけではない。ならばここに公儀の公権力としての関与をみるべきであろう。江戸の都市公共機能の実現は、公権力の立場から追求されるべきものである。ここでは組合が具体的に実現を図っているものの、これを指示監督するのはあくまで公儀なのであった。請負人および請負額の決定も公儀の手にあったのである。

ともあれ、こうして浚渫が指示され、六月二十三日から鍵屋による定浚がはじまった。年番が対馬藩と三日市藩から津藩へ交代したのは八月のことである。交代にあたり対馬藩は、一年間の空白期間の発生によって土砂の堆積が進み、鍵屋から請負額の増額願いのあったこと、しかしながらこの願いを取り上げていてはさらに浚渫の開始が遅れると年番で判断し、まずは作業に取りかからせたこと、年末に浚渫の出来具合をみてつぎの年番で対応を判断してほしいことを津藩へ伝えた。そしてもうひとつ事件が起きていた。

一先月末御組合御屋敷御出入百姓共ゟ之願書、鍵屋ゟ添書仕候而差出申候付、私共方ニ而取調可申候処、左候而ハ際限も無之義ニ付差戻候、各様御方江差出候様申付候、私共方江差出候を右之通取計候段、御聞通如何ニ御座候得共、聊も取扱候義を一蹴候而之義ニ無御座候、偏ニ御年番御引継申方、段々相後御組合御一統様思召も如何敷存、右之次第ニ御座候、何分宜御承知被下可然御取計可申候、以上

組合構成武家屋敷に出入りする百姓たちの願書の中身は知れない。とはいえ、大名屋敷の出入り百姓といえば、下掃除人であろうことは容易に推測される。なによりも三味線堀は下肥の一大出荷基地であった。当時の川柳に「いゝこい《（声・肥）》を三味せん堀て鼻へきゝ」とあるのがもっともわかりやすい。「三味せんがやむと扇を鼻へあて」は、秋田藩佐竹家の家紋が扇であることを思い起こせばよい(24)。下掃除人たちは舟でここに集った。しかしながら浚渫の中断により、「通船も差支可申程ニ」土砂が堆積していたのである。公儀と組合と請負人との間で交渉が長引いたことによるしわ寄せは、都市公共機能の利用者に出ていた。この後の展開は不詳だが、こうした都市公共機能の利用者こそが、組合の行動を深部で規定する可能性をもつものなのである。

以上、三味線堀高橋組合および三味線堀定浚組合の成立過程をみてきた。両組合は別組織であるが、表1・2にみられるように当該地周辺の大名家の多くは両方に属すこととなり、一括りで扱われることも多い。対馬藩では「三味線堀ニ属候覚書」として、両組合に関する事柄が一書にまとめられているし(25)、写し留められた廻状は宛所を「三味線堀御組合」あるいは「三味線堀御組合御名宛例之通」などとすることが多い(26)。請負人の兼帯もみられるようになり（表3参照）、両組合をあわせて三味線堀組合と呼んでも差支えなかろう。

表１　高橋組合構成家

天保４年（1833）	嘉永元年（1848）	安政５年（1858）～万延元年（1860）
秋田藩（20万5800石）	同左	同左
対馬藩（10万石）	同左	同左
忍藩（10万石）	同左	同左
三河吉田藩（７万石）	浜松藩（６万石）	宇都宮藩（７万7850石）
烏山藩（３万石）	同左	同左
出羽松山藩（２万5000石）	同左	同左
柏原藩（２万石）	飯田藩（１万7000石）	同左
三日市藩（１万石）	同左	同左
松前藩（１万石）	同左	同左（３万石）
組合総高　57万800石	55万7800石	59万5650石

出典：宗家史料５-21・23

表２　定浚組合構成家

寛政４年（1792）	文政３年（1820）	天保14年（1843）～弘化２年（1845）	嘉永元年（1848）～慶応３年（1867）
秋田藩（20万5800石）	同左	同左	同左
津藩（半高13万5400石）	同左	同左	同左
桑名藩（10万石）	同左	忍藩（10万石）	同左
対馬藩（10万石）	同左	同左	同左
平戸藩（６万1700石）	同左	同左	同左
弘前藩（４万6000石）	同左（10万石）	柳川藩（引高２万9900石）	同左
岡崎藩（５万石）	同左	同左	同左
烏山藩（３万石）	同左	同左	同左
久居藩（半高２万6500石）	同左	同左	同左
松前藩（１万石）	同左（9000石）	同左（１万石）	同左
三日市藩（１万石）	同左	同左	同左
安中藩（引高２万4242石余）		庄内藩（２万3333石）	同左
		小浜藩（10万3558石）	飯田藩（１万7000石）
組合総高　79万9642石	82万8400石	88万6191石	79万9633石

出典：宗家史料５-19、21～23
註：組合総高は、安政３年より81万9633石（松前藩加増）、元治元年一時的に83万9633石（松前藩から丸岡藩へ、同年再び松前藩へ）、慶応元年に82万2166石（庄内藩加増）、慶応３年に82万166石（飯田藩減封）。

定浚組合		出典
年番	請負人	
		宗家史料 5 -25
		宗家史料 5 -18
		宗家史料 5 -18
		宗家史料 5 -18
		宗家史料 5 -18
		宗家史料 5 -18
		宗家史料 5 -18
	摂津国屋忠兵衛	宗家史料 5 -19
対馬藩・三日市藩	摂津国屋忠兵衛（後、鍵屋喜平次）	宗家史料 5 -19
津藩	鍵屋喜平次	宗家史料 5 -19
秋田藩・仁正寺藩		『御亀鑑』4巻、202頁
対馬藩・三日市藩	鍵屋喜平次	宗家史料 5 -21
		宗家史料 5 -21
対馬藩・三日市藩		宗家史料 5 -21
		宗家史料 5 -21
		宗家史料 5 -21
対馬藩・三日市藩		宗家史料 5 -21
		宗家史料 5 -21
秋田藩		宗家史料 5 -21
対馬藩・三日市藩	駿河屋治兵衛・三河屋平八	宗家史料 5 -21
津藩	駿河屋治兵衛・三河屋平八	宗家史料 5 -22
庄内藩	駿河屋治兵衛・三河屋平八	宗家史料 5 -21・22
岡崎藩・柳川藩	駿河屋治兵衛・三河屋平八	宗家史料 5 -22
久居藩・飯田藩		宗家史料 5 -22
烏山藩・平戸藩	駿河屋治兵衛・三河屋平八	宗家史料 5 -21・22
秋田藩	駿河屋治兵衛・三河屋平八	宗家史料 5 -22
対馬藩・三日市藩	三河屋平八（後、三河屋鉒次郎）	宗家史料 5 -22
津藩	三河屋鉒次郎	宗家史料 5 -22
庄内藩	三河屋鉒次郎	宗家史料 5 -22
岡崎藩・柳川藩	三河屋鉒次郎	宗家史料 5 -22
久居藩・飯田藩	三河屋鉒次郎	宗家史料 5 -22
松前藩・忍藩	三河屋鉒次郎	宗家史料 5 -22
烏山藩・平戸藩	三河屋鉒次郎（柏屋源四郎）	宗家史料 5 -22
秋田藩	柏屋源四郎	宗家史料 5 -21・22
対馬藩・三日市藩		宗家史料 5 -21
津藩	柏屋源四郎	宗家史料 5 -23
庄内藩	柏屋源四郎	宗家史料 5 -23
飯田藩・柳川藩	柏屋源四郎	宗家史料 5 -23
久居藩・忍藩	柏屋源四郎	宗家史料 5 -21・23
松前藩・岡崎藩	柏屋源四郎	宗家史料 5 -23
烏山藩・平戸藩		宗家史料 5 -23
秋田藩	柏屋源四郎	宗家史料 5 -23
津藩	柏屋源四郎	宗家史料 5 -23
庄内藩		宗家史料 5 -23

表3　三味線堀組合年番・請負人一覧

	高橋組合	
	年番	請負人
貞享5年（1688）	白河藩・福井藩	岡本屋助十郎・大工太郎兵衛
享保10年（1725）	桑名藩・対馬藩	
元文元年（1736）	桑名藩・相良藩	菱木屋喜兵衛
元文2年（1737）	対馬藩・柏原藩	
元文3年（1738）	秋田藩・三日市藩	
元文4年（1739）	弘前藩・松前藩	
元文5年（1740）	烏山藩・杵築藩	
明和6年（1769）		
寛政4年（1792）		
寛政5年（1793）		
文化2年（1805）		
文政3年（1820）		
文政6年（1823）	対馬藩・柏原藩	
文政10年（1827）	対馬藩・三日市藩	
天保元年（1830）	三河吉田藩・松前藩	駿河屋治兵衛
天保4年（1833）	対馬藩・柏原藩	
天保5年（1834）		
天保10年（1839）	秋田藩・三日市藩	駿河屋治兵衛
天保12年（1841）		
天保13年（1842）		
天保14年（1843）		
弘化元年（1844）	秋田藩・三日市藩	駿河屋治兵衛
弘化2年（1845）		
弘化3年（1846）		
嘉永元年（1848）	対馬藩・浜松藩	
嘉永2年（1849）		
嘉永3年（1850）		
嘉永4年（1851）		
嘉永5年（1852）		
嘉永6年（1853）		三河屋鉒次郎
安政元年（1854）		
安政2年（1855）		
安政3年（1856）		
安政4年（1857）	対馬藩・宇都宮藩	柏屋源四郎
安政5年（1858）		
安政6年（1859）		
万延元年（1860）	忍藩・出羽松山藩	柏屋源四郎
文久元年（1861）		
文久2年（1862）	秋田藩・宇都宮藩	
文久3年（1863）		
元治元年（1864）		
慶応元年（1865）		
慶応3年（1867）		
慶応4年（1868）		

二　三味線堀組合の展開

1　町会所裏石垣築立

文政三年（一八二〇）五月十二日、普請方は三味線堀組合へ、組合持場の範囲内にある浅草猿屋町町方貸付会所裏の竹柵を石垣に造り替えた場合、組合に支障が生じるかどうか問い合わせた(27)。組合年番の対馬藩と三日市藩が、支障なしとの返答を普請方に提示したのは、ひと月以上を経た六月晦日のことである。実はこの間、組合内で情報収集と合意形成が図られていた。

同案件が動きはじめたのはこの年の二月十八日まで遡る。この日、猿屋町会所に呼び出された三味線堀定浚請負人の鍵屋が頼まれたのは、「会所裏通り竹柵相損、此度役所普請取建候付、保方之ため新規石垣出来有之候様、御年番之衆江申通呉候様」ということであった(28)。町会所は請負人を介して、組合へ石垣築造を求めたのであった。この依頼をうけて、組合では年番両家が三月二十四日に場所を「内見」し、会所側からの書面提出を、鍵屋をとおして求めている。

こうして水面下で事態の進んでいたところに、普請方からの問い合わせが到来したのであった。問い合わせの翌々日、五月十四日付の組合廻状がのこされている。だが、これは実際に廻覧された形跡がない。その文面はつぎのようなものであった(29)。

去十二日御普請御役所ゟ御呼出ニ付、手代之者罷出候処、三味線堀御組合之内浅草猿屋町方御貸附会所裏柵之処、此度石垣ニ模様替りニ相成候而も差支之儀者無之候哉、組合相糺申出候様御普請方渡辺甚十郎方口達御座候間、右場所鍵屋喜平治召連見分之上別紙絵図面朱引いたし掛御目申候、尤右石垣ニ相成、浚方差障之有無等相糺、同所何等之差障勿論無之旨、同人申出候、左候へ者石垣ニ相成候段往年之保方ニ者宜、尚思召も無御座候得者、右浚方ニ取り何等之差障無之段御普請方御役所江書面ニ而可申出候、就夫御尋御座候御趣意御達、一ト通ニ而者浚方而已之姿哉ニも相見候得共、先頃右会所掛り町人共鍵屋喜平治江申聞候次第も有之候を以相考候得者、石垣取建方御組合之御引請ニ相成候哉ニ者無御座哉、石垣ニ相成候段往年之保方ニ者宜敷安心之筋ニ御座候得共、臨時御入料之儀と申、是迄右等之振合も無之候付、其段申立候様可致候哉、去なから（平出）公辺御貸附会所之儀御用筋ニ準候而者石垣ニ難仕趣申立候茂如何哉ニ奉存候、然者御組合御引請ニ相成候様御達、又ハ御談も可有之哉、其節及御相談何れ御普請方御役所江可申立候得共、前文之通御用場所石垣取建方御達御座候時者、御組合引請可仕儀ニ奉存候間、右浚方無差支趣申出候節、猶口上を以石垣取建方者何れ共御差図次第可相心得段（其脱）節申出置候方ニも可致哉、右等之処猶思召御下書ニ被仰下度御相談旁如此御座候、以上

普請方の意図を読み解き、石垣普請の命じられる可能性を指摘したものである。先手を打って拒絶する方法もあるが、「御用筋ニ準」ずるものとみればそれは難しい。後半は、推測に基づいて今後の対応を疑問符をつけて列挙するもので、廻状として組合中に回すのははばかられたのであろう。こうして年番はひと月以上を情報収集に費やすこととなった。六月二十七日に組合内を確実に回った廻状はつぎのようである[30]。

猶々本文之趣、先頃御達ニ御座候得共、御達之御趣意も相心得兼、且又石垣取建方御組合ニ御引請之御否も猶勘考仕候上、御相談申述度、彼是取調方手間取廻状差出候儀延引ニおよひ申候、是等可然御聞済可被

下候、以上

以廻状致啓上候、各様愈御安全被成御勤珍重奉存候、然者先日御普請方ゟ御呼出ニ付罷出候処、渡辺甚十郎方を以浅草猿屋町町方御貸附会所裏通、是迄竹柵ニ相成居候分石垣ニ相成候儀御組合ニをいて差支之儀者無之候哉、御一統様思召承知いたし申出候様与之義ニ御座候、尤右之御取紇ハ会所裏通石垣ニ取建候儀御組合ニおゐて出来候様御達ニ相成候時、差支無之哉之旨御尋之御様子ニ相聞申候、仍之右場所別紙絵図面いたし懸御目候、扨亦右等御先例取調申候処、三味線堀御組合場所之内御用地与相成石垣等御組合ニ引請出来候例茂無之候得共、御用場所之儀、殊ニ石垣ニ相成候段永年之取補理茂少々御座候間、此節弥石垣仕候様被仰渡候ハ、直ニ御請可被成候哉、猶思召致承知度御下書ニ無御伏臓可被仰下候、右御相談得御意度如斯御座候、以上

六月

柳沢信濃守内
八重盛嘉内
宗対馬守内
重松勇馬
柴田大作

御組合例之通　御一統様御別儀無御座趣下書来

二月来の推移を考えれば、普請方が石垣の築造を組合に負わせようとしていることを見抜くのはたやすい。年番は、組合が町会所という御用地の石垣を築立てた先例のないことを確認し、石垣築造の指示が出された場合の諾否を組合中に問うた。とはいえ特段の意見もなく、六月晦日に「石垣ニ相成候而茂浚方差支等」はないと普請

方に返答した[31]。この返答書に「浚方」と入っているのが組合中のいささかの主張であろう。

七月五日、普請方は石垣築造の仕様注文書の作成を組合に命じた[32]。組合の想定どおりの展開である。定浚請負人鍵屋に作らせた仕様書に、絵図面と定浚組合の名簿も添えて早くも七月十六日に普請方へ提出された。八月九日に普請方による実地見分があり、仕様の若干の変更の後、組合に入札が指示された。組合中に応札人を募ったところ、対馬藩から石屋六蔵と鍵屋喜平次、三日市藩から武屋五郎兵衛と石屋亀次郎、津藩から玉屋彦三郎、そして仲介藩不明ながら大和屋金蔵が入札に参加した[33]。

八月二十一日に秋田藩と弘前藩の家臣立ち会いのもと、年番対馬藩の屋敷における開札の結果、鍵屋が九八両三分で落札した。二番札は九九両三分で大和屋、三番札は一〇五両で石屋六蔵、以下、一〇五両一分で玉屋、一二〇両で石屋亀次郎、一二三両で武屋であった。ここでの鍵屋の落札は既定路線であったろう。三味線堀の定浚請負人の地位にあり、今回の石垣普請の仕様書も作成した。町会所も私的に組合とつながる鍵屋を頼んだ。そして二番札との差額はわずかに一両である[34]。八月二十七日に入札結果を普請方に届け出たのち、石垣築造の指示が出たのは九月二十六日のことである。こうして十月二日から普請が開始された。

石垣の規模は長さ折り廻しで二六間（約四六・八メートル）、高さは五尺五寸（約一六七センチメートル）であった[35]。鍵屋の仕様では、面一尺の青間地石を八六一本用い、延べで石工が一三〇人（賃銀一人につき六匁五分）、これの手元手伝い人足が二六〇人（同三匁）、大工が十三人（同四匁二分）、同じく手伝い人足が五二人（同三匁）を必要とした。最後に龍のひげを植えつけて普請の完了したのが十一月二十日である。普請方の見分は十二月十七日で、ここで組合中からの集金が指示された。

当時の組合は、秋田藩佐竹家、津藩藤堂家、対馬藩宗家、弘前藩津軽家、桑名藩松平家、平戸藩松浦家、岡崎

藩本多家、烏山藩大久保家、久居藩藤堂家、三日市藩柳沢家、松前藩松前家の十一家で、組合高は八二万八四〇〇石であった。計算すれば千石につき銀七匁一分五厘二毛余の醸出となる。これは秋田藩では二四両二分余となり、松前藩では一両余となる。十二月二十四日に鍵屋へ定浚費用と石垣築造費用とがあわせて渡され、普請方へそのことの届け出をもって一件は終了した。

以上は、表面は普請方の指示を忠実に実行する組合の姿である。先例にない町会所裏の石垣が組合によって新たに構築された。組合受け持ちの場の範囲も、具体的普請の中身も増えて、組合にとっては強制的に委任される部分の増大であったといえる。しかしながら、裏面では組合中の意見形成の芽がみえはじめている。当初は、普請方の命令を先例にないことから、拒絶するという方針も年番の選択肢にはあった。これがこの先さらに組合の主体的意見としてふくらみをみせ、普請方指示を凌駕しはじめるのである。

2　組合持場除

天保十二年（一八四一）十二月、定浚組合の年番であった秋田藩佐竹家は、組合中の同意を取りつけて組合持場の削減を普請方に訴えた[36]。その場所はかつて石垣を構築した町会所裏を含む。この訴えに驚いたのは普請方である。当該地については、町奉行や勘定奉行の権限も絡む。両奉行はつぎのように組合に問うた。

組合中一同存寄無之、石垣ニ相成候而も一統差支無之旨ニて新規石垣ニ出来候義ニ候、全組合持場之廉ニ可有之哉之処、此節ニ至組合持場除之義申立候趣ニ而候、右辰年（文政三年）掛合之上、組合中存寄無之石垣ニ出来次第不分明ニ哉、今一応取調、年番心得方をも相尋否申聞候様（後略）

組合持場であるからこそ、文政三年に石垣を構築したのではなかったのか。両奉行の当然の懐疑に応答した秋田藩の論理はつぎのようである。

右会所御取建之場所者前々浚土置所ニて、六ケ年目三味線堀通り大浚之度毎絵図面ニ朱引仕差上候通、組合持場ニ御座候故、先年御達有之石垣ニ出来仕候義ニ御座候得共、会所御取建御座候而も裏之方ハ余程明地も御座候処、追而堀端迄御囲込ニ相成候、然処去丑年(天保十二年)御徒方組屋敷、天王丁河岸弐ケ処石垣破損所出来ニ付、組合中申合修覆者仕候得共、浚土者遠所江持運、石垣者修復仕候義ニ而ハ何共迷惑至極奉存候ニ付、無餘義以来浚土置所名目者御除被成下候様奉伺候義ニ御座候

町会所のある場所は、その設置以前は定浚組合の浚渫土置き場であった。町会所の設置後も、堀端にあたる裏手部分に空き地があって浚渫土置き場としての機能は保たれていた。それゆえに依然として町会所裏手は組合持場であった。持場の範囲内であるから、石垣の構築は組合によって実施されたのである。

それが近頃、堀端まで町会所に囲い込まれたことによって浚渫土置き場の機能は失われた。となればそこは組合の持場ではなく、町会所の持場となるのではないか。同様に御徒方組屋敷の家作も堀端まで建て込み、天王町河岸の火除け地も御蔵手代の家作ができた。組合は堀筋にあった浚渫土の置き場をすべて失い、これを遠隔地へ運び出さねばならなくなった。そのうえにその場所の石垣普請を負わされることは容認できない。ついては堀端まで新たに家作を設けた者たちの持場とすべきである、というのが組合年番秋田藩の主張である。

持場の設定原則からすれば、秋田藩の主張は正当性を帯びている。持場は当該地の現状にあわせて動く、可変的なものであった。こうして三ヶ所は組合持場から除かれた。

町会所裏の石垣構築は、文政三年時点では「御用場所」との認識から実現に至ったのだが、今回は浚渫土置き場の有無の問題へと変化している。町会所をも都市住民のひとつとして、その範疇に引き入れた結果である。も

とより組合にとって負担はやはり忌避されるものであったろうから、持場の縮小願望は当初よりあったはずである。それがこの時期、潜在的なものから、顕在化しはじめたものといえよう。

一連の経過は、すべて天保十二年の年番であった秋田藩佐竹家が単独で普請方と折衝しており、返答書なども佐竹家の名前のみで提出されている。逐次、組合中への相談がなされた形跡はない。こうしたことは、組合からの委任を取りつけたうえでの行動ではある。とはいえ、ここに組合に所属する個別大名家の単独意志および行動が、組合全体に還元される、あるいは組合を規定する可能性が見出される。

3　大浚い

天保十三年末、鍵屋の跡をうけた定浚請負人駿河屋治兵衛と三河屋平八は組合年番対馬藩宗家と三日市藩柳沢家へ、鳥越橋附近における川幅の狭隘さを訴えた[37]。年番による見分の結果、たしかにそのような状況が認められ、「通船之もの共」への問い合わせからも「通船上下行逢候節者、悉く差支難儀之様子」が確認された。そのうえ、大潮のときは大川口から大量の塵芥が押し寄せ、引き潮のときは川幅の狭隘さから塵芥が流れ出ず、堆積が進んでいるため、定浚いにも支障を来していることがわかった。こうして組合一統の合意のもと、川幅の復旧が図られることとなった。十二月十七日、普請方にそのことの許可を求めたところ、評議が長引き、ようやく普請方による見分が実施されたのは翌十四年の六月七日のことであった。およそ半年間、塵芥の堆積が進む一方で、対応はなにも進まなかったことになる。

八月に入ると今度は町奉行鳥居忠耀から組合へ問い合わせがあった。組合が拡幅しようとしている場所は、御家人の屋敷などもあることから、「俄ニ取除候様有之候而者、町方難儀ニ可及儀」と不安視されたのである。組合側は、昨年末に普請方に提出した書類と同じものを町奉行へ提出した。九月に町奉行は、元鳥越町家主らに「地先出張之分早々取払」を命じ、なお武家方地先の分は普請奉行から指示が出されるとした[38]。それでも普請方からの指示はなく、天保十四年は例年どおりの浚渫に終わった。

明けて天保十五年（一八四四、弘化元年）は三味線堀筋「大浚」の年であった。これは六年目ごとに実施している大規模浚渫で、かねてより予定されていた。二月、請負人両名から組合年番の庄内藩酒井家に大浚いの願書が提出され、「先格」もあることから組合はその実施に向けて普請方へ届け出た。しかしながら、懸案の川幅の狭隘部分の取り扱いが問題となり、普請方はこれを許可しなかった。狭隘さの解消のなにが問題かは判然としないが、これの解決したのは十月のことで、十一月から大浚いがはじめられた。このとき部分的な堀筋の閉鎖が必要となり、「下掃除船等之差支」が心配されたものの特段の支障なく、ひと月ほどで大浚いは完了した。この費用は通常の定浚（六九両一分）の倍額であった。このほか出入りの普請方役人からの「内願」をうけて、普請方下奉行以下に支度料の名目で金千疋（二両二分）が贈られた。

およそ二年越しで、堀筋の狭隘部分は解消された。しかしこれの見分に来た普請方は、浚渫の不十分な場所を指摘し、「再浚」を命じた。加えて新たな川幅の間数帳の作成と提出、および石垣崩落場所の修繕も指示された。弘化二年（一八四五）四月までに再浚は完了し、その後、石垣が五六両二分をもって定浚請負人によって修繕された。

三味線堀筋は組合の管理場所であっても、組合の行動はすべて普請方の指示監督のもとにあった。組合が独断で行動することはできなかったのである。とはいえ、今回の手続きに大幅な時日を要したのは、天保改革ないしその頓挫後の状況をうけたものとみられる。嘉永二年（一八四九）に実施された大浚いでは、請負人から年番秋田藩佐竹家への願書提出をうけて、三月十日に組合一統の総意として普請方へ届け出たところ、早くも四月二日に大浚いが指示されている。七月に浚渫の終了したことをうけて、請負人は組合へ大浚い費用に閏月分の加算、および代金の一括払いを願った。この年は大雨がつづき、浚渫に手間も費用もかさんだという。閏月分加算の先例は、近くは天保六年をはじめ、幾度かあった。組合一統は願いを認め、金一五〇両余が請負人へ支払われた。

ここでの堀筋狭隘部分の解消を求める願書は、請負人から組合へ出されたものであったが、その請負人は堀筋の利用者である「通船之もの共」の難儀をうけとめたものであった。そもそもの大浚いのはじまった経緯は不詳だが、これも利用者の利便性を企図したものである。組合の行動と意識が、利用者の存在を大きな前提にしはじめているとみなすことができる。

4　新規駒寄補理

嘉永六年（一八五三）三月十五日、普請方は三味線堀端への「新規駒寄補理《しつらい》」を「向寄御方様」に命じた。[39] 駒寄とは、人馬の侵入を防ぐため設けられた竹や角材による柵のことで、向寄《むより》（最寄）として指名されたのは庄内藩酒井家、忍藩松平家、対馬藩宗家、烏山藩大久保家、飯田藩堀家、三日市藩柳沢家、旗本皆川遠江守、旗本中根宇右衛門、旗本清水熊太郎の武家九家であった。「雨天之節者勿論、平常迚も駒寄無之往来危、既ニ怪我等いたし候者有之趣相聞、人命ニ抱候儀難差置候」というのが、普請方が設置を要請する理由である。向寄の九家には「組合持之積」で維持管理にあたることが求められた。普請方は九家それぞれの組合高まですでに設定してあった。あとは九家が肯って、駒寄を設置すればよい。

九家のうちより忍藩が、普請方からの「御達之移」（けはい）もあったとして、種々の手続きを中心になって進めることとなり、以後「下谷三味線堀端組合駒寄取扱」を肩書きに用いた。[40] 堀端組合は、三味線堀においては、高橋組合と定浚組合につぐ、三つめの組合となったわけである。取扱の忍藩は駒寄設置へ向けて、まずは当時、定浚組合と高橋組合両方の請負人を兼ねていた三河屋鉎次郎に見積もりをとらせた。他方で、大名家へのみ廻状を回し旗本三家の除外を提案した。「聊之御高掛ニ而、夫是手数多」ことが理由である。

大名家の同意を得て、旗本らへ打診したところ、「少高之儀ニ御座候間、出銀之儀者聊御座候得共、此度限り御高柄ニ而被仰合致度」とのことで、除外の方向で進められることとなった。とはいえ、今回の駒寄設置は「自分申合共違ひ、御役所より御達有之候義」であることから、普請方の判断がまたれた。その後、五月に普請方許可を得た組合高割帳には従前の九家が記載されている。普請方は武家たちの主体的な判断を認めず、ただ忠実に負担に応ずることを要求したのであろう。

そうしたことがありながらも、表面上、堀端組合は駒寄設置に向けて動いていると思われた。だが突如、五月十七日付でつぎに掲げる内願書が普請方へ提出された。

下谷三味線堀端雨天之節者勿論平常迚も駒寄無之危、既致怪我等候者有之趣相聞、人命ニ拘り候儀難差置候間、駒寄補理向後申合、九手組合持之積、相心得候之様先達而御達御座候付、右組合江申談、追々相伺候儀も御座候、然ル処右場所者年来駒寄無之済来候儀ニ而、只今迄怪我人等稀ニ者可有之哉ニ候得共、人命ニ拘り候程之儀承不申、且者往古ゟ駒寄無之場所、今度ゟ新規仕附候様相成候而ハ何共迷惑難渋仕候間、御達を反し候様ニ而恐入候得共、右申上候次第ニ付、何卒只今迄之通ニ而駒寄仕附候儀御見合ニ相成候様仕度、此段組合一同奉内願候、以上

五月十七日　　　松平下総守内

木戸環

これまで怪我人も稀にはあったろうが、人命にかかわる事態の発生は聞いたことがない。駒寄がなくとも特段問題は生じていないのだ。ついては新規事業は「何共迷惑難渋」であるから、駒寄設置を中止するよう求めたのである。だが、これの差出者の部分に「組合」や「取扱」の肩書きはなく、以後の普請方への提出書面においても忍藩はその肩書きを用いていない。この内願書提出に向けての、組合内での合意形成過程は不明であるが、「組合一同」を標榜しており、一応は合意のもとでの内願であった。ここで気になるのは、最寄り九家に秋田藩が入っていないことである。三味線堀に面する位置に上屋敷を構える藩を除外するのは甚だ不自然である。

秋田藩の記録によれば、延享五年（一七四八）「三味線堀際駒寄、絵図面之通七拾間半之所、朽損候付、新規拵直申候」と、それ以前から駒寄の存在していたことを確認できる。[41] それも七〇間半（約一二七メートル）もの規模である。宝暦六年（一七五六）にも朽ち損じから、駒寄は拵え直されている。いずれも秋田藩単独による普請であったとみられる。この駒寄はいつの間にか廃されてしまったようだ。そうした経緯がありながら普請方は駒寄の再設置を、秋田藩を除く最寄りの武家たちを動員することで実現しようと目論んだのである。ここには隠された事情がありそうだが、いまはこれを解く術をもたない。

ともあれ、普請方の命令に組合が公然と反対を表明したのは、これがはじめてであった。さすがに普請方もしばらく回答しえなかったようだ。忍藩は普請方の態度硬化を懸念したのか、六月付で普請方へ提示すべく準備した書付はつぎのようであった。

下谷三味線堀之内最寄屋敷九手組合持ニ而駒寄矢来新規仕付候様御達之趣奉承知、一同御請申上、仕様帳幷組合姓名高附帳迄差出候、然ル処今般内向無拠故障有之被　仰渡之廉、堀内江落入怪我等も有之、人命ニも可拘程之儀も御座候趣ニ付、幾重ニも御請可仕旨一同厚内談仕候得共、何分内向整兼不行届之段奉恐入候、

右ニ付此度駒寄矢来仕付候儀者、格別之御勘弁を以暫御見合被成下候様仕度、何分組合一同奉内願候、以上

だいぶ表現が和らいだうえに、人命にかかわることを認める内容となっている。延期を願う理由は「内向無拠故障」とだけあって、詳細は示されていない。堀端組合内からはこの文言の使用への反対もあって、手間取っているところに、先の内願書に対する普請方からの返答があった。

右駒寄之儀無餘儀次第ニ付、最前御達申候処、一統承知之趣受印被致候得共、実々迷惑被致候儀ニ有之候ハヽ、右仕様相略し度与申もの歟、又者何与歟被申立方も可有之、其上右内願書之趣組合一同与者有之候得共、一名ニ而者先ツ重々手前方（忍藩）計ゟ之申立ニも相聞候、実以一統被致迷惑候儀ニ候ハヽ、組合中江得与遂相談、一同之連印を以被申立候ハヽ、取計方も可有之、兎ニ角一名之願ニ而ハ取扱兼候（後略）

迷惑しているのならば、仕様を簡素なものにするなど手立てがあろう。それに文面には「組合一同」とありながらも、差出者は忍藩のみである。普請方は組合一同の連印であれば、組合総意での訴えと判断し、対応するとしたのである。忍藩では、再願を目指して、組合一同へ連印を求めた。

しかしながら、ここに別の動きがあらわれた。飯田藩が駒寄の設置を実現すべく、いくつかの藩に声がけをはじめたのである。同藩は三味線堀端を辻番廻り場としていたから、怪我や転落を未然に防ぐため、駒寄のあったほうが好都合であった。これに賛同したのは、烏山藩と対馬藩であった。七月五日、三家は連名で忍藩へ連印の拒否を通知した。

得与考弁致し見候処、最前御達之砌、新規之儀ニ者候得共御組合被仰渡之筋、容易ニ御断も難相立哉ニ而御同意御相談済之上御請印等をも仕候、末唯今ニ相成御断之所も如何敷哉ニ相見、手前共方ニおゐて其御許様ニ而御引受御再願御差出之儀者御存慮次第御取計も可有御座候得共、御連名を以歎願之儀者向後手限取扱之

節、響合旁ニ取斟酌之場合も御座候間、此段前以及御断置候条可然御聞取可被下候（後略）

駒寄設置を一度は引きうけておきながら、ここに至って拒否することにためらいが生じ、この先の普請方との関係に悪影響をもたらすことを三家は不安視したのである。さりとて三家は、忍藩単独での再願を否定してはいない。堀端組合九家は駒寄設置をめぐって、合意を形成することを断念し、分裂したのである。

八月に入り、忍藩は単独で再願することを堀端組合へ通知した。普請方へ示された願書の核心部分はつぎのようである。

何分旧来駒寄無之済来候儀ニ而、此度限之事ニも無御座、以来永久之事ニも有之、何共難渋迷惑罷在候処、此度浦賀表異国船渡来ニ付而者差向不容易、莫太之入費も有之、甚心配罷在候折柄、公辺ニ而も五ケ年之間際立候御倹約被仰出、諸事雑費を省キ武備之義一図ニ力を尽候様被仰出候、付而者可相成義ニ御座候得者、右新規矢来仕附候儀、暫御年延被成下候様仕度奉願候（後略）

この間の黒船来航（六月）からの政治社会情勢をうけた理由説明は、普請方にあっても受け容れやすい。あるいは出入りの普請方などを通じて、根回しや文言の調整もなされたことであろう。こうして普請方は、倹約と将軍代替り（家慶から家定へ）を表向きの理由にして、駒寄設置の「暫見合」を命じた。なお、駒寄設置の見積もり書を作成し、すでに職人らへ手付け金も支払っていた定浚請負人三河屋は、大名六家へ拝借金三十両を願い、認められた。

武家たちが普請方の命令を完全に覆したのは、これがはじめてであった。普請方と武家たちには、駒寄の必要性認識に差があったし、武家たちの間にも温度差があった。同じ地域の公共的課題といえど、個々の利害関係は微妙に食い違い完全には一致しない。「組合」といえど、その内部は決して一枚岩ではなかったのである。この相違に対して武家間では、一応、対等に意見を応酬しているようにみえる。とはいえ、主導的立場にあった忍藩の意志と行動が突出していた。ここでは構成家単独の意志と行動が組合全体の利害にも反映することとなった。もともと構成家は組合に全面的に規定された存在であったが、これとは逆に構成家が組合に作用しはじめているといえる。

5　一作限助力石垣修復

安政四年（一八五七）十月三日、普請方は定浚組合年番を呼び出し、つぎの請書にみられるような命令を伝えた[42]。

浅草元鳥越町拝領町屋敷裏通川附石垣柵共、地震風損等ニ而崩、又者孕押出し、雨天之節者芥土等流込押埋、通船之障ニ茂相成候処、少給之者而已ニ而修復難行届候処、右川筋者三味線堀定浚組合持場ニ付可相成者、已後組合持ニ相成候様致度段銘々ゟ歎願書差出候ニ付取調候処、申立候通り大破相成少給之者修復難行届段相違茂無之、尤向後組合持ニ引渡候義者右場所ニ不限最寄銘々持石垣等、先年中組合中ニ而一作限り修復被致候場所茂有之、永久箇所増ニ相成候儀ニ付、強而難申達候間、全此度一作限組合中ニ而助力修復可被致候、右之段被仰渡、絵図面御渡受取奉畏候、組合中申談早々修復取調相伺候様可仕候、此段御受申上候、以上

三味線堀定浚

安政四巳年　　年番

十月三日　　佐竹右京大夫内

石井惣助印

浅草元鳥越町の拝領町屋敷裏とは、甚内橋の北側にあたる。そこの三味線堀筋に面した石垣が崩落ないし孕み出ていることで、雨天時には土砂が堀筋へ流出し、またそれが堆積することで通船に支障を来す状況となっていた。こうした場合、拝領町屋敷の拝領者たちが修復を講ずるべきではある。しかしながら、彼らは「少給之者」であり自力での修復は不可能であった。そこで「少給之者」たちは、川筋が定浚組合の持場であることから、石垣を組合持場としてくれるよう普請方へ歎願したのである。なお「少給之者」が組合に直接頼むのではなく、普請方を介して歎願するという構図になっていることには留意しておきたい。普請方では、その願いが持場の原則に反することから全面的に認めなかったものの、同様の事例での先例もあるとして、組合へ「一作限」、すなわち一度限りの助力修復を打診したのであった。組合年番秋田藩はその場で請書を提出したものの、組合中で相談のうえで意向を決定する旨、普請方の了解を得た。

廻状をもって意向を問われた組合各家は、先例もあるならばと、これを肯う姿勢をみせた。しかしながら、津藩藤堂家のみ明瞭に反対を表明した。

此度修復致候ハ、又候此後破損之節茂助力修復御達可有之、且御同処ニ而近年御打続御難渋之廉々も有之趣を以御断被仰立度（後略）

一度修復を承知すれば、つぎもまた助力修復を命じられるのは目にみえている。昨今の難渋を理由に拒絶すべきである、というのが津藩の主張である。秋田藩もこの指摘をうけて、情報収集に努めたようである。その結果、「此節柄御同様之廉々も御座候間、一作限与乍申持場ニ無之処、種々入費有之砌ニ付迷惑難渋筋申立候事ニ而者如何御座候哉」と、組合中へ提案するに至った。こうして組合「御一統様至極御同意」を得て、十一月につぎのような願書を普請方へ提出した。

浅草元鳥越甚内橋北之方左右石垣板柵大破ニ付、三味線堀定浚組合ニ而一作限助力修復之儀、先達而被仰渡候ニ付、別紙之通組合ニ付申合ニ相及候処、国元震災引続御当地ニ而震災、其外嵐ニ付屋敷々々茂大破ニ相至、既ニ住居ニ差支候得共、手入ニ及兼、其中ニ居屋敷下屋敷共類焼、于今普請行届兼、又者修復等不致ニ付、殊之外差支難渋を茂無拠打過罷在、且近年異人渡来ニ付、海岸手当、其外臨時之物入有之候処、不作打続勝手向殊之外差支候ニ付、自然（平出）公辺江御苦柄申上罷在候場合ニ付、助力修復之儀一作限とハ乍申、右躰ニ而如何共難儀致候事ニ御座候間、組合一同ゟ御免願申上候儀ニ御座候間、何分此段宜御聞済被成下候様奉願候、以上

十一月

安政大地震ほかの自然災害に見舞われて不作もつづいているなか、黒船来航からの海防負担も重なり、大名家の疲弊は甚だしい。「一作限」の助力修復であっても、果たしがたいことがここで主張された。普請方は返答を保留したまま、十二月に入ったところで組合持場絵図の提出を求めた。年番秋田藩が年番引継文書をもとに、絵図面を作成しようとしたところ、問題の拝領町屋敷裏には持場であることを示す朱引きが引かれていた。あわてて年番が実地見分したところ、例の石垣は「至而小石、又者薄石積重、御組合ニ而修復之石垣ニ者無之様相見」えるものであった。かつて文化十三年（一八一六）に普請方へ提出した絵図面でも、そこは持場ではなかった。こうして問題の場所は明確に持場ではないことが図示された。

十二月十七日、普請方は年番を呼び出し、組合の難渋に理解を示したうえで、なおもつぎのように述べた。

右場所之儀も実ニ大破ニ而追々芥土流込、其侭差置候而者常浚場追々押埋通船之差障ニも相成、何分難捨置一体常浚之方江増組合場ニ相願候得共、左候而者永久ヶ所増ニ相成、迷惑ニも可有之候間、以来之例ニ者不

致候間、全此度限り組合中ニ而手軽ニ修復可被致候

決して先例とはせずに、一度限りであることを強調した命令は、もはや懇願に近い。放置すれば、通船に支障を生じ、堀筋利用者の難儀ともなることを引き合いに出しながらの説得である。年番は「組合中申談、早々修復之儀相伺候様可仕候」との文言のある請書の提出を求められ、一旦は拒絶した。とはいえ「是ハ御役処之振合故相除兼候、全ク御達申候廉々御請故、如何様御申立ニ候共、少茂障ニ不相成候」との普請方下奉行の言質を取って押印した。

　再びの命令をうけて、年番は「又候御免相願候而茂、迚も御聞済ニも相成間敷」との認識を示し、組合中へ廻状で「手軽」の修復実施を打診するまで後退した。だが、津藩は一歩も譲らなかった。二月十七日付で年番秋田藩へつぎのような書状を送ったのである。

一翰拝啓仕候、春暖ニ御座候処益御安泰被成御勤仕奉欣然候、然者昨年ゟ御手数猶又此頃御催促御座候三味線堀御組合御持場外、鳥越町拝領町屋敷裏通り川附石垣柵共、震災風損等ニ而崩孕候場所、一作限り修復之儀被仰渡候処、難渋之趣申立御断申上候処、猶又御呼出し此度限り手軽之修復被仰渡、　御一統様御承知ニ有之候趣、国元江申遣候得者、兼々申上候通り国許両度之震災、其外凶作続、又者江戸表度々天災打続、御一躰とハ乍申、分而手前方者種々之天災重々ニ而難渋、殊ニ武備手当向者無申迄茂無之、何分ニ茂不如意と相成、既ニ（平出）公辺ゟ拝借金も追々延納而已相願候程之仕義ニ而、御組合中　御一統様御承知之処、手前方一手之差支ニ而、追々御修復も手後相成御迷惑を懸、且者（平出）公辺江奉対候而も聊之事たり共、何分ニも不行届、依而手前方之儀者実ニ難渋故此度限り手軽修復御除れ相願度、仍而今日歎願書御普請方へ差出し申候、是迄種々御掛合之末ニ付、此間之御答旁申上度如此御座候、以上

二月十七日

尚以本文之趣、　御組合御一統様江も宜御通達奉頼候、以上

津藩江戸屋敷は国元とも相談のうえで、今回限り組合からの離脱を普請方へ独自に歎願したというのである。江戸でも国元でも天災が重なり、公儀拝借金の返済もままならないなかにあって、「一作限」といえども持場外への支出は許容できない。とはいえ他家がこれを肯うことを妨げるわけではない。津藩にのこされた道は、組合からの離脱であった。ここに組合の一体性は、対象を限り崩れた。

組合を頼り、その枠組みに依拠することで持場を放棄しようとした「少給之者」と、持場の原則に反することを認識しながらも「一作限」の論理をもって持場外の場を組合へ押しつけようとした普請方にとって、津藩は前提をなす「組合」そのものからの離脱という非常手段に出たわけである。普請方はこの想定外の逸脱した行動に対応する術をみつけられず、七月になり組合の「助力御免」とし、石垣は「願人共」、すなわち「少給之者」が「銘々如何様ニも手軽ニ取繕」よう命じたのであった[43]。

ここで浮上してきた問題は、「少給之者」による持場維持管理の不能ないし困難という状況である。これが三味線堀筋にのみ生起してきた問題とはとても思えない。自家の家前を自ら管理するという慣習を、持場としてほとんど制度化したのは公儀であった。それは一見、公平で有効な負担の仕組みのようにみえ、また実際ある程度はそのように機能した。だが、商品貨幣経済が支配層の意図を超えて浸透し、そのことで武士、とりわけ下層の者たちが困窮しはじめると、彼らに持場の維持管理は不可能となっていった。持場は空間を明瞭に区切るものであったから、その厳密性を前面に出すと、融通が利くものではない。こうして持場の制度は機能不全に陥ってしまったのである。

三味線堀組合はもはや、公儀の命令にただ従うだけの存在ではなくなった。現実の場における設備の必要性や、持場の原則に照らし合わせながら行動する主体的組織へと成長した。都市公共機能の責任主体といってよい。そうした存在がつぎに対面するものは、都市社会であった。

三　三味線堀組合と都市社会

1　定請負の進展

寛政四年（一七九二）に定浚請負人は摂津国屋から鍵屋喜平次へ変更となった。鍵屋は少なくとも文政三年（一八二〇）までは請負人であったが、天保十三年（一八四二）段階での定浚請負人は駿河屋治兵衛と三河屋平八であった(44)。このうち駿河屋は遅くとも天保元年（一八三〇）には高橋の請負人でもあり、その地位は父平兵衛より受け継いだものだという。

天保十五年（一八四四）十一月、駿河屋は高橋の十五ヶ年間の「定請負」を組合へ申請した(45)。駿河屋の述べるところによれば、高橋は天保元年に二四〇両で修復が施され、天保十年に三四三両で架け直された。十年間に要した費用は五八三両である。これを標準的な維持管理費用とすれば、一年に五八両一分と銀三匁がかかることとなる。そこを年額五〇両にして、十五ヶ年の定請負としたい旨を駿河屋は願ったのである。定請負にすれば、費用も安く、年番の手数も減る。定請負金のほかは一切請求しないという。

この定請負願いは組合の容れるところとなった。だが、嘉永元年（一八四八）の高橋修復にあたって組合は、入札を催している[46]。開札の結果、駿河屋が二一九両二朱と銀六匁四分で落札した。二番札は大和屋久兵衛で二三〇両、三番札は穴蔵屋源四郎で二四〇両であった。金額の精粗は、駿河屋以外の入札が当初より仕組まれたものであったことを示唆する。普請方には三番札までを報告せねばならないから、そのための措置であろう。定請負によって駿河屋は排他的な請負を実現したのである。

嘉永三年（一八五〇）四月、駿河屋は「近来多病」を理由に、請負人の職を辞することを組合へ願い出た[47]。あわせて三河屋平八は、鍵屋の先例もあることから、以後は「一手」で請負人を勤めたいと願った。組合は浚渫の精勤を条件にこれを認め、三河屋は証人に深川伊勢崎町の「かしまや吉五郎」を立てた請書を提出した。七月、三河屋は一人請負となったことで不行届の生じることを懸念し、弟の銈次郎を見習に立て、持場内の見廻り、および組合中のご機嫌伺いや御用聞をさせたいと願い出た。組合はこれを認めた。翌八月、三河屋はさらにつぎの願書を組合に提出した[48]。

乍恐以書付奉願上候

一下谷三味線堀定浚之儀年来奉相勤来冥加至極難有仕合奉存候、然処平八儀当六月以来眼病ニ而万一勤方不行届之儀御座候而者奉恐入候ニ付、先月中為見習弟銈次郎儀差出度段奉願上候処、御聞済被成下置、重難有仕合ニ奉存候、然ルニ平八儀眼病次第ニ相募、全快之程茂無覚束、只今之体ニ而者御場所見廻等茂行届兼、且急御用ニ而自身御呼出等之節御差支相成候而者奉恐入候間、向後定浚御用向万端銈次郎江引請被仰付被下置候様奉願上候、尤同人儀素ゟ職体功者ニ御座候而、乍恐御用弁茂宜与奉存候間、何卒格別之思召ヲ以願之通御聞済被成下置候様奉願上候、右願之通御聞済相成候上者、改メ左之者証人ニ相立御用向大切ニ奉相勤たく、銈次郎儀自然故障等御座候節者右証人之者罷出御用向聊御差支ニ不相成様仕置度心得

ニ御座候、此段　御組合　御一統様江茂御聞済相成候様、乍恐御取扱之程偏ニ奉願上候、已上

深川伊勢崎町三河屋

嘉永三戌年八月　平八

三河屋銈次郎

小船町壱丁目家持

親類証人　元次郎

御年番

御留守居方

御役人中様

三河屋平八は六月から眼病を患っていたという。そのため銈次郎を見習にして補助させていたのだが、もはや回復は覚束ないとして、銈次郎へ請負人の地位を引き継ぎたいとしたのである。「職体巧者」だとされた銈次郎を、年番が調査させたところ「素々職分ニ手馴候者ニ而、用弁茂宜敷哉」との報告を得た。こうして組合一統の同意を得て、定浚請負人は三河屋銈次郎へと交代した（なお同時に高橋請負人も引き継いだものとみられる）。請書で彼は「糀町谷町　三河屋銈次郎」と署名しており、深川伊勢崎町の平八とは別家を構えていたようである。

この半年ほどの請負人の変動ははげしい。結果からみれば、駿河屋の辞任と三河屋平八の一手請負は、三河屋銈次郎の請負人就任が予定されたうえでの行動であったとみて間違いなかろう。定請負の進展は組合に利便性をもたらしたが、他方で「請負」が組合の手から離れていくことに結果した。組合が請負人を募ることはなくなり、組合の「請負」は請負人の間で引き継がれていくのである。こうした請負人の実態を知ることは難しい。ただし、

三河屋平八は材木仲買であったようだ[49]。木材は橋梁の部材となるほか、石垣構築の足場などにも必要となろう。材木を扱う商人は、請負人を勤める有力な職業のひとつであったと思われる。

嘉永五年（一八五二）二月、定浚組合の持場内で石垣の崩落や抜け孕みがみつかった[50]。もちろん修復にあたるのは三河屋鉎次郎である。三河屋は諸色高値の折から当初は一五九両三分と見積もり、そこから出精して一四八両一分を組合へ提示した。組合はこれを認め、普請方の許可を得たのち、修復が施された。

安政元年（一八五四）は大浚いの年であった。三河屋はこれに取りかかるに先立って、組合へ二〇〇両の前借りを願った[51]。前年に不忍池の浚渫が実施されたことで、下流にあたる三味線堀筋に土砂が流れ込み、平均で一尺（約三〇・三センチメートル）ほども堆積しているという。堀筋の面積は五四〇〇坪余とされているから、かなりの量である。年番は時節柄これに難色を示したが、浚渫不十分となれば普請方見分時に再浚渫を指示されないとも限らない。組合中は前借りを認め、各家で個別に十年賦返済の証文を取り交わした。請負人との間に金銭貸借関係が生じたのである。

大浚い費用には閏月加算がまたも求められ、総額一五〇両余となった。のみならず普請方見分時に石垣の崩落部分の修繕を命じられた。とはいえ当年は出費が嵩んでいる。組合は、普請方命令があるものの（「御達与者乍申」）、当年はそのまま放置できない部分のみの修繕で済ませ、のこりは翌年に先送りとした。

大浚いを終えて三河屋は、「手数ニも相成候間、以来大浚之度毎、別段願継之書面差出不申候様仕度旨」を年番へ願った。永続的な請負契約の締結を求めたのである。これには津藩が反対を表明し、大した手数ではないことから「矢張五ヶ年季継」とすべきであると主張した。こうして三河屋はまた五年間の請負人の地位を得るにとどまった。

翌安政二年、予定どおり石垣修復が進められた。三河屋は「石類殊之外払底、其上大火以来諸色人足賃ニ至迄高直」の時節柄、当初の見積もりを二九八両三分としたが、出精して二七八両三分を組合へ提示した。五月に石垣修復は完了したが、この年十月二日の安政江戸大地震によって、またも石垣の崩落が発生した。堀筋では土蔵の倒壊も起き、土や瓦が落ち込んだうえに、十月十八日の大雨で周辺から土砂が流れ込んだ。年番であった忍藩の江戸屋敷も倒壊ののち、火を発し、三味線堀関係文書をすべて焼失してしまった。忍藩はかつて年番を勤めた家から留記の提供を求めている。この年は通常の浚渫に終わったが、翌安政三年に組合は三河屋が求めた定浚費用への三分の一加算（およそ三割増し）を認め、九二両一分と銀五匁で浚渫が実施された。

安政三年十二月に、三河屋は父の跡を継ぎ柏屋源四郎と家名を改めた。麹町の柏屋源四郎となれば、その実態をうかがう手がかりが、隣町に鎮座する平河天神境内の狛犬（阿像、獅子）にのこされている。[52] 享和元年（一八〇一）の奉献になるそれには、世話人として大工中、家根屋中、左官中、車力中、鳶中と刻まれ、願主には四代目柏屋源四郎の名がみえている。嘉永三年（一八五〇）正月の火災で狛犬は損壊したが、嘉永五年の菅原道真九百五十年忌の開帳にあわせて修繕された。このときの再建願主として五代目柏屋源四郎の名が刻まれている。そうすると鉒次郎は六代目となったのであろう。柏屋は大工、家根屋、左官、車力、鳶を束ねる位置にあったことはたしかで、普請関係の親方的立場にあったとみられる。

安政五年（一八五八）に高橋は架け直された。[53] 請負人から最初の打診をうけたとき、年番は「兼而定請負ニ被（平出）仰付、年々御出銀ニも相成居候儀」であることから、即座に賛意を示した。やはり形だけの入札が実施され、柏屋源四郎が三一九両で落札した。二番札は中村屋忠兵衛で三二八両と銀二匁、三番札は大坂屋久蔵で三五六両であった。以前に比して金額設定はいささか現実味を帯びているだろうか。なお中村屋は炭薪仲買であった可能性がある。[54]

翌安政六年は大浚いの年であった。[55] 柏屋は三分の一加算した定浚費用の二年分を求め、組合はこれを認めた。またここで石垣の破損がみつかり、柏屋は見積もり額一七九両から十両を減じて、一六九両でこれを請け負った。石垣修復への組合中同意を取りつけたのち、年番津藩は先例に基づき「五手申合」で普請方へ届け出ることを秋田藩、対馬藩、忍藩、庄内藩へ提案している。いずれも定浚組合内で十万石以上の表高を有する家々である。定浚費用の分担割合を示す組合高は、各家の表高に基づいて設定されたから、大藩の負担は大きい。そのことは組合内での発言権にも比例することとなろう。次第に大藩が組合を代表するようになっていったものとみられる。

文久元年（一八六一）の定浚いにおいても、柏屋は三分の一加算を求めた。[56] 諸色や人足賃の高値はもとより主張されてきたところだが、このときの願書には「何れ之御組合御定式御場所ニ而も御割増頂戴仕候」と記されている。三味線堀組合以外の組合を引き合いに出して、増額を要求したのである。柏屋は他組合の請負人も勤めていたのであろう。

元治元年（一八六四）九月、強雨のつづいたことで堀筋が部分的に埋まり、石垣や柵にも損壊が生じた。[57] 年番はさしあたって出洲のみを除去し、石垣と柵については少破のうちに修繕することとした。柏屋の見積もりは八九両三分で「格別入用高ニも無之」ものであったから、年番による「仕置修復」となった。年番の裁量で実施される修復を「仕置修復」と呼んでいるようである。費用は年番が立て替えておき、年末の定浚費用徴収時にあわせて集金された。

翌元治二年三月、岡崎藩は同藩屋敷に接する石垣の修復を、組合中に要請した。[58] 年番が組合中の意向を問うたところ、時節柄もあって「御一統様区々」の意見が寄せられた。年番は秋までの修復延期を、岡崎藩へ申し入れたが、同藩は承諾せず、組合は余儀なく修復を進めることとなった。岡崎藩の屋敷は大川口にあって、三味線堀そのものからは遠い。時節柄のみならず、ここにも組合中の消極的態度は起因するのだろう。だが、当時の岡崎藩主本多忠民は老中であった。組合中がこれに影響されなかったとはいえまい。こうして柏屋が出した見積もり六五〇両をもって、石垣修復は実施された。なお、ここでも半額が先払いとされた。

改元して慶応元年十一月、柏屋は定浚請負金の五割増しを組合へ願い出た[59]。諸色高値が引き続いていることはもちろん、人夫や車力なども格外の高値となって請負人の経営を圧迫していた。事態はなにも柏屋に限定した話ではない。

無拠当春中仲間共一同度々打寄談判仕、諸　御屋敷様方御組合定御請負御場所共諸色下落仕候迄多分之御増金奉歎願候儀ニ申合仕候得共、私儀者御請負御場所年来無滞奉相勤、御蔭ヲ以取続罷在候御儀ニ付、仲間共振合ヲ以奉願上候者奉恐入候間、何卒格別之御仁恵ヲ以是迄御請負高江五割御増金被　仰付被成下置候様奉願上候（後略）

江戸内各所の武家屋敷組合の請負人らは、すでに「仲間」を形成していた。彼らは諸色下落に至るまで、それぞれが請負人を勤める組合へ増金を歎願することで合意していたという。請負人は組合に個別に対しているようにみえて、実は背後に請負人固有のネットワークを有するまでに至っていたのである。

2　下掃除人の結合

文久二年（一八六二）三月、三味線堀組合へ一通の歎願書が提出された[60]。写し留められたそれによれば、差出は「御屋敷様方御掃除人願人惣代　東小松川村庄八　外九人」である。庄八は忍藩出入りの下掃除人であったから、十名は三味線堀組合に属する大名家の下掃除人たちであったとみてよい。彼らは自らの生業に三味線堀筋を利用するから、それの機能不全は死活問題となる。下掃除人の背後にはまた、江戸周辺農村の巨大な需要がある[61]。共通利害のもと下掃除人たちはここに結合し、組合へ堀筋の浚渫を要求したのである。

歎願書によれば、彼らは安政六年（一八五九）二月にも組合へ「大浚」を願い出ていた。堀筋が埋まり、大潮であっても通船不便となっていることを訴えたのであった。幸いにもこの年はもともと大浚いの年であったから、訴えは表面化せずに済んでいた。それから三ヶ年が経過し、堀筋はまたも埋まってしまった。四、五日も通船が滞り、下掃除に支障が出ているような状況である[62]。

御屋鋪様江者不掃除ニ相成、掃除荷物之義者遠方江継荷致し手数多分相掛り難渋之折柄、近年追々引続米穀高直ニ付日々無油断船稼致候者共渡世取続兼候時節、猶又川筋埋休日而已間々有之、至必《ママ》与難渋至極仕候、当時埋候様子ニ而者船不通用ニも可相成哉、殊ニ右川筋ニ而船渡世之者共多人数日々稼差支当惑至極仕候、尤今般御浚被下置候得者諸人莫太之御慈悲ニも相成、猶又私共御掃除向無差支相勤仕度奉存候間、乍恐御賢慮被成下、何卒以（平出）御慈悲右願之通御沙汰偏奉願上候（後略）

下掃除人たちは自らの困難のみならず、「川筋ニ而船渡世之者共多人数」の苦境を背景に、組合へ物流基盤の改善を願った。この場合、不特定多数の船渡世の者たちは、組合中の屋敷出入りの下掃除人たちに依拠して、自らの要求を組合へ伝えたことになる。下掃除人たちの歎願書にあわせて、請負人の柏屋からも大浚いの繰り上げ実施を求める願書が組合へ提出された。それによると、やはり先年に実施された不忍池の浚渫が影響しており、土砂の流入量が増えて日々の浚渫では追いつかなくなっているという。

こうした状況をうけて、組合年番は先々を見越して「余程深浚」（場所によって一尺五寸から三尺浚）を組合中へ提案し、同意を得た。石垣の修復も含めて、柏屋が出した見積もり額は八三八両二分（深浚四七六両三分、石垣修復三六一両三分）とかなりの高額となった。年番が、仕様はそのままで減額を要求したところ、冥加金四三両二分を減じて、七九五両が提示され、これをもって実施されることとなった。柏屋は浚渫に取りかかるにあたって半額の先払いを組合へ求めた。諸色高値の時節柄、資材をすべて現金で買い入れなければならず、人足賃銀も「日々之下払」であることが、その理由であった。実際に現場で働く多くの者たちは、日用層であったとみてよかろう。このときの大浚いは、八月までに普請方見分、および支払いまで完了した。

慶応二年（一八六六）三月、再び下掃除人たちから組合へ、大浚いを求める歎願書が提出された(63)。差出は秋田藩出入りの東小松川村兵右衛門、津藩出入りの同村熊蔵、忍藩出入りの同村庄八、対馬藩出入りの伊藤谷村平左衛門、三日市藩出入りの堀切村権兵衛である。いずれも畑がちで下肥への依存度の高い江戸東郊の村むらの下掃除人である。彼らは「川筋江通船之もの共一同」の利害を代表し、「下掃除人共一同評義」を経て、それぞれ出入りの家の「下掃除人惣代」の立場で組合に難儀を訴えたのであった。

彼らが土砂堆積の理由のひとつに、池之端辺りからの落水量の増加を挙げるのは、やはり不忍池の浚渫の影響だろう。加えて堆積の理由とされたのが、品川台場の建造による潮流の変化である。これにより大川に接続する中小河川は、軒並み潮入りが薄くなったという。それへの対応として、神田川ほどの河川でも御茶ノ水より奥は定浚のみならず、特別に浚渫が施されたという。こうして三味線堀筋の大浚いが歎願されたのである。

組合が請負人柏屋を質したところ、やはり潮入りの薄くなったこと、日々に人足を投じて浚渫させても堆積の方が早いことが訴えられた。そのうえで柏屋は、来年が大浚いの年であることから、大浚い自体はそれまで待つことを組合へ提案した。それでも通船に支障の生じている現状はとりあえず解消せねばならないから、柏屋はつぎのように組合に申し出た(64)。

悉難渋之儀ニ者御座候得共、当節柄之御儀ニ御座候間、御組合御入用者頂戴不仕、乍恐私手元ニ而別段人足差出シ通船差支之所者猶浚方為致可申（後略）

殊勝にも柏屋は私財を投じての浚渫を約したのであった。柏屋にはそれだけの財力と人足の動員が可能であったのである。こうして当面の問題は対処され、大浚いは翌年を期すこととなった。

翌慶応三年（一八六七）、同じく五人の下掃除人たち（対馬藩出入りのみ恒右衛門に変更）から、前年同様の歎願書が組合へ提出された(65)。

乍恐以書付奉願上候

御組合持三味線堀川筋江通船之者共一同奉申上候、右川筋御定浚之儀古来ゟ御組合ニ而被成下置、御蔭を以是迄通船差支無之難有仕合奉存候、然ル処近来上野広小路御橋辺ゟ落水いたし、雨天之節者同所弁天池ゟ吐水多分落込、右水下底高ニ相成水行差支候ニ付、三味線堀江惣躰ニ押込、殊ニ品川内海御台場数ヶ所出来候後者、都而巾狭ニ付、奥行深キ横川筋江者満汐ニ而も汐入薄く、何れ之御場所ニ而茂差支勝、既ニ神田川程之大川筋之儀茂御茶の水辺ゟ奥之方者定浚等年々有之、其上別段之御浚方も御座候趣奉承知候、然ルニ三味線堀之儀者一躰底高之処、古来ゟ者最寄御住居も多く相成、自然埋方も相嵩、尚大雨之節者所々ゟとろ水流込、格外ニ押埋、旁平常之御浚ゟ者埋勝ニ相成、右之仕合近来別而御定浚人足之義者別而骨折浚方致呉候得共、芥取捨計ニ而茂余程之義ニ付、自然与埋勝ニ相成、何分通船差支、此節ニ至り候而者益汐薄く三味線堀奥手ニ而者、極大汐待受日数費悉く難渋仕、火災等有之候ニ茂通船□速自由難相成一同心配仕、第一　御組合様方御用弁ニも相関候儀ニ付、不得止事奉難(歎)願候、何卒此節之処惣躰御浚方被成下置候様奉願上候、左も

無御座候而者、実以通船差支殊ニ春先之義者満汐至而薄く一同難儀ニおよひ、御屋敷様方下掃除御差支相成候者眼前ニ而重々奉恐入候、尤当節諸色高直柄をも不顧前顕願上候者何共奉恐入候得共、旧冬中鳥越辺大火之節堀筋江焼瓦等多分落込存外押埋、実々通船差支難渋至極仕候間、下掃除人共一同評義之上、此段挙而御難（歎）願奉申上候、何卒格別之以　（平出）御慈許（カ）右之段厚御堅（賢）慮之上、難渋之廉々被為聞召訳、当卯春之義者右堀筋惣躰ニ別段之大浚被　仰付被成下置候様、偏ニ奉願上候、以上

東小松川村
掃除人　兵右衛門
同村
同　熊蔵
同村
同　庄八
谷在家村
同　恒右衛門
堀切村
同　権兵衛

佐竹様（秋田藩）
藤堂様（津藩）
下総様（忍藩）
宗　様（対馬藩）
柳沢様（三日市藩）

御定浚
御組合

御年番御掛り
御役人中様

先年から引き続く土砂堆積の理由に加え、ここでは慶応二年十一月晦日の元鳥越町大火の影響も挙げられている。大火によっておよそ長さ一町半、幅五〇間が焼失し、[66]多数の焼け瓦が三味線堀筋に落ち込んで通船の妨げとなっていた。請負人柏屋も組合へ実地見分を求め、[67]大浚い費用の増額を願った。定浚費用六九両一分の倍額一三八両二分が定額だが、この物価高の時節にそれでは対応できない。定請負のはじまった寛政期に定められた人足一人につき銀二匁五分という計算はすでに通用せず、昨今は一人につき銀十六匁にまで跳ね上がっていた。こうして石垣修復も含めて、組合がこの年に要した大浚い費用は一一二六両二分という、これまでにない莫大な金額となった。

それでも組合はこの負担を許容した。下掃除人たちの歎願書冒頭の「御組合持」は、いくら強調してもしすぎることはない。この歎願書に公儀は登場しない。下掃除人たち、ひいては川筋利用者はどこまでも組合を頼るほかない。すでに組合は都市公共機能の責任主体として、都市社会に認知され、また自らもって任じているのである。

おわりに

以上、三味線堀組合の歴史的展開を明らかにしてきた。まずもって、武家屋敷組合ないしその端緒となった武家屋敷の結合を組織したのは公儀であった。道奉行が具体的にはこれに従事し、都市公共機能の維持管理を、それが所在する地域の武家屋敷へ強制的に委任していった。そのはじまりが元禄を目前にした貞享年間であったということは、都市江戸がそれまでに十分な都市化社会へと成熟を遂げていたことを示す。とはいえここで三味線堀組合に期待された行動は、公儀の都市機能維持体系下での忠実なる実行者であり、費用負担者であることであった。組合の行動は全面的に公儀に依拠するものであったのである。

だが維持管理の過程において都市公共機能を自明の存在から、自らの負担によって現前するものへと組合中は認識を改めていった。幾度もの維持管理行為を経て、また政治社会情勢の変容をうけて、組合の行動は公儀のみを前提とするものではなくなった。それでも公儀がまったくの不関与となったわけではない。組合構成家の変動や組合高の設定など構成家の把握は最後までその手にあったし[68]、浚渫や普請の許可および開始と終了を告げるのは必ず普請方であった。それは下掃除人たちからの要求による大浚いの場合も同様である。公儀は、都市公共機能の責任主体へと成長した組合のうえにあって、それの行動を大枠で把握することで、都市全体の公共機能を維持管理していたのであった。それはある意味で高度な都市統治だったといえよう。

武家屋敷組合の一体性は、「組合一統」ないし「組合中」としてあらわされた。とはいえ武家社会の身分序列から組合が自由であるはずはない。構成家の負担割合を示す組合高は表高に基づいている。ここに大藩と小藩、そして旗本の間で組合ないし都市公共機能への関与の程度に差の生じる要因がある。三味線堀組合において、主導的立場にあったのは、まず秋田藩と津藩、ついで忍藩や対馬藩であった。より多く負担するものは、無関心でいられずに、より主体的に関与していく。それが組合の展開を生み出す原動力でもあった。組合の行為は経済的に再生産されるものではない。だからこそ構成家は、定例の浚渫や普請の範囲を超えた場合には、慎重に合意を形成していかなければならなかった。それに大きな影響を与えたのが、請負人であり、堀筋利用者の代表としての下掃除人たちであった。

すでに貞享五年の橋普請から武家自前の普請組織の出動はなく、入札による請負が成立していた。定浚がはじまれば組合は請負人と恒常的関係を取り結ぶほかかない。請負人はこの関係を永続的なものとし、排他的に組合御用を勤めて、利益の確保を目指す。こうした請負人の具体像は容易にみえてこない。材木仲買がその任にあったこともあり、大工や鳶を配下に置く者であったこともある。なかには複数の組合御用を勤める者がいて、彼ら独自のネットワークを築いてもいた。日々の浚渫や見廻り、橋梁や石垣の普請、草取りなどのためには多数の職人や人足を必要とする。請負人は、江戸町方の職人たちや日用層と密接につながり、彼らを動員できる資本と力量を有していなければならない。組合は、都市下層を含む町方社会への労働の場を、請負人を通じて提供していることになる。

これとは別に請負人は、組合と堀筋利用者との間に位置していた。もとより都市公共機能の利用者は不特定多数である。三味線堀を生業に利用する「川筋ニ而船渡世之者」は多様な職業であったろう。彼らは三味線堀の機能維持に多大な関心を寄せざるをえない。三味線堀が機能不全に陥ったとき、彼らは組合構成家出入りの下掃除人たちに代表されることとなった。下掃除人たちは請負人を通じ、あるいは直接に組合へ苦境を訴えた。責任主体としての組合の行動を最深部で規定していたものは、都市社会そのものであったといえるだろう[69]。

註

（1）後藤新平（塚越芳太郎）『江戸の自治制』（二松堂書店、一九二二年）、幸田成友『江戸と大阪』（冨山房、一九三四年、後に『幸田成友著作集』二巻、中央公論社、一九七二年所収）。

（2）伊藤好一「江戸の水道制度」（西山松之助編『江戸町人の研究』五巻、吉川弘文館、一九七八年）、同『江戸の町かど』（平凡社、一九八七年）、同『江戸上水道の歴史』（吉川弘文館、一九九六年）。
（3）岩淵令治「江戸武家方辻番の制度的検討」（『史学雑誌』一〇二編三号、一九九三年）、同「江戸武家方辻番政策の再検討―役と『請負』―」（『学習院史学』三一号、一九九三年）、いずれも後に同『江戸武家地の研究』（塙書房、二〇〇四年）所収。
（4）小林信也「床店―近世都市民衆の社会＝空間―」（『日本史研究』三九六号、一九九五年、後に同『江戸の民衆世界と近代化』山川出版社、二〇〇二年所収）。
（5）藤村聡「近世後期における江戸武家屋敷の上水・橋々組合について」（『歴史学研究』六八二号、一九九六年）。
（6）なお地域における武家屋敷同士の接点としては留守居近所組合もあったが、近世中期以降、それは辻番所組合や水道組合などに組み込まれていく（笠谷和比古『近世武家社会の政治構造』吉川弘文館、一九九三年、三九三～三九四頁）。
（7）『日本歴史地名大系13東京都の地名』（平凡社、二〇〇二年）五九五頁、『御府内備考』一巻（雄山閣、一九七七年）四三八頁。
（8）宗家史料（東京大学史料編纂所蔵）五―二五。以下、一連の経過は同史料による。
（9）この前日に対馬藩宗家では呼び出しの理由を「留守居被差出候様ニとも無之、殊御中屋敷西之方借屋修復被仰付候付、外囲之儀道御奉行衆江昨日御案内被仰遣候故、其御用ニても可有御座哉」と推測しており、当日はじめて「此辺之御家来衆同前」に集められていることを知っている。事前に周囲の武家屋敷との相談や情報交換はおこなわれておらず、近所の橋の破損へ対応すべきとの認識も有していなかったとみられる。
（10）拙稿「江戸の橋梁維持と武家屋敷組合」（『比較都市史研究』三六巻一号、二〇一七年、本書第三章所収）。
（11）なおここで用人が「餘り事多御書付不被成」に、十万石以上で勤めた事例、禁裏築地料の納入事例のないこと、および即位時における事例のみを記すよう指示していることは興味深い。
（12）宗家史料五―十八。

（13）宗家史料五―十八。以下、一連の経過は同史料による。
（14）南和男『江戸の社会構造』（塙書房、一九六九年）二四頁。
（15）『東京市史稿』市街篇二五、二三九頁。
（16）市村弘正『増補「名づけ」の精神史』（平凡社、一九九六年）参照。
（17）『日本国語大辞典』第二版（小学館）。
（18）『東京市史稿』市街篇二六、七三八頁。
（19）宗家史料五―十九。
（20）だいぶ後になるが、弘化二年（一八四五）定浚組合から小浜藩酒井家が移転で抜けたとき、年番は「外御旗本様方者是迄之通御組合除キニ相心得可申旨」と普請方から指示をうけている（宗家史料五―二二）。
（21）宗家史料五―十九。以下、一連の経過は同史料による。
（22）遅くとも文政三年以降は普請方へ毎年正月に年番家を届け出ている（宗家史料五―二一）。
（23）寛政改革期の普請入札については、水野為長『よしの冊子』につぎのような興味深い記事をみることができる（『随筆百花苑』八巻、中央公論社、一九八〇年、三七三頁）。
たとへバ百両の入札仕候へば、其百両ハ何々に百両かゝるといさゐニ吟味を遂候故、面倒がり入札仕候もの少く御ざ候由。大積りをいたし、大躰百両程掛り候所へ百両の入札仕候ハヾ、夫成にわたし、いさゐに吟味を遂不申、少々ハ利分も設《（儲）》させ打込出情致させ、大姦計の出来不申様ニしめくゝりいたし候ハヾ可然に、才略が行届ぬと見へる（後略）
勘定奉行柳生久通以下の役人を批判する文脈での言葉である（同書四〇四頁にも関係記事あり）。請負入札にあたっては、大枠をはめて、それから逸脱しない限りで、ゆるやかに統制することが「才略」なのである。
（24）『誹風柳多留全集』（三省堂、一九七六～一九八四年）七二―一号、七―四二号。ほかに高橋を渡る秋田藩の荷物隊を弾くに見立てた「三味線をひく《（弾・牽）》は佐竹の小荷駄也」（同一〇〇―一三九）もある。
（25）宗家史料五―二一。

(26) 宗家史料五―二二。
(27) 宗家史料五―二一。
(28) 宗家史料五―二〇。
(29) 宗家史料五―二〇。
(30) 宗家史料五―二〇。
(31) 宗家史料五―二一。
(32) 以下の経緯は、宗家史料五―二〇および五―二一の両方に記載がある。
(33) 宗家史料五―二〇。
(34) なお、作成者不明ながら総額を七四両一分とする仕様書がのこされている（宗家史料五―二〇）。
(35) 宗家史料五―二〇。
(36) 宗家史料五―二二。以下、一連の経過は同史料による。
(37) 宗家史料五―二一。以下、一連の経過は同史料による。
(38) 『市中取締類集』（大日本近世史料）二三巻、二〇〇頁。
(39) 宗家史料五―二一。
(40) 宗家史料五―二二。以下、一連の経過は同史料による。
(41) 『国典類抄』十六巻（秋田県教育委員会、一九八六年）七〇四～七〇六頁。
(42) 宗家史料五―二二。以下、一連の経過は同史料による。
(43) 宗家史料五―二三。
(44) 宗家史料五―二一。天保十四年末に定浚請負人駿河屋と三河屋は組合から「御叱」をうけた。定浚費用の受け取りに三河屋は風邪にて、駿河屋は美濃表にあって参上が遅れたのである。
(45) 宗家史料五―二一。

(46) 宗家史料五―二一。
(47) 宗家史料五―二二。
(48) 宗家史料五―二二。
(49) 田中康雄編『江戸商家・商人名データ総覧』６巻（柊風舎、二〇一〇年）一一二頁。なお嘉永元年の高橋入札に応札した大和屋久兵衛は豊島町二丁目の炭薪問屋であった可能性が高い（同書四三〇頁）。豊島町は三味線堀から南に数百メートルの距離である。
(50) 宗家史料五―二二。
(51) 宗家史料五―二二。
(52) 平河天満宮（千代田区平河町一丁目）境内（二〇一八年五月十一日現地確認）。なお、庄内藩酒井家の「御用御頼幷御出入名前」（鶴岡市郷土資料館蔵）には「定請負人之分」として、「三味線堀定浚　麹町十丁目柏屋源四郎方　三河（朱書）屋鉒次郎「柏屋源四郎ト改」」と記されている。同史料については、岩淵令治氏に御教示いただいた。記してお礼申し上げる。なお、岩淵令治『江戸武家地の研究』（前掲）補論二参照。
(53) 宗家史料五―二一。
(54) 田中康雄編『江戸商家・商人名データ総覧』５巻（柊風舎、二〇一〇年）一〇四頁。
(55) 宗家史料五―二三。
(56) 宗家史料五―二三。
(57) 宗家史料五―二三。
(58) 宗家史料五―二三。
(59) 宗家史料五―二三。
(60) 宗家史料五―二三。
(61) 寛政期以降の下肥値下げ運動については、つとに知られるところである。伊藤好一「江戸周辺における肥料値下げ運

動」(『関東近世史研究』七号、一九七五年)、熊澤徹「江戸の下肥値下げ運動と領々惣代」(『史学雑誌』九四編四号、一九八五年)参照。

(62)宗家史料五―一三。

(63)宗家史料五―一三。

(64)宗家史料五―一三。

(65)宗家史料五―一四。

(66)斎藤月岑(金子光晴校訂)『増訂武江年表』2(平凡社東洋文庫、一九六八年)二一一頁。

(67)宗家史料五―一四。

(68)本文中では言及できなかったが、文化二年(一八〇五)に弘前藩津軽家の加増による組合高の設定は普請方が交渉している(『御亀鑑』四巻、秋田県教育委員会、一九九二年、二〇二~二〇四頁)。文政十年(一八二七)の津軽家から三河吉田藩松平(大河内)家への変更は年番が松平家へ「掛合」のうえで普請方の認可となった(宗家史料五―一二)。元治元年(一八六四)に庄内藩酒井家の加増による組合引高の設定は普請方からの催促をうけたものであった(宗家史料五―一三)。また組合は出入りの普請方を設定しており、これを通じて折に触れて普請方役人らへ金品を贈与している。

(69)その後の三味線堀について簡単に触れておこう。明治二十一年(一八八八)三月に士族高城権八は、三味線堀筋が「人民貴重ノ便川」であるが汚泥により「府下第一重害無用地」であるから「堀敷委与及払下願」を東京府に提出した。だが「下水ノ疏通及舟揖ノ通スル枢要之堀敷」として却下されている(『東京市史稿』市街編七三、四七五~四七九頁)。また、明治大正期まで「オワイ船の溜り場」で「常時舟が十艘か十五艘」停泊し「町の汲んだのを載せて大川へ出」ていっており、人びとの生業や農村とのつながりがうかがえる。他方の地域住民には「汚い印象」ものこされた(台東区立下町風俗資料館編『古老がつづる下谷・浅草の明治、大正、昭和』Ⅰ、一九八一年、三八頁、四三頁および同書Ⅱ、一九八七年、十七頁、四一頁)。三味線堀は関東大震災後に埋め立てられた。

第三章　江戸の橋梁維持と武家屋敷組合

はじめに

都市の勃興期に整備された道路や橋梁、水路などの基盤設備が、その本来的機能を果たしつづけていくためには、絶えざる維持管理を必要とする。本章は、巨大都市江戸における都市基盤設備の維持管理の仕組みを、橋梁に即して考察しようとするものである。

江戸の橋梁についての概説は、つとに後藤新平（塚越芳太郎）や幸田成友によってなされている[1]。橋梁維持における「官修」「私修」ないし「官費」「私費」の別、および私修（私費）における「一手持」と「組合持」の別の指摘のほか、武家・寺院・町による橋組合の存在へも言及しており、基本的事実はここに尽くされている。以来、テーマが関心を引くものであるためか、一般書をはじめとして、事例を挙げてこれを概説したものは多い。近年では、戸沢行夫が「入札」の視点から、橋梁維持管理の歴史的変遷をあらためて整理している[2]。

こうした研究は叙述のほとんどを、江戸の町触や『東京市史稿』橋梁篇に依拠している。だが、そうした史料から対象としうる橋梁は、公儀や町方の直接維持管理に関わるものに限られる。そのため江戸の橋梁が、あたかも公儀や町方によってのみ保たれたかのような印象を抱かせてしまうところがある。なおかつ研究の関心が、隅田川（大川）に架かる大規模橋梁に限定される傾向もある。しかしながら、江戸の面積のおよそ七割を武家地が占めていたことに思い至るならば、武家屋敷が江戸の橋梁維持に果たした役割の大きさは容易に推測され、そのことは江戸全体の都市機能維持の観点からも見直される必要があろう。大規模ならぬ中小規模の橋梁にしても、都市民の生活および都市内交通に果たした役割は、大規模橋梁のそれに劣るものではない。

こうして武家屋敷による中小規模橋梁の維持管理実態の解明が論点に浮上し、それには武家方史料からの検討が必要である。この点で、藤村聡が姫路藩酒井家の江戸日記の分析から、上水組合とあわせて橋々組合の実態に迫ったことは評価される。(3)中小規模橋梁の維持管理を担った武家屋敷組合の事例研究として貴重だが、その考察の範囲は寛政期に限定されており、組合の行動原理や規範はすでに確立した段階にあって、静態的な様相を示すにとどまる。

こうして本章の課題となるのは、中小規模橋梁維持管理のために組織された武家屋敷組合の成立から確立に至る歴史的過程を明らかにすることとなる。主たる分析素材は、佐土原藩嶋津家の江戸日記である。(4)同家は、江戸屋敷近隣の橋梁維持のために、やはり近隣の武家たちと地縁的な組合を組織していた。そうした武家屋敷組合の動静を探るなかに、前近代巨大都市における橋梁維持管理の仕組みを考えることとしたい。

一　橋組合の成立

城下町江戸に統一的な橋梁維持管理規定が出されたのは、十七世紀後半のことである。『徳川実紀』の貞享五年（一六八八）六月四日条は「都て府下の橋梁、今より後は、武家邸宅のほとりなるは、武家のともがら修理すべし。市街にては、市人力をあはせ修理加ふべし」と記す。(5)ここに至って橋の維持管理は、それが所在する場の近隣住民がおこなうものとされた。

従来、橋の多くは公儀によって維持管理されてきた。しかしながら十七世紀の江戸は、飛躍的な住民の増加と都市域の拡大を経験し、橋の数も大幅に増加している。(6)公儀が橋梁維持管理のすべてを賄うことは財政的にも不可能となった。こうした事態への直面から、維持管理の負担は地域住民へと振り向けられることとなったのである。これを着実に実行に移すべく橋の管轄役職は、普請奉行から道奉行へと変更された。(7)

江戸中ノ橋、普請奉行只今迄支配仕ル処、向後道奉行支配シ、近辺ノ大名籏本ヨリ修覆有ヘシト也、縦ヘハ芝新新(衍)堀土器町通橋、長七間一尺余、幅外法ニテ三間四尺余、此橋ノ組合

廿五万七千石　松平淡路守(徳島藩)　廿万石　有馬中務大輔(久留米藩)

廿万二千六百石　松平土佐守(土佐藩)　一万千百卅石　片桐主膳正(小泉藩)

一万石　柳生対馬守(柳生藩)　八百石　間宮庄五郎

三百俵　内藤亀之助　〆十人　此高九十五万四百七十九石

去十七日被　仰渡

この史料では、管轄役職の変更を伝えるとともに、橋組合の事例として貞享五年八月十七日に結成された芝新堀の土器町通橋（赤羽橋）組合を挙げている。名を列ねているのは赤羽橋近隣の大名と旗本である。貞享五年は、江戸の橋梁管理体制が整えられ、近隣住民による維持管理が本格的に始動する画期となる年であった。そのほかの例をふたつ示そう。

ひとつめの事例は、下谷三味線堀に架かる高橋の架け直し事業である。これは貞享五年三月二十五日の道奉行による近隣住民の招集にはじまった。橋に程近い旗本松浦家屋敷に呼び出された大名・旗本あわせて十家は、道

奉行より橋新規架け直しの命をうけた。このとき橋普請の差配役を橋最寄りの福井藩と白河藩が勤めること、および費用はそれぞれの知行高に応じて負担することが指示された。こうして橋普請がおこなわれた(8)。以後、明治に至るまで高橋近隣の武家たちは橋を維持管理してゆく。

ふたつめの事例は、八丁堀入堀に架かる地蔵橋（神尾市左衛門殿前橋）組合の結成である。貞享五年五月二十七日、橋近隣の新発田藩と旗本六家、および南北町奉行所の与力は、道奉行から西本願寺に呼び出され、その場で老中阿部正武からのつぎの命を伝えられた(9)。

市左衛門殿前橋、先規ゟ公儀御入用ニ而御普請等有来候得共、自今以後者組合ニ被　仰付候、各申合破損之節者普請可仕候、只今普請仕候様ニとの儀ニハ無之候、破損及ひ候時之為心得、前方ゟ被　仰渡候、掃除等之儀者、今迄之通ニ可仕候旨、阿部豊後守殿（老中）被仰渡候間、左様可相心得候、扨与力衆之儀者、平常無隙御奉公与申、大勢ニ而僅之申合如何ニ存旨、御老中江申達候得共、近所之儀ニ而有之間、指加可申旨、豊後守殿被仰渡候ニ付、割付ニ加申候由被仰渡候、奉畏候由御請申罷帰候、則御頭江委細ニ申上、惣仲間江も廻状を以申談候

右組合之人数

千七百石	神尾市左衛門殿
六千石	小浜民部殿
五万石	溝口信濃守殿（新発田藩）
三千八拾四石	日向伝右衛門殿
千五百石	嶋田新之丞殿

千石　　　　　小浜杢之助殿
三千石　　　　岡部駿河守殿
壱万石　　　　甲斐庄飛騨守殿（南町奉行）
　　　　　　　北條安房守殿（北町奉行）
　　　　　　　　　両組与力
　　　　　　　　　五十人加之
　高合七万六千弐百八拾四石

命令が地蔵橋の即時修復を指示するものではなく、破損時の心得として予め含ませておくものであったことは、以後の橋に関する責任の所在を明確化するものであったといえる。これまで地蔵橋は「公儀御入用」をもって維持管理されてきた。それを近隣武家たちの組合持へと転換させたのである。ただし橋の掃除などは、以前から近隣武家屋敷によって施されていたようである。すでに延宝六年（一六七八）、公儀橋を挟む町は平常の「御橋洗」や掃除を指示されていた(10)。こうしたことは武家屋敷にあっても同様であったとみえる。

地蔵橋組合に属す武家たちは、橋普請時には知行高に応じた負担を求められることとなった。このうち町奉行所与力南北両組五十騎は、一万石の負担割合を設定された。与力はそれぞれに御家人として二〇〇石程度の給地を与えられていたが、実際にはこれを個人分割せず、全体で一万石を給地としていた(11)。八丁堀には数筆の屋敷地からなる与力組屋敷があり、それ全体でひとつの屋敷として扱うことで、他の武家個々の屋敷と同列になって、賦課の単位とされた。この措置に対して道奉行は、与力らの「平常無隙御奉公」と、「大勢ニ而僅之申合」を考慮し、組合加入の是非を老中阿部に問うている。しかしながら、奉公の程度および知行高の多少よりも、「近所之儀」という地域居住の公平性が優先された。

こうして橋々の維持管理体制が道奉行によって構築されていった。組合の組織化にあたって道奉行は、近隣住民である武家たちを橋近所の屋敷や寺院に招集し面命している。すなわち一片の触をもって江戸中すべての橋の維持管理体制が整ったわけではなく、数百の橋一つひとつについて、その場の住民構成をみながら個別具体的に維持管理の体制をつくっていったのである。

公儀の正式な触出しこそ貞享五年六月ではあるものの、実際の体制構築はそれ以前からはじまっていた。寛文十年（一六七〇）、浅草新堀に架かる橋の「支配」を道奉行が近隣の清水寺、実相寺、堺屋久右衛門（三十三間堂守）に命じているのは、その早い例に属する[12]。ここでの橋の「支配」とは、維持管理のことと考えてよい。となれば貞享五年六月の触は、橋梁維持管理への公儀の基本方針を公示したものであったといえる。

正徳四年（一七一四）九月には、新興の深川地域においても公儀橋から最寄りの住民による橋修復体制への転換が図られた[13]。享保四年（一七一九）三月には、町地において公儀橋、武家・町組合橋、町々組合橋の実態調査がおこなわれた[14]。この時期までにおよそ江戸中の橋梁維持管理体制の構築が一段落ついたのであろう。

二　新堀橋々組合の活動

新堀とは、渋谷川の下流のことで、さらに下流では赤羽川や金杉川などと呼ばれた。玉川上水の余水や千駄ヶ谷および代々木辺りの流れを集め、渋谷や白金をとおり、増上寺の南を抜けて内海へと注ぐ川である（図3参照）。当初は細流であったため、下流域において川幅の拡張が幾度か企図された。最初の寛文七年（一六六七）の拡幅

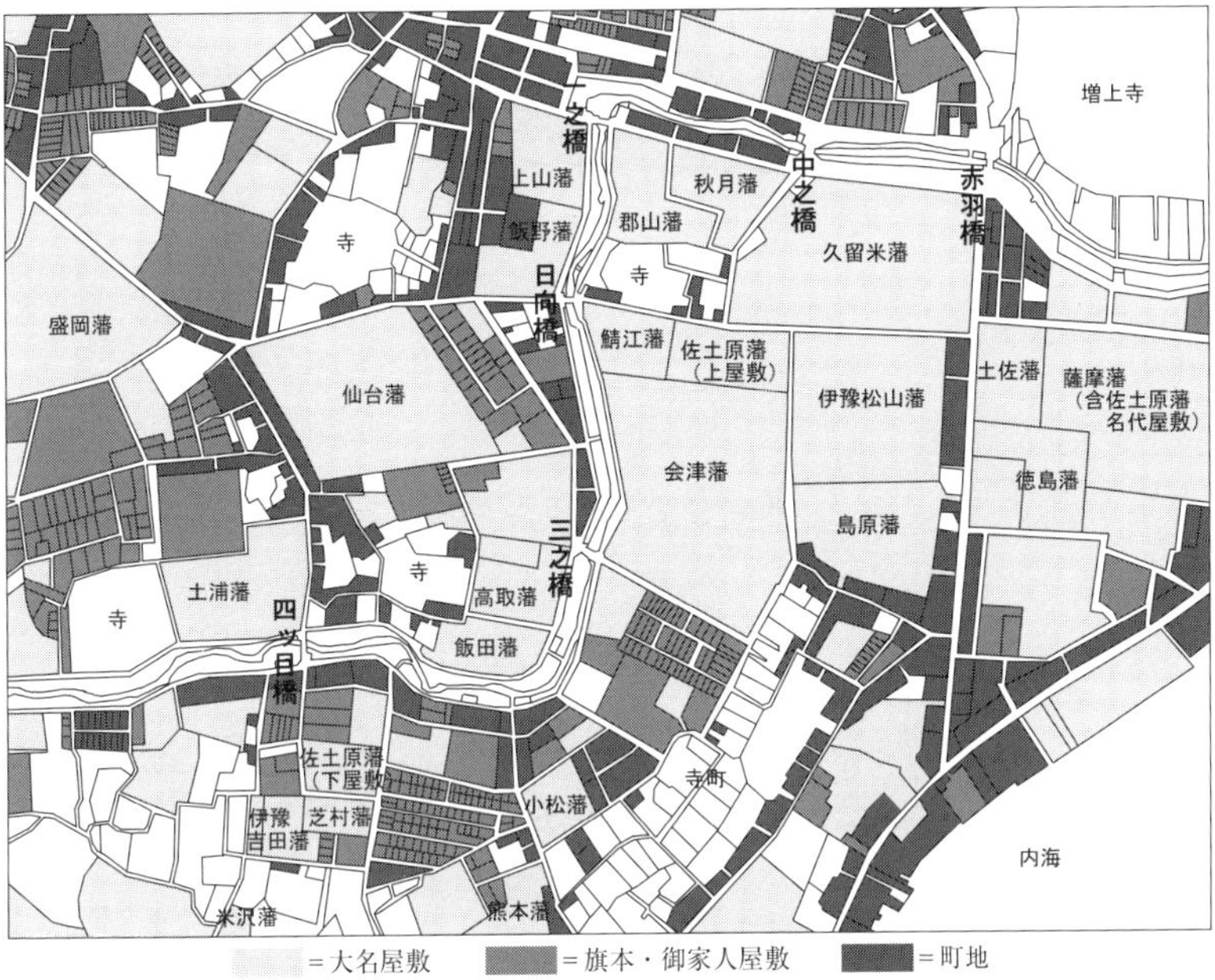

図3　新堀周辺（18世紀半ば頃、推定）（『江戸復元図』東京都、1989年ほかより作成）

は、岡山藩と鳥取藩の御手伝普請によって実施されようとしたが、翌八年二月の大火をうけて中止された。[15] 延宝三年（一六七五）から翌年にかけての普請によってようやく通船の便が開け、周辺の宅地化が進行した。[16] このときの普請は、公儀によって先年からの飢饉に対する御救普請として実施された。元禄十一年（一六九八）には、白金御殿まで通船を可能とするために、新発田藩と中津山藩の御手伝普請によって拡幅工事が実施され、翌年完成した。[17]

この間、架橋も相次いだ。新堀に架かる橋は下流から、金杉橋、将監橋、赤羽橋、中之橋、一之橋、二之橋（日向橋）、三之橋（三ッ目橋）、四之橋（四ッ目橋）とつづき、村方へ入る。金杉橋は、もと公儀橋で、享保十九年（一七三四）の公儀橋一二六ヶ所の民間「定請負」に含まれた橋である。[18] このときの「定請負」とは、公儀の直接に維持管理する橋を商人に年額八〇〇両でもって請け負わせるものであった。寛政二年（一七九〇）に定請負は廃止され、金杉橋は町方持となった。将監橋は、延宝の拡幅工事に伴って架けられた橋で、武家屋敷組合持である。町人の橋守りが置かれ、公儀拝借地を得て、塵芥の除去などに従事した[19]。一之橋は、久留米藩や郡山藩、上山藩などを含む武家屋敷組合持であった[20]。

以下、佐土原藩の属した赤羽橋、日向橋、四ッ目橋の各組合の検討から、橋梁維持の実態を探る。図3をみればいずれの橋もその周囲に町や寺院を伴っている。だが、彼らは橋の維持管理に一切関与せず、すべて武家たちによって維持管理が担われた。

1　赤羽橋組合

赤羽橋は延宝の拡幅工事の際に新たに架けられた橋で、文政期には長さ十一間（一間は約一・八メートル）、幅は四間二尺であった[21]。既述のように、この橋の組合は貞享五年（一六八八）に成立した。複数の武家が協同する組織には、事務をこなし、運営を取り仕切る「世話」が必要である。赤羽橋組合の場合、橋に最寄りの久留米藩有馬家が、当初よりこれを勤めてきた。しかしながら享保八年（一七二三）正月に至り有馬家が「世話」に難色を示したことから、道奉行によって年番制が導入された[22]。赤羽橋組合最初の「年番」となったのは土佐藩と柳生藩であった。土佐藩では組合の新たな規定を共通認識とし、これを永続的に引き継ぐべく「年番之帳面認置可然」として、組合中へ廻状でつぎのような草案を提示した[23]。

三田赤羽橋年番組合覚草案
卯年（享保八年）
知行高弐拾万弐千六百石　松平土佐守（土佐藩）

同壱万石　柳生備前守（柳生藩）

辰年（享保九年）

同弐拾壱万石　有馬玄蕃頭（久留米藩）

同弐万七千七拾石余　嶋津淡路守（佐土原藩）

巳年（享保十年）

同弐拾五万七千石　松平淡路守（徳島藩）

同壱万千百弐拾石　片桐石見守（小泉藩）

午年（享保十一年）

同拾五万石　松平隠岐守（伊豫松山藩）

同六万五千九百九石七斗八升九合　松平主殿頭（島原藩）

同弐百五拾石　平野久馬之進（旗本）

右者三田赤羽根（ママ）橋爾来有馬玄蕃頭方ニ而致世話候得共、組合之儀ニ候故、年番ニ而可相勤儀ニ候、依之道御奉行所江玄蕃頭方ゟ遂御断候処、御聞届正月廿八日組合之御家来不残天野傳兵衛様御宅へ被召寄、向後年番ニ而可相勤旨被仰渡、則年番割合鬮取を以右之通相究候事

一右橋掛置修覆等の節、出金者知行高ニ割合出金仕筈之事

一平野久馬之進儀者小身ニ付、年番勤候儀御省被成候、修覆等之節者爾来之通年番方へ出金有之筈之事

年番制の導入は、組合内での公平・平等な事務負担を求めたものと言える。だがそこから「小身」旗本は除外

された[24]。橋の維持管理費用は知行高に応じた負担割合であり、組合内に身分序列は如実に反映されている。翌年以降の相年番の組み合わせは、辰年（享保九年）が久留米藩（二一万石）と佐土原藩（二万七〇七〇石余）、巳年（享保十年）が徳島藩（二五万七〇〇〇石）と小泉藩（一万一一二〇石）、午年（享保十一年）が伊豫松山藩（十五万石）と島原藩（六万五九〇九石余）とされた。「鬮取」とは言いながら、知行高の多少を組み合わせたものとなっており、大藩同士あるいは小藩同士が相年番とならないよう配慮されている。いずれが主導するかは自明で、翌享保九年の年番交代に際し、年番帳面は大藩である久留米藩に置かれた[25]。

赤羽橋組合は、固定の一家による「世話」から、毎年二家による輪番制をとる「年番」によって運営されることで、組織のより永続的で安定的な活動を確保した。以後、享保十四年（一七二九）の修復[26]、同十九年（一七三四）の修復[27]、延享二年（一七四五）の架け替え、宝暦七年（一七五七）の架け替え[28]、同十二年（一七六二）の修復[29]、明和三年（一七六六）の修復[30]が確認される。修復や架け替えに至る一般的な経過は、年番家から役人が出て橋の状態の確認、仕様書の作成、廻状による組合の意向確認（「一統承知」）、入札の呼びかけ、落札請負人による普請、そして分担金の回収となる。ただし享保十四年のみ、道奉行指示をうけて、両年番の裁量による即時修復であった。これは赤羽橋が、竹姫（徳川吉宗養女、後の浄岸院）の薩摩藩主島津継豊への「御入輿御道筋」とされたことによる。

仕様については、享保十九年に変更され、杭を覆う板金物などに腐食の早い鉄から、耐久性のより高い銅を用いるようになっている。このときの落札額はおよそ三四〇両で、和泉屋五郎兵衛が請負人となった。宝暦七年の架け替え落札額は一五四三両で白子屋新右衛門による請負、宝暦十二年の修復落札額は一一三両余であった。こうした入札は組合構成武家の「御出入之町人」に対し募るものであったから、組合の事業への入札は、各屋敷出入りの町人ないしはそのネットワークにつながる者に限られていた。組合構成家それぞれの分担金は、費用を組合総高に割りかけることで算出した。宝暦七年の場合、組合総高九三万三五九〇石へ割りかけ、一万石につき十六両余の醵出となった[31]。

ところで、この赤羽橋には町人の橋守りが置かれていた。組合による享保十九年の橋修復は、「御組合赤羽根（ママ）橋段々破損仕候、御成御道筋之事御座候間届申候之由、橋守り共より申出候」と、橋守りが破損を知らせてきたことに端を発する[32]。この橋守りは、代々長左衛門を名乗る髪結であった[33]。髪結の営業は、寛永十七年（一六四〇）に御入用橋の「見守」を勤めることで公的に認められるようになった[34]。だが、長左衛門の場合は、延宝三年の赤羽橋架橋時に町奉行および普請奉行へ、橋の掃除と増上寺矢来外の見廻り等の実施を条件に営業を願い出て、公認をうけた。営業への助成として橋際に床番屋地を預けられてもいる。このとき、橋の東方にある明地も預けられ、同地の草刈りや掃除をおこない、異変があれば町名主へ知らせる体制がつくられた。一方の橋上での異変は武家屋敷組合へ知らせた。赤羽橋は武家屋敷組合のもとで、普請時の請負人のみならず、日常的に橋守りが働くことで維持管理されたのである。

2　日向橋組合

日向橋との呼称は、橋の東側にあった徳山藩主毛利日向守（就隆）の屋敷に因む。同地は享保二年（一七一七）二月に高崎藩間部家の屋敷となったことから、橋は間部橋とも呼ばれた。文政期には、長さ十二間、幅二間三尺の橋であった[35]。

日向橋組合の成立年代は詳らかでない。享保九年（一七二四）の橋架け替え時における組合構成家は、仙台藩、

会津藩、伊豫松山藩、島原藩、秋月藩、鯖江藩、佐土原藩、上総飯野藩、旗本戸田家（五〇〇〇石）、旗本岡部家（一二〇〇石）の十家で、組合総高は一三〇万石に迫る。

この年の架け替えは、鯖江藩間部家から年番佐土原藩への「内談」に端を発する。[36] かねてより間部家は橋の架け替えを組合へ主張していたが、これまでは「少破」とみなされ修復を施すにとどまっていた。しかしながら今回は「大破」に及んでおり、いよいよ架け替えを実施するよう、間部家が年番に働きかけてきたのである。間部家が、橋の架け替えに執心する理由は、「先頃新堀筋御成之御内沙汰御座候」と述べているから、八代将軍徳川吉宗の御成を意識してのことであった。藩主の間部詮言は、六代家宣の側用人として権勢を振るった詮房の弟で、兄の死により家督を継いだ。同家は高崎から享保二年に越後村上へ転封され、さらに同五年には鯖江に移されている。表高こそ変わらないものの、同家の従前の地位はすでに失われている。間部橋とも呼ばれた橋を整えておくことで、鷹狩りのために繰り返し通行する吉宗へのアピールをねらったのであろう。

間部家の意向をうけ、年番が大工らを伴い見分した結果、修復程度では対処不能との判断が出された。こうして組合内の意向が廻状で問われ、組合総意での架け替えが決まった。道奉行見分を経て「勝手次第取付」の書面を発給されたのち、橋普請が開始された。なお、普請奉行へは橋普請中に材木などを置いておくための川端「小屋場」の敷地受渡について問い合わせている。橋は道奉行管轄でも、新堀の川端は普請奉行管轄であったことによる。ひと月ほどの普請の後、道奉行と普請奉行へ届け出がなされて架け替えは完了した。

以後、享保十三年（一七二八）に橋下犬留め矢来の新調、[37] 同十五年に橋の修復、[38] 元文元年（一七三六）に架け替え、[39] 延享四年（一七四七）に修復[40]と、組合による橋の維持管理が確認される。つぎの橋修復は宝暦四年（一七五四）に実施された。[41] ここでも橋最寄りの間部家の関与は大きい。「連々敷板朽損穴明キ候由、間部若狭守殿辻番人ゟ其時々為知」と言うから、橋の破損状況は間部家の辻番人から組合年番へ逐一報告されていた。これをうけた年番佐土原藩は「当春以来三度此御方ゟ取繕置候」と述べているから、軽微な修復は年番家の負担で施されていた。旗本が年番を除外される、あるいは大名家との相年番となって諸事を免れるのは、こうした経済的負担の文脈からも理解される。

とはいえ修復規模が大きくなれば当然年番のみでは賄えない。この年、六月から組合による修復へ向けた動きがみられる。入札については、「銘々御壱人ゟ入札望之者壱人宛被差出候様」と、組合構成家はそれぞれ応札人を出すよう廻状で促されている。入札が執りおこなわれ、佐土原藩作事小屋での開札の結果、旗本岡部家から応札した麻布永松町家持の但馬屋次郎兵衛が金六三両二分で落札した。

但馬屋が敷板の交換に取りかかったところ、行桁や梁、柱などの朽ち腐れが判明し、組合中は「増普請」の必要に迫られた。再入札を催せば費用が嵩むことから、組合独自に材木代や大工手間賃などを二八〇両と見積もり、これより安値で施工するよう但馬屋へ要求した。但馬屋は、五間の槻の木を仕入れるためには提示値段より廉価にはできない旨を訴え、その値段をもっての請負が認められた。但馬屋が普請を再開し、敷板をすべて取り払ったところ、さらなる朽ち腐り箇所がみつかった。この「追増普請」に要する費用は四五両と見積もられたが、全体を丈夫に構築するためにはさらに二一〇両を要するとのことであった。

組合中は度重なる増額に耐えられず、最低限の修復を施すこととした。それでも総額は三八八両二分となり、当初の金額より大幅な負担増となった。当時の組合総高一一一万一一七〇石に割りかけて、一万石につき銀二〇九匁七分七厘九毛の醵出となった。組合構成家中、最大の表高を有する仙台藩は、金にして二一六両余の醵出となったから、全費用の六割近くを負担していることになる。他方で、最小の旗本岡部家は金一分余の負担であった。

今回の橋普請において、組合年番は複数の管轄役職への諸届を必要とした。道奉行は橋普請そのものを管轄したから、普請の開始と終了には届け出がなされた。「増普請」に伴う往来人留めは道奉行から若年寄用番松平忠恒へ届け出られ、その許可を得ている。人留めについては目付も関与しており、小人目付を通じた指示が到来している。だがこちらは鯖江藩辻番所への伝達であり、組合年番への伝達ではない。人留めの解除、往来開始についても同様の手続きが踏まれた。新堀の川筋を管轄する普請奉行へは、橋普請に伴う川中への足代《あししろ》（作業のための足場）設置のために届け出が必要であった。

ほかに、鷹場支配に関わって鳥見へも橋普請は届け出られた。新堀辺りは目黒筋にあたることから、駒場御用屋敷の在宅鳥見へ橋普請の開始と終了、人留めと往来の開始が届け出られた。なお橋普請中に組合によって仮橋が設置されなかったことから、最寄りの三田久保町の家持惣代が町奉行へ願い、町方の自分入用をもって仮橋代わりとなる渡し板を架けている。

その後、宝暦七年（一七五七）の橋下柵矢来と土台の修復を経て、[42]早くも同十年に組合中は「惣修復」、すなわち架け替えの意向を示し、道奉行へ届け出た。[43]しかしながら、道奉行の見立てによれば「掛替」の必要はなく、「取繕」で十分な程度の破損であった。道奉行はその旨を組合へ伝えたうえで、なお「御組合中御同心之上被仰聞、往来差障りニも相成候義差留候儀ニ者無之候」と述べ、「御一同御評議」を求めた。最終的な判断は組合へ任されているわけで、組合中の「同心」が尊重された。ことの結末は不詳だが、翌々宝暦十二年の架け直しが確認されることから、[44]このときの架け替えは延期されたものとみられる。組合は橋の維持管理に主体的に関与していた。

3　四ッ目橋組合

四ッ目橋は、貞享元年（一六八四）までこの地にあった麻布御薬園の前に架かっていたことから御薬園橋、後に土浦藩主土屋相模守（政直）の屋敷前に因んで相模橋とも呼ばれた。土屋政直は徳川綱吉、家宣、家継、吉宗の将軍四代に老中として仕えた政権の実力者である。麻布の屋敷も政直が拝領したものであり、橋の俗称に採られるのも首肯される[45]。文政期の橋規模は、長さ十間、幅二間半であった[46]。

四ッ目橋組合は、道奉行によって宝永五年（一七〇八）に組織された[47]。組合構成家のひとつ河内狭山藩主の家譜の同年五月二十三日条に「下屋布下水道之儀幷近所橋之組合被　仰渡也」とあるのがそれである[48]。元禄十二年（一六九九）の新堀拡幅普請の終了と、それに伴う四ッ目橋の架橋から十年を経て、維持管理の問題が持ち上がったのであろう。

表4　享保7年（1722）の四ッ目橋組合構成家

	組合高(石)	備考
盛岡藩	100,000	
米沢藩	75,000	半高（中之橋組合）
土浦藩	47,500	半高（三ッ目橋組合）
出石藩	38,725	3分2高（抱地交）
清末藩	33,333	3分2高（抱地交）
大村藩	27,900	
日出藩	25,000	
大溝藩	20,000	
鹿島藩	20,000	
伊豫吉田藩	15,000	半高（三ッ目橋組合）
佐土原藩	13,535	半高（日向橋組合）
丸亀藩	13,250	4分1高（抱屋敷・中之橋組合）
山上藩	13,000	
菰野藩	11,000	
麻田藩	10,000	
河内狭山藩	10,000	
多度津藩	10,000	
福江藩	8,353	3分1高（抱屋敷交）
泉藩	7,500	半高（抱屋敷）
飯田藩	5,000	4分1高（抱屋敷・三ッ目橋組合）
旗本13家	30,017	
組合総高	53万4026石	

出典：『佐土原藩嶋津家江戸日記』3巻、315～324頁
註：石未満切り捨て。組合総高は史料ママ。

享保七年（一七二二）時点での組合

構成は、大名二十家と旗本十三家からなる（表4参照）[49]。道奉行によって設定された各家の組合高には、いくつかの要件に基づき引高が適用された。例えば、米沢藩は表高十五万石だが、中之橋の組合にも属していたため半高での加入となった。日向橋組合に属す佐土原藩、および三ッ目橋組合に属す土浦藩や伊豫吉田藩にも半高が適用された。新堀に架かる複数の橋々組合のなかで負担割合の調整を図っていることがわかる。そのほか、拝領地に抱地を含む場合は三分二高や三分一高の設定がみられ、抱屋敷のみであれば半高が適用されている。組合への所属原理は特定地域への居住によるから、拝領屋敷と抱屋敷に差はない。しかしながら、組合高の設定において将軍との主従関係に基づき下賜された拝領屋敷と、売買によって取得された抱屋敷とに差がつけられていた。これには拝領屋敷を正統なものとみて抱屋敷を異例の屋敷とみる認識[50]や実際の屋敷内居住者の少ないことなどが反映されているのであろう。

そもそも新堀に架かる橋々組合への所属は、武家に限定されたものであったが、これは厳格に守られた。発足当初の四ッ目橋組合には旗本谷家の抱屋敷が属していた。これは後に柳本藩織田家の所持するところとなったが、享保五年（一七二〇）に同地は元地主百姓へ返還された。こうして土地の所持者が武家ではなくなったことから、組合はこれを除いた[51]。同じ土地でありながら、それを武家が所持すれば組合に属し、武家以外が所持すれば組合から除外されるのである。こうした負担のあり方は、特定地域への居住という点では公平性をもちながら、武家に限定されるという点では身分制に基づくものとなっている。

組合構成家の異動はしばしば起こる。享保二十年（一七三五）の年番は飯田藩と鹿島藩で、彼らはつぎの年番を福江藩と旗本本堂家へ引き継いだ[52]。だが、もともと福江藩は河内狭山藩と相年番で[53]、本堂家は旗本藤堂家と相年番であった。このズレは、享保十八年に河内狭山藩が屋敷替で当地域を離れていたことによる。こうした事態に組合では、道奉行指示を仰ぐこととし、その結果「御年番順帳」に掲載の家順をひとつずつ詰める対応がとられた。「御年番順帳」は年番の引継文書で、享保七年に「古帳焼失」のため組合構成家が不明となった事態を踏まえ、作成されていたものである。以上の指示を終えた道奉行はなお、かかる事案につき「時々ニハ被仰渡間敷之旨」を付言した。屋敷の移動とそれに伴う組合構成家の異動はおりおり発生することで、ここから生じる組合運営の問題に道奉行は逐一関与しない方針を示したのである。道奉行によって組織された組合であるとはいえ、その運営はある程度主体的であることが求められたのであった。

延享三年（一七四六）には、橋の架け替えに伴い組合構成家の大増員がおこなわれた[54]。その前の大規模普請が享保十八年であったから[55]、十三年を経ての新調である。普請に先立ち年番の土浦藩と盛岡藩は、道奉行へ「只今迄之組合高不足ニ有之候間、増組合入」を願った。当時の四ッ目橋組合には二九家が属しており、組合総高は五六万七八八〇石であった。組合側はこれでは一家あたりの負担が重いと判断したのであろう。道奉行もこれに理解を示し、熊本藩、新庄藩、津和野藩、高鍋藩、堅田藩、芝村藩および旗本二家を新たに組合へ加えた。こうして四ッ目橋組合は、三七家、総高七六万三八八〇石の大所帯となった。年番順帳も新たに作成された。ただし、新庄藩、芝村藩および旗本五家は「所々組合多ニ付」という理由で、年番勤めを免除されている[56]。このときの架け直し費用は一二二〇両で、一万石につき金十五両三分余の醵出となった[57]。

組合構成家の加除は、それぞれの武家の負担額を左右する大きな問題である。とりわけ大藩の加入と離脱に、武家たちは多大な関心を寄せざるをえない。宝暦四年（一七五四）四月、熊本藩が三ッ目橋を一手持で維持管理することとなったために、四ッ目橋組合から脱けた[58]。四ッ目橋組合に属す武家たちにとって組合高十八万石を有した大藩が脱けることは、自らの負担の増加を意味する重大事である。そうした負担増を緩和させるべく調整者たる道奉行が採った手段は「御割入」と「新御組入」であった。「御割入」とは、すでに四ッ目橋組合に属す武家のうち、引高で加入しているものを本高（表高）どおりで組合に割り入れさせることをいう。土浦藩、伊豫吉田藩、飯田藩、高取藩が対象となった。「新御組入」は、文字どおり新たに組合へ加入させることを意味し、新見藩、湯長谷藩、小松藩および旗本二家が対象となった。ここに挙がった武家たちは、もともと三ッ目橋組合に属していたものとみられる。(59)

四ッ目橋組合にあっては、構成家の組合高引き上げと新規加入によって賄えた組合高は十四万七五〇〇石で、熊本藩の組合高には三万二五〇〇石及ばない。だが、年番は組合中に対し「大勢様ニ而少シ之不足ニ而御座候間、増御組合御願にハ及申間敷哉」と、道奉行へさらなる増員願いは不要との判断を示した。すでに組合構成家は四二家となっていた。

この年、橋の修復がおこなわれた。(60)入札を募り修復に取りかからせたところ、仕様にない行桁や梁などの朽腐りがみつかった。このため再度入札を催している。費用は、当初が二九八両三分、増修復が一二七両、これに普請奉行用人および地割役への出金二両二分をあわせて、合計四二八両一分となった。組合総高六八万一二六五石四斗に割りかけ、一万石につき六両一分余の負担となった。この橋修復の過程において、矢来囲内に行倒者がみつかっており、年番によって「取片付」られている。(61)詳細の記載はないが、非人を雇い、寺院へ遣わされたのであろう。その費用は五両三分余で、これも組合中で高割にされた。こうした異変対応も「橋組合掛り」なのであった。

以後、宝暦七年（一七五七）の柵矢来修復、(62)同八年の敷板修復、(63)同十二年の石垣修復、(64)明和二年（一七六五）の橋修復(65)が確認される。

三　組合橋から一手持橋へ

十七世紀後半からの武家屋敷組合による橋の維持管理は、こうして軌道に乗りそのまま進展してゆくようにみえる。しかしながら宝暦四年（一七五四）に三ッ目橋組合が解体され、熊本藩の一手持へと移行していることは見逃せない。町地においてもこの時期、公儀が橋の維持管理状況をあらためて確認するような動きがみられる。宝暦二年十月には、若年寄板倉勝清の指示のもとで、公儀橋から組合橋への移行事例が調べられており[66]、翌三年八月には定請負以外の公儀入用橋の調査、九月には自分橋、武家・町組合橋、寺院・町組合橋の実態調査も実施されている[67]。宝暦三年は、いわゆる田沼期における一連の経済政策の始期にあたり、緊縮財政のなかで橋の維持管理費用も予算削減の対象となった[68]。諸藩にあっても財政窮乏は同様である。そこに財政支出を減らすべく、組合橋の一手持橋化という事態が一部で進んだ。ことは三ッ目橋に限らない。

新堀に架かる中之橋は、文政期には長さ十一間、幅一丈一尺の橋であった[69]。十七世紀の架橋以来、武家屋敷組合によって維持管理されてきた[70]。しかしながら明和四年（一七六七）三月をもって中之橋は、徳島藩蜂須賀家の一手持へと移行した。同家の記録はつぎのようである[71]。

芝新堀中ノ橋、此後御請持切ニ被成、外御組合者御除被成度段御内意御書付、三月四日松平右近将監様江被為指出候

徳島藩は藩主の「御内意御書付」をもって、老中松平武元へ中之橋を一手の「請持切」とし、他の組合からは除外されたい旨を打診した。すでにみたように徳島藩は赤羽橋組合にも属していた。そこからの離脱を前提に、

中之橋の一手持化が願われたのである。同月二十二日、首尾よく徳島藩は道奉行より、老中松平の命令として中之橋の「受持切」および他所組合からの「御除」を伝達された。

こうした願い向きが事前の折衝なしに実現されるはずはない。事後、徳島藩は道奉行やその用人、目付などへ金銀や鰹節を贈っている。彼らの働きが老中許可の背景にあったことは疑いをいれない。このとき贈物の額や種類について参照されたのが他藩の先例である。

> 御勤向之儀者、先達而細川越中守様（熊本藩）芝新堀三ツ目御持切ニ相済候節之御類例ニ而御座候、近比松平陸奥守（仙台藩）殿新堀二ノ橋持切ニ相済候、其節御同様御座候、幷追而御内々ハ為御謝礼、御贈物等之儀越中守様御仕成承合置候間、大概右ニ准シ御品相立奉伺候間、尚被（平出）仰出次第御品御用意仕、指出可申候
> 一越中守様ニ而も其節御内意書被指出候、則右近将監様ニ而御座候得共、表向ゟ御贈物無之、御内御用懸之御役人取計を以御留守居共不存趣御座候（後略）

ここに先の熊本藩による三ッ目橋の一手持化が、徳島藩同様に藩側からの働きかけによるものであったことを知る。そればかりでなく仙台藩による二之橋（日向橋）の一手持化も近年実現し、これも藩側からの働きかけであったことを知る。

熊本藩は従来、三ッ目橋組合にのみ属していたが、既述のように延享三年（一七四六）に四ッ目橋組合にも属すこととなった。それぞれの組合高は調整をうけたはずだが、熊本藩はふたつの組合への所属を忌避し、宝暦四年（一七五四）に三ッ目橋を一手持とすることで四ッ目橋組合を離脱したのである。

おそらくはこの熊本藩の行動が引き金となったのであろう。まずは仙台藩が動いた。仙台藩は以前からの日向橋組合のみならず、おそらくは宝暦からそう遡らない時期に一之橋組合にも属すようになっていたものと考えら

れる。だがやはりふたつの組合への所属を厭い、一方を一手持化して他方から離脱した。そして今回、徳島藩がこれにつづいた。宝暦から明和にかけての短期間に、新堀橋々は三ヶ所が組合橋から一手持橋へと移行した。なおかつそれらは一手持となった藩の意向によるものであった。しからばその理由はなにか。

一手持を志向した熊本藩、仙台藩、徳島藩はいずれも外様大藩である。一手持の負担を果たすために、まずは大藩の経済力が必要であったことは容易に推測される。彼らは複数の組合に属し、それぞれで知行高に基づく負担割合を求められたから、常に多額の負担をしてきた。こうした状況から脱すべく一手持が望まれた。問題は、複数の組合において一員として費用を分担支出することと、ひとつの橋梁を一手持とし、その維持管理費用を全額負担することとの金額的差である。

橋の事例ではないが、同じく外様大藩の長州藩では、道造りにおいて組合への所属ではなく、部分的な一手持場の設定を望んだ(72)。その理由はやはり経済的な問題で、一手持とすることによって藩出入りの商人を活用し、結果として費用の低廉化が目論まれていた。熊本藩、仙台藩、徳島藩にあっても目指すところは同様であったとみてよい。

それに加えて年番の負担も考慮されて然るべきであろう。大藩は年番の負担を免れないし、相年番の場合でも主導的立場にある。なにより組合の行動には、たとえ建前であっても、年番を中心とした合意形成を必要とした。数年に一度回ってくる年番の事務労力はもとより、構成家が増えれば合意形成の手続きも煩瑣なものとなる。微々たるものとはいえ、ときには年番家が修復費用を負担することもある。そうした負担が考量されて、組合よりも一手持が選択されたのである。公儀は調整者として負担を割り替えればよく、一方で大藩に離脱された組合の武家たちも、従前の負担と同程度となる限りで、これを許容した。こうして、組合橋であった三ッ目橋、日向橋、中之橋は、外様大藩による一手持橋として、維持管理されていくこととなった(73)。

おわりに

以上、江戸における橋梁維持管理の仕組みを、武家屋敷組合の動向に着目することで考察してきた。十七世紀に進んだ江戸の都市域拡大と人口増加をうけて、公儀は自ら維持管理する公儀橋の数を限定させ、それ以外の橋梁を地域住民の維持管理に付すという方向性を打ち出した。それは遅くとも寛文期には実施に踏み切っており、貞享五年に公示されて、橋梁維持管理主体を個別に設定していくこととなった。およそ享保期に至るまでその設定はつづけられ、この間、武家屋敷による橋組合も道奉行によって多数組織された。

武家屋敷組合は、年番のもとに運営され、橋梁の修復や架け替えに主体的に関与し、その機能に責任を負った。実際の普請にあたっては各屋敷出入り商人からの入札を募り、落札者が請負人となった。普請費用は組合構成家それぞれの表高に基づいて分担されたから、大藩の負担が大きなものとなった。

十八世紀後半に入る頃には、各武家たちの構造的な財政窮乏から組合は変容を来していった。まずは橋普請における一家あたりの負担額を減少させるために、構成家数の増加が図られた。このとき道奉行によって複数の組合へ所属させられた大藩は、それぞれの組合において大きな負担割合を占めることとなった。そうした状況下において、宝暦期に外様大藩のいくつかは組合を離脱し、一手持橋の設定を求める方向へと舵を切った。組合の一員として複数橋梁の維持管理費用を多大に負担することを忌避し、一家単独でひとつの橋梁を維持管理することを望んだのであった。そこには費用負担を最小化しようとする経済的思惑が働いていた。公儀は負担の調整役であり、江戸の都市機能が大名家の責任で維持される限り、これを許容した。こうして新たな一手持橋が十八世紀後半に成立していった。

江戸の橋梁は、数の点でいえば公儀や町方の維持管理になるものよりも、武家屋敷の維持管理になるものの方がはるかに多かったと考えられる。それは中小規模の橋梁に、より顕著であった。橋近隣の武家屋敷は、一手持ないしは組合によって橋梁を維持管理していった。このうち、橋梁維持のための武家屋敷組合は成立からそのまま単線的に進展したのではなく、組合橋から一手持橋への移行を一部に含み、分岐しながら進んだ。武家屋敷組合は橋梁維持管理費用を表高に基づいて分担したから、当初より大藩に依存する負担体系をもっていたといえる。このことが大藩の組合からの離脱を招き、大藩による一手持橋の設定へと結果したのであった(74)。

一手持にせよ組合持にせよ、実際の橋普請は町人の請負によって実現されていた。そのことは町方における橋梁はもとより、公儀や寺社の維持管理になる橋梁においても同じであったと思われる。とすれば、江戸の橋梁の維持管理主体はそれぞれあれど、そのもとではみな請負人が動いていたことになる。新堀橋々の請負人たちの実態は、各武家屋敷出入りの商人であったことのほかは不詳とせざるをえない。ほかの組合では、人宿が請負人を勤めていることがあり、また請負人たちは彼ら独自のネットワークを形成してもいた(75)。その請負人のもとでは、各種の職人や日用層が働いていた。こうした請負人をはじめとする民間社会の力量が江戸の橋梁を根底で支えていたのであり、ここではそのうえに立つ主体のひとつである武家屋敷組合の動静に焦点を当ててみたのである。

註

(1) 後藤新平（塚越芳太郎）『江戸の自治制』（二松堂書店、一九二二年）一〇八～一一七頁。幸田成友『江戸と大阪』（冨山房、一九三四年、後に『幸田成友著作集』二巻、中央公論社、一九七二年所収）五五頁。
（2）戸沢行夫『江戸の入札事情』（塙書房、二〇〇九年）。
（3）藤村聡「近世後期における江戸武家屋敷の上水・橋々組合について」（『歴史学研究』六八二号、一九九六年）。
（4）宮崎県立図書館編『佐土原藩嶋津家江戸日記』一～十四巻、以下続刊（二〇〇〇～二〇一三年、以下『江戸日記』と略す）。江戸上屋敷における公的日記であり、元禄五年（一六九二）から文久二年（一八六二）まで一五五冊が現存する（「佐土原藩嶋津家日記伝存一覧」『宮崎県史料』八巻。なお元禄五年の江戸日記のみ『宮崎県史料』七巻に収録）。途中欠本もあるが、おおむね記事は詳細で史料的価値は高い。
（5）「常憲院殿御実紀」（新訂増補国史大系『徳川実紀』六篇、吉川弘文館、一九八二年）十四頁。引用書目の「湯原日記」については不詳であり、「徳川実紀」から引かざるをえなかった。
（6）正徳二年（一七一二）六月に、「町方橋前々ゟとなへ来候名幷新規ニ出候私橋之名」が調査されており、橋梁の増加を示すものといえよう（近世史料研究会編『江戸町触集成』三巻、塙書房、一九九五年、四四四六号）。
（7）「改正甘露叢」（『内閣文庫所蔵史籍叢刊』四七巻、汲古書院、一九八五年）一九三頁。史料上の組合構成家数と高の合計は一致しないが不詳。享保期の組合を参照すれば、佐土原藩、松山藩、島原藩を加えるべきものと推測される。「天享吾妻鑑」（『東京市史稿』橋梁篇一、三五九～三六九頁）もほぼ同文。
（8）拙稿「江戸武家屋敷組合と都市公共機能」（『関東近世史研究』五八号、二〇〇五年、本書第二章所収）。
（9）旧幕引継書（国立国会図書館蔵）八一四―九旧記拾要集二。ただし安政年間に編纂された史料である。『東京市史稿』橋梁篇一、三五八頁の引用を原本により修正した。
（10）近世史料研究会編『江戸町触集成』一巻（塙書房、一九九四年）一四六六号。
（11）鈴木壽『近世知行制の研究』（日本学術振興会、一九七一年）二章五節。
（12）旧幕引継書八〇七―一深川町方書上七。
（13）『御触書寛保集成』二四六八号。秋田藩の記録によれば「深川辺屋敷有之衆中、屋敷近辺橋繕等之儀従　公儀被仰付候得共、自今以後は面々屋敷主組合ニ而普請繕等可致候、町屋敷之分も右之通被仰付候由被　仰渡候」というものであった（『国典類抄』十四巻、秋田県教育委員会、一九八三年、二二四頁）。

(14) 近世史料研究会編『江戸町触集成』三巻（前掲）五五九九号。返答事例は『東京市史稿』橋梁篇一、五五八頁。享保十一年（一七二六）に公儀橋と町々組合橋あわせて二四〇ヶ所の請負願が出されている（近世史料研究会編『江戸町触集成』四巻、塙書房、一九九五年、六〇〇八号）。この願は却下されたものの、町地全体を視野に入れた願書で注目される。町々にはいまだこうした発想を受け容れる素地はなかった。

(15)『東京市史稿』市街篇八、五六五～五七七頁。『池田光政日記』（山陽図書出版、一九六七年）五八二頁。

(16)『東京市史稿』市街篇九、三五七～三七一頁。

(17)『東京市史稿』市街篇十三、七六九～七八四頁。

(18)『東京市史稿』橋梁篇二、一～一〇頁。

(19)『御府内備考』四巻（雄山閣、一九七七年）二〇〇頁。

(20)『御府内備考』四巻（前掲）二八二頁。『東京市史稿』橋梁篇一、四七七頁、五七四頁、六八八頁、七〇九頁。

(21)『御府内備考』四巻（前掲）一五四頁、二八七頁。

(22)『江戸日記』四巻、十八頁。

(23)『江戸日記』四巻、四四頁。

(24) 享保二十年（一七三五）に平野家屋敷は類焼し、そのまま御用地となった。以後、組合は大名家のみで構成された（『江戸日記』十巻、三〇七頁）。

(25)『江戸日記』四巻、二一七頁。

(26)『江戸日記』七巻、三一五頁。

(27)『江戸日記』九巻、五〇九頁。『東京市史稿』橋梁篇一、九一頁。

(28)『江戸日記』十三巻、四三五～四三七頁。その前の架け替えが延享二年（一七四五）であったという。『東京市史稿』

橋梁篇二、六〇〇頁。
(29)『江戸日記』十四巻、五七九頁。
(30)『東京市史稿』橋梁篇二、七〇二頁。
(31)組合を構成する佐土原藩の芝屋敷は、薩摩藩芝中屋敷の「囲込屋敷」となっており、実態としては存在しない「名代屋敷」であった(図3参照)。これは元禄十六年(一七〇三)に薩摩藩が屋敷地拡張のために実施した四方相対替による。このため組合に関わる費用は実質的屋敷所持者である薩摩藩から醵出された(『江戸日記』六巻、二六～二八頁。十巻、二八四頁)。
(32)『江戸日記』九巻、五〇九頁。
(33)旧幕引継書八〇三―一「芝町方書上　拾弐」松本町二丁目の項。天保十三年(一八四二)時点では、吉右衛門を名乗っている(『市中取締類集』大日本近世史料、十一巻、一八一頁)。
(34)幸田成友「髪結床」(『商学研究』六巻二号、一九二六年、後に『幸田成友著作集』一巻、中央公論社、一九七二年所収)、吉田伸之「近世における身分意識と職分観念」(『日本の社会史』7巻、岩波書店、一九八七年、後に同『近世都市社会の身分構造』東京大学出版会、一九九八年所収)。
(35)『御府内備考』四巻(前掲)三一三頁、三三〇頁。「ひなた」橋と呼ぶとされる。
(36)『江戸日記』四巻、二六九頁。
(37)『江戸日記』六巻、三七九～三八六頁。
(38)『江戸日記』七巻、四五五～四五七頁、四七八頁。
(39)『江戸日記』十巻、六一八～六二四頁。
(40)『江戸日記』十一巻、七四九～七五四頁。
(41)『江戸日記』十二巻、四六八～四七九頁。
(42)『江戸日記』十三巻、四三八頁。

(43)『江戸日記』十四巻、一四一～一四三頁。
(44)『東京市史稿』橋梁篇二、六八八頁。
(45)拙稿「土浦藩江戸屋敷について―老中役屋敷の成立―」（『土浦市立博物館紀要』二三号、二〇一三年）。
(46)『御府内備考』四巻、九六頁。
(47)『江戸日記』三巻、三二四頁。
(48)「北條氏朝公日記（摘録）」（『狭山町史』二巻史料編、狭山町、一九六六年）四八六頁。
(49)『江戸日記』三巻、三〇九～三二四頁。
(50)宮崎勝美「江戸の土地―大名・幕臣の土地問題」（吉田伸之編『日本の近世』9巻、中央公論社、一九九二年）。
(51)『江戸日記』三巻、三二四頁。
(52)『江戸日記』十巻、三九八～四〇五頁。
(53)享保十三年（一七二八）に、河内狭山藩と福江藩の年番で、橋下矢来および橋杭土台が修復された（『江戸日記』六巻、三六四～三七六頁）。
(54)『江戸日記』十一巻、二七一～二七五頁。
(55)享保十八年（一七三三）八月から十月にかけて、年番泉藩と菰野藩のもと総額六〇九両余をかけて実施された（『江戸日記』九巻、二七一～二八八頁）。このときの公儀記録は、橋を「御用往還」と表現している（『東京市史稿』橋梁篇一、八八二頁）。五月にも御成の風聞をうけて土浦藩から橋破損の通報があり、年番裁量で修復された（『江戸日記』九巻、一一〇～一二四頁）。
(56)『江戸日記』十二巻、三六二頁。
(57)『江戸日記』十一巻、二八八～三〇二頁。なお、二八九頁の「金子弐百廿両」は、「金千弐百廿両」の誤読と判断した。
(58)『江戸日記』十二巻、三五五～三六二頁。なお、三ッ目橋は元禄十一年（一六九八）ないし十二年に熊本藩ほかにより架けられたものとみえる（「細川家記」『東京市史稿』市街篇十三、七八〇頁）。

(59) 元文四年（一七三九）の三ッ目橋修復時の年番は、飯田藩と旗本松平康郷であった（『東京市史稿』橋梁篇二、一一二頁）。
(60) 『江戸日記』十二巻、五二四～五三七頁。
(61) 『江戸日記』十二巻、五五五頁。
(62) 『江戸日記』十三巻、四四一頁、四五七頁。
(63) 『江戸日記』十三巻、六九〇頁。
(64) 『江戸日記』十四巻、五四八頁。
(65) 『東京市史稿』橋梁篇二、六九六頁。
(66) 近世史料研究会編『江戸町触集成』五巻（塙書房、一九九六年）六九九五号。『東京市史稿』橋梁篇二、五六五～五六七頁。
(67) 近世史料研究会編『江戸町触集成』五巻（前掲）七〇二三号、七〇二八号。その返答事例は「撰要永久録」（『東京市史稿』橋梁篇二、五七〇頁）にある。
(68) 中井信彦「宝暦―天明期の歴史的位置」（『歴史学研究』二九九号、一九六五年）、同『転換期幕藩制の研究』（塙書房、一九七一年）一章。
(69) 『御府内備考』四巻（前掲）二八〇頁。
(70) 寛保二年（一七四二）に年番米沢藩で橋修復が実施されている（『東京市史稿』橋梁篇二、二七一頁）。
(71) 蜂須賀家文書（国文学研究資料館蔵）三七五―五「御旧記書抜」。
(72) 拙稿「江戸の公共負担組合と大名家」（『社会経済史学』八三巻一号、二〇一七年、本書第一章所収）。
(73) 三ッ目橋は明和五年（一七六八）と天明元年（一七八一）に修復（『東京市史稿』橋梁篇二、七一一頁。『東京市史稿』市街篇二九、三九六頁）。日向橋は明和八年（一七七一）に架け直し（『東京市史稿』橋梁篇二、七二三頁）、文政期には「松平千代丸」（仙台藩主伊達周宗、幼名政千代のことであろう）の一手持である（『御府内備考』四巻、前掲、三三〇頁）。

中之橋は明和八年の普請、安永七年（一七七八）の架け直しが確認される（『東京市史稿』橋梁篇二、七三七頁。『東京市史稿』市街篇二九、五八頁）。

(74) なお、武家屋敷組合橋であった新堀の将監橋も、文政十年（一八二七）以降、文久元年（一八六一）までに薩摩藩の一手持橋となっている（近世史料研究会編『江戸町触集成』十八巻、塙書房、二〇〇二年、一六五七八号）。

(75) 拙稿「江戸武家屋敷組合と都市公共機能」（前掲）、同「江戸の公共負担組合と大名家」（前掲）。

第四章　江戸城外堀と赤坂溜池組合

はじめに

江戸には、その都市としての基盤的な機能を維持するため、住民たちによる諸種の組合が多く組織されていた。それらは、上水組合、下水組合、道造組合、橋普請組合、川浚組合などと働きかける対象に応じて呼ばれ、江戸の各所にその場所の具体性に即して存在していた。

こうした組合の存在自体は以前から知られていたが[1]、一つひとつの組合の実態解明はようやく緒に就いたところである。すなわち藤村聡は、姫路藩酒井家の属した上水および橋の組合について検討し、そのうえで武家屋敷組合は「(a)都市機能の肩代わりを目的に、(b)石高を基準にして、(c)幕府によって地縁的に編成された団体で、(d)武家屋敷にとっては都市居住に伴う負担」であったとまとめている[2]。

大枠ではそれでよいとしても、これに組合個々の展開を踏まえる必要がある。組合は特定の場に根ざした存在であるから、個別の把握が欠かせない。その構成も大大名から小身の旗本までさまざまであり、町方や寺社を含む組合もある。そうした組合の個別性を把握することがまずは求められる。

そうしたことから著者はかつて、対馬藩宗家の属した川浚いと橋普請の組合について検討した[3]。そこでは、組合が幕府によって組織されながらも「組合中」として意志形成してゆくこと、そしてそれは請負人や公共空間の利用者など都市社会の関係のなかで動いていたことなどを指摘した。都市運営を幕府の側からだけではなく、組合の側からも捉え、その先に都市全体を見通そうとしたのである。

こうして組合に着目することの有効性を示したのであるが、いまだ事例の蓄積は少ない。多様な組合の実態をさらに明らかにすることが求められ、そこから近世都市の運営のあり方を考えてゆく必要が依然としてあるものと考える。

そこで本章では組合の一事例として、赤坂溜池組合について検討することとしたい。赤坂溜池の歴史的変遷についてはすでに北原糸子による検討があり、その過程で組合にも触れるところがある(4)。北原は幕府普請方の史料を主に用いて、赤坂溜池など江戸城外堀の維持管理システムが、公儀負担と大名御手伝普請の併用による段階から、合理的な組合による段階へと移行することを指摘した。この指摘は城下町と都市の論理を考えるうえで非常に示唆的である。外堀が地域の下水の流入する場所となって、組合の成立を促したのであり、これを城下町の都市化の局面と捉えることができる。だが北原の研究はもとより組合を中心に論じたものではないから、組合は「恒常的経費負担体系」と評価され、幕府側から位置づけられているに過ぎない。ここに組合の側からこの問題に迫る必要が認められるのである。

対象となる赤坂溜池組合は武家一八〇家ほどと町方によって構成される、江戸最大クラスの組合である。そのため複数の武家方史料から組合についての情報を得ることができる希有な事例となっている。ここではそうした史料を結びあわせて組合の具体像に迫ることとしたい。

一　赤坂溜池組合の成立

赤坂溜池はもともと谷筋を走る河川であったとみられ、江戸幕府はその地形を利用してこれを外堀の一部として城郭に組み込んだ(5)。御手伝普請によって築かれた堀は、本源的に防禦の軍事的機能をもち、ついで公儀の城の威容を天下に示すものとなった。こうした機能と景観を維持していくためには定期的な堀浚いが必要である。これは北原が明らかにしたように、公儀負担で請負人による常浚い（日常の浚渫）と御手伝普請による大浚いとの両様によって実施された。このうち赤坂溜池浚渫のための御手伝普請は、享保四年（一七一九）の宇和島藩によるものを最後に以後確認されない(6)。御手伝普請は特定の大名家に莫大な負担を強い、諸家の疲弊を招くものであった。

他方で享保期の赤坂溜池および日比谷御門外堀の常浚請負人は、京橋炭町の豊田屋源助と和泉屋傳七であった。彼らには赤坂新町三丁目に常浚屋敷が助成として幕府より与えられた(7)。この町屋敷の地代上り高（「役地上り金」）が浚渫費用に充てられたのである。ついで請負人となった松屋長左衛門はこの町屋敷役地上り金一〇九両一分余をもって、赤坂の弁慶堀・溜池・大溜および日比谷と飯田町の御堀の常浚いを賄った。

しかしこの常浚い費用を捻出するために、町屋敷を与えてこれを経営させるというシステムは、明和七年（一七七〇）三月をもって廃止され、組合の費用負担による常浚いへと変更された。この組合の組織化については明和六年から普請奉行を中心に議論がはじまっており、まずは外桜田御門外から山下御門外までの下水溜枡浚渫組合の組織化が目論まれた。ここでは御堀の埋まりや出洲の発生は、周辺の武家屋敷からの土砂を含んだ下水流入によるものとされ、これを受益者負担によって下水溜枡を浚渫させることで御堀の埋まりを防ごうとしたのである。

これに対して日比谷御門外溜枡を管理する作事奉行は「御堀之儀者　（平出）公儀一円之御持場ニ有之候得者、組合出銀ニ而御堀浚有之候様ニ名目相成候而者如何ニ候」と、公儀の持場である御堀を、組合の費用負担によって維持管理することの当否を質した。維持管理の「名目」が問われたのであり、公儀の城の御堀は、公儀によって維持管理されなければならない原則が示されたのである。これに対する普請奉行の答えもそれに沿うもので、「御堀之儀者一円御入用ニ而浚等仕候定法」というものであった。そのうえで、組合は御堀ではなくそれへ通ずる溜枡の維持管理組合であると主張されたのである。だがその効用はとうぜん御堀へも及ぶ。こうして外堀の維持管理につながる下水溜枡組合が組織されるに至った。

こうしたことは四谷御門外から牛込御門外までの溜枡も同様である。ここでは請負人による年四度の常浚いが実施されていたが、それでは行き届かずに組合の組織化へとつながった。幕府の費用負担による年四度の常浚いでは土砂の堆積に追いつかなかったのである。

さて赤坂溜池の場合は、それらとは少し異なる。普請方の議論は「赤坂大溜浚、上水大吐口附替、横下水附大芥留修復、新規組合」としてはじまった。溜池の浚渫のみならず、上水吐き口や横下水の芥留まで組合の管理する範囲に含まれており、溜池の機能に関わるところの施設全体が組合の費用負担によって維持管理されることが目論まれていた。本来であればこれらは「御堀之儀」であって、「名目」ではあれ組合の費用負担によって賄われるべきものではない。だが、赤坂溜池について「御堀」とは記されない。史料上では「赤坂大溜」であって、「御堀」ではないのである。そのため直接的な浚渫やその他の機能に関わるところまで組合の費用負担によって賄われることとなったのである。これの具体策は明和七年閏六月の普請奉行の伺書にみえている。(8)

赤坂大溜浚、上水大吐口附替、横下水附大芥留修復、新規組合性（ママ）名石高寄并出銀積り金高割合

半高弐拾三万五千石　　赤坂中屋鋪　松平筑前守（福岡藩）

（大名三五家、旗本一三八家略）

町組合之分小間四間百石積りを以半高之割合仕候

半高千百九拾三石七斗五升　赤坂表伝馬町壱丁目 小間九拾五間半

（十二町分略）

惣石高

合弐百弐拾弐万四千五百壱石五斗七升九合五勺

此出銀拾三貫三百四拾七匁九毛

金ニ〆弐百弐拾弐両壱分・銀拾匁九毛

但百石ニ付出銀六分宛、銀六拾目替

（普請箇所見積り、落札ほか略）

右先達而奉伺候赤坂大溜浚幷前後箱仕直シ、赤坂田町壱丁目有来大枡江上水大吐口新規箱樋附替、同田町四丁目五丁目之間ニ而有来大下水ゟ溜池之方江竹箱横下水附中程ニ而溜枡壱ヶ所堀候積り、依之赤坂武家・町、愛宕下、永田町下水之水筋之分、新規組合出銀、前書之通取集此度之入用金高相払、残金之内ニ而浚船、浚入用諸道具相調幷道具置場、番小屋、只今迄有来之通ニ仕、浚方之儀者此度大下水ゟ溜池江分水仕候儀故、只今迄ゟ土砂之落方茂増候儀ニ御座候間、前書之金高ニ而者浚方行届申間敷奉存候間、壱ヶ月金弐両増金之積りを以吟味浚為仕、溜池之方江土砂之落方得与見計候上、壱ヶ年浚入用金高相極候様可仕候、尤当年中浚入用幷前書之品々相調、残金之儀者先御金蔵江納置、来卯年ゟ組合常浚出銀百石ニ付弐分五厘宛取集可申候、壱ヶ年之浚入用浚諸道具破損修復新規仕直シ等入用差引残金有之候者是以御金蔵江納置、追而勘定仕組合可申聞候、則組合場所絵図前書高割奉入御覧、此段奉伺候、尤上水方道方江茂相拘り候儀故、柘植三蔵・山下平兵衛江申談候処、存寄無之旨申聞候、以上

寅閏六月

久松筑前守（定愷、普請奉行）

青山七右衛門（成存、普請奉行）

下ケ札

前々ゟ赤坂大下水之儀、武家・町組合出銀差出、常浚申付置候ニ付、右常浚組合之分者武家・町共此度新規組合出銀者半高ニ割入、右組合之内只今迄引高ニ而大下水浚江組入有之候分者、新規組合之方者残高ヲ割入申候、将又中屋敷・下屋敷之分者道方上水方之見合を以半高ニ割入申候、松平信濃守（佐賀藩）中屋敷者右大下水屋敷之方江別而水押強甚難儀之由留守居願出候間、信濃守中屋敷之儀ハ高三分二之積り割入申候、本文高割一様無之訳右之通御座候、以上

寅（閏脱カ）六月

組合は水筋にあたる赤坂、愛宕下、永田町の武家および町によって構成された。武家は合計一七四家で、町は赤坂表伝馬町一、二丁目、裏伝馬町一〜三丁目、田町一〜五丁目、元赤坂町、一ツ木町、浄土寺門前、新町二〜五丁目、今井町である。これら武家と町には高百石につき銀六分の割合で費用負担が求められた。町は小間四間を高百石に換算する。組合総高は二二二万四五〇一石余で、このうち町方合計は一万九〇五六石余であった。その割合は一％に満たない。石高を基準にした賦課方法は、武家が主体の組合であることを示している。

この組合に属す武家屋敷と町には、半高や引高の適用があった。下ケ札にあるように、赤坂地域の武家屋敷と

町は、赤坂大下水組合に属していた[9]。この組合は赤坂溜池の脇を流れる大下水の維持管理組合で、元文五年（一七四〇）に組織された。赤坂大下水組合に属す武家と町は、溜池組合へは半高で所属し、引高で大下水組合に属す者は、溜池組合へは残高で所属することとなった。また中屋敷・下屋敷も半高が適用されるが、佐賀藩中屋敷のみ三分二高となっている。これは屋敷の位置が大下水の出口にあたり水勢が強いからである。

こうして集められた金額は計二二二両一分余で、このうち一七〇両余が浚渫や普請に使用され、残金五二両余が浚船や道具などへ振り向けられた。それでも余った分は御金蔵へ納めることとなっている。こうして赤坂溜池組合は始動することとなったのである。

明和七年は浚渫ほかの普請も実施したことから高百石につき銀六分の割合であったが、翌八年からは高百石につき銀二分五厘の割合となった。その費用負担の様子を具体的に確認してみよう。天明三年（一七八三）四月八日、長州藩毛利家へ廻状でつぎの伝達があった[10]。

赤坂溜池常浚出銀、書面之通来ル十二日四時ゟ九時迄、青山但馬守殿宅江御差出可有之候、以上

御普請方

卯四月八日　改役

御普請方

下奉行

普請方からの命令書で、普請奉行青山宅へ赤坂溜池常浚出銀の提出が命じられた。長州藩は麻布に屋敷を有していたために常浚費用を負担した。その負担割合は表高の半分、半高一八万四七〇五石五斗に設定され、負担額は銀四六一匁七分六厘四毛であった[11]。この割合は正しく高百石に銀二分五厘である。実際にはこれを金換算して

納入した。ついで廻状は佐賀藩へ送られた。

その後、長州藩は指定日時に費用とともに出銀書付を二通持参している。一通はそのまま提出し、もう一通は普請方請取の割印を得て、持ち帰った。以前からこうした手続きが踏まれていたようである。

このほか旗本森山孝盛も赤坂に居住していたため、常浚費用を負担している。天明四年二月二十九日「常浚出銀四拾五文、証文相添青山但馬守殿江納ル」、同七年二月四日「御普請奉行井上図書頭(正左)江溜池常浚出銀四十弐文、使者を以相納」とある(12)。

赤坂溜池常浚の費用は、その負担を命じられた付近の武家たちが年一回、個別に普請奉行宅へ持参することで集められた。町の集金の様子は不明とせざるをえないが、同様であったろう。組合とはいうものの、それに属している者たちは互いに接触することはないのである。赤坂溜池周辺地域は、溜池常浚費用負担地域として設定されたが、それは普請方から把握された枠組みに過ぎなかったのである。

二　赤坂溜池組合の構成

寛政四年（一七九二）、赤坂溜池組合に年番が置かれることとなった(13)。

赤坂溜池常浚組合出銀、唯今迄銘々御普請方役所江取集候之処、神田・玉川両上水出銀是迄銘々納之所年番相立、右年番江取集御普請方役所江相納候様被仰渡有之候ニ付、右常浚出銀之儀茂右ニ准シ年番相立取集候様可致哉之段相伺候処、伺之通松平越中守殿(定信、老中)被仰渡候間、以来向寄分ケ致シ、一組両三人宛定年番御心得、毎年二月出銀取集年々御普請方月番役所江可被相納候、則組合性(ママ)名高附帳、場所絵図相渡候、右之趣組合中

江茂申達置候間、若出銀遅滞之方茂有之候者、其節之御普請奉行月番宅江御届可有之候、此段申達候

子五月　　　御普請方
　　　　　　下奉行
　　　　　　同
　　　　　　改役

年番の設置は、組合をこの年番のもとで運営させていくことを意図している。ここに至ってはじめて組合構成家は互いに接触し、組合を自覚することとなった。その契機となったのは、神田・玉川両上水組合の年番設置であった。これについては、前年の寛政三年（一七九一）十一月六日に老中松平定信からつぎの触が出されていた(14)。

神田・玉川両上水、組合出金之儀、只今迄月番之御普請奉行江相納来候得共、以来組合有之分者、組合年番ニ而取集、御普請奉行月番江可被差出候、勿論銘々出金遅滞無之様可被致候、尤組合無之面々出金者是迄之通相心得可申候

右之通向々江可被相達候

十一月

神田・玉川両上水組合でもこれまでは、各家が個別に分担金を普請奉行へ納めていた。それを、年番を設定して集金させるようにしたのである。玉川上水は広範な地域に給水しているから、組合は数百家が名を列ね、これに町も加わることとなろう。そのため地域を区切って、複数の小（枝）組合が設けられた。史料末尾の「組合無之面々」とは、地理的に組合から漏れた家々のことである。

これら組合の年番設置には松平定信が関わっている。年番による集金は、それまでの普請方業務の一部強制的

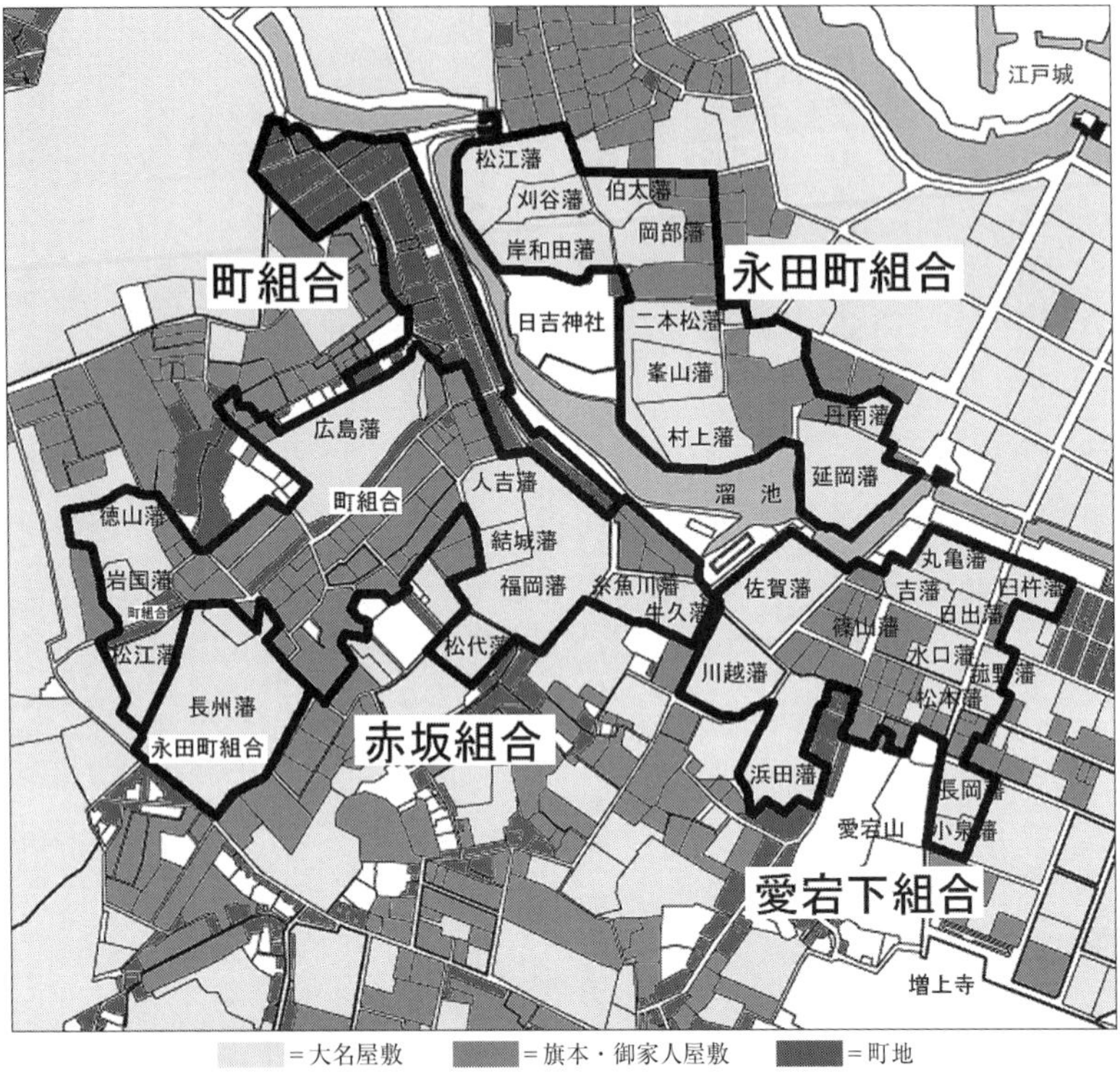

図４　赤坂溜池組合の範囲（19世紀半ば頃）（『江戸復元図』東京都、1989年ほかより作成）

移管である。寛政改革の施策の一環として、幕府行政の効率化が図られたのであろう。

さて赤坂溜池組合である。組合はおよそ一八〇家ほどの武家と町方から構成された。これをひとつの組合として運営していくには数が多く、普請方は「向寄《むより》分ケ」、すなわち内部で地理的組み分けをおこなった。これにより赤坂溜池組合の内部には「赤坂組合」「愛宕下組合」「永田町組合」の武家三組合および町組合が設けられた（図4参照）。

三組合のうち構成家をもっとも多く抱えたのは赤坂組合であった。その構成家の変遷を表5に示した。寛政四年の発足当初は九九家で、天保期には一一〇家を数える。このうち大名家は十三家前後で、これの組合高の合計は八〇万石を超える。組合総高はだいたい八六万石程度であったから、およそ九七％が大名家の組合高によって占められていたことになる。組合高は費用負担額に比例するから、組合は大名家へ大きく依存していた。

赤坂組合の最初の「一組両三人」の定年番は、松代藩真田家（十万石）、紀州藩家老三浦家（一万五〇〇〇石）、岩国藩吉川家（六万石）が指名された。この人選は普請方によるものであったが、さっそく問題が生じている。当初、赤坂組合には長州藩が属していた。[15]その長州藩にとって定年番の岩国藩吉川家は「家来」であった。長州藩は、「家来」から廻状を伝達され、「家来」へ出銀を提出することは、「兼々之家格茂御座候付、彼是甚難渋」であるとして、組替えを普請奉行へ打診し、松平定信へも訴えている。この「故障」の申し立ては認められ、長州藩は延岡藩内藤家と村上藩内藤家が定年番を勤める永田町組合へ属することとなっている。

ここで定年番にもなっている紀州藩家老三浦家は、表高も大名クラスで、独自に拝領屋敷も所持していた。組合は構成家を住民として把握するので、別個に屋敷を構えていれば藩の家老なども周囲の大名などと同様に扱われたのである。なお先述の旗本森山孝盛も、この赤坂組合に属した。

愛宕下組合については、嘉永四年（一八五一）から慶応三年（一八六七）までの十七年間のうち、断続的に五年分を除いて、構成家の変遷が判明している（表6）。[16]構成家はだいたい五〇家前後で推移し、組合総高は八〇万石を超えている。ここでも大名家の占める割合は大きく、おおむね九四％を超える。ここには四分一高適用の屋敷がいくつかみられるが、それは居屋敷に囲込の添屋敷などが該当する。だが佐賀藩の囲込屋敷のみ引高六五〇〇石の適用である。この屋敷はもともと一宮藩の屋敷で、安政三年（一八五六）に隣の佐賀藩が買い入れた。[17]その一宮藩が半高六五〇〇石で組合に属していたから、それがそのまま佐賀藩の囲込屋敷の負担割合となったのであった。

なお松代藩は愛宕下に拝領中屋敷を有していたため、こちらの組合にも半高で属している。このほか嘉永五年には、遠山金四郎の名前が組合構成家にみえる。著名な金四郎景元はこの年四月に隠居しているので、嗣子の景纂であろう。

文政2年（1819）	組合高（石）	文政5年（1822）	組合高（石）	天保11年（1840）	組合高（石）
同左	236,550	同左	236,550	同左	236,550
同左	213,250	同左	213,250	同左	213,250
同左	93,000	同左	93,000	同左	93,000
同左	36,626	同左	36,626		
同左	17,500	同左	17,500		
同左	15,000	同左	15,000	同左（加増あり）	20,005
同左	7,500	同左	7,500	同左（加増あり）	10,003
同左	11,050	同左	11,050	同左	11,050
同左	18,000	同左	18,000	同左	18,000
同左	10,000	同左	10,000	同左	10,000
同左	10,000	同左	10,000	同左	10,000
同左	100,000	同左	100,000	同左	100,000
同左	60,000	同左	60,000	同左	60,000
仁正寺藩（半高）	8,502	同左	8,502		
旗本91家（93筆）	26,594	旗本90家（93筆）	32,866	旗本100家（103筆）	36,627
104家（107筆）	863,572	103家（107筆）	869,844	110家（114筆）	818,485

永田町組合は前二者に比べて構成家が少ない（表7）。寛政四年の発足時で二五家（大名十一家、旗本十四家）[18]、安政三年（一八五六）で二七家（大名十二家、旗本十五家）である。[19] 構成家は少ないが、組合総高は七〇万石を超える規模をもち、そのうちで大名家の占める割合はここでもやはり大きく、九六%を超える。

以上の三組合のなかで最大の組合高は、福岡藩（半高）の二三万六五五〇石で、負担額は五九一匁三分七厘五毛、最小は旗本大久保三蔵（半高）の一〇石で、二厘五毛であった。この大大名と小身の旗本のどちらも高百石につき銀二分五厘の割合での負担である。[20] そしてこの割合は幕末まで変わらなかった。

表5　赤坂組合構成家変遷

寛政4年（1792）	組合高（石）	文化元年（1804）	組合高（石）	文化4年（1807）	組合高（石）	文化10年（1813）	組合高（石）
福岡藩（半高）	236,550	同左	236,550	同左	236,550	同左	236,550
広島藩（半高）	213,250	同左	213,250	同左	213,250	同左	213,250
松江藩（半高）	93,000	同左	93,000	同左	93,000	同左	93,000
小城藩（半高）	36,626	同左	36,626	同左	36,626	同左	36,626
沼田藩（半高）	17,500	同左	17,500	同左	17,500	同左	17,500
徳山藩（半高）	15,000	同左	15,000	同左	15,000	同左	15,000
		相対替分（4分1高）	7,500	同左	7,500	同左	7,500
人吉藩（半高）	11,050	同左	11,050	同左	11,050	同左	11,050
結城藩	18,000	同左	18,000	同左	18,000	同左	18,000
牛久藩	10,000	同左	10,000	同左	10,000	同左	10,000
糸魚川藩	10,000	同左	10,000	同左	10,000	同左	10,000
松代藩	100,000	同左	100,000	同左	100,000	同左	100,000
岩国藩	60,000	同左	60,000	同左	60,000	同左	60,000
紀州藩家老三浦	15,000	同左	15,000	同左	15,000		
旗本86家	26,741	旗本85家（87筆）	26,936	旗本86家（88筆）	26,811	旗本89家（91筆）	26,964
計　99家	862,717	98家（101筆）	870,412	99家（102筆）	870,287	101家（104筆）	855,440

出典：真田家文書か2573、か2575～7、う51～56　　註：石未満切り捨て

このことは、実際の溜池維持管理費用の総額から負担額を算出しているのではなく、高百石につき銀二分五厘という割合がまず先にあることを示している。赤坂溜池組合の総高は多いときで二五〇万石ほどとなるから、集められる額は銀六貫二五〇目、金にして一〇五両程度となる。これは常浚屋敷の役地上り金の数値と近似した額であり、これを目処としたのであろう。とはいえ屋敷移動によって組合の総高は上下するから、毎年集められる額は異なる。集金総額について普請方は「割残無之様出銀高割合申度候得共、石高ハ多ク出銀高者少々之儀ニ而、分・厘・毛之割合ニ罷成候間、残り銀無之様ニ者勘弁難仕」と述べている[21]。組合は、広く薄く負担金を求める最良の方法であった。そのため余剰金が出ることは避けられず、その分は御金蔵へ納められた。

こうした組合成立の背景をめぐっては、明和

万延元年（1860）	組合高（石）	文久元年（1861）	組合高（石）	元治元年（1864）	組合高（石）	慶応３年（1867）	組合高（石）
同左	178,518	同左	178,518	同左	178,518	同左	178,518
同左	6,500	同左	6,500	同左	6,500	同左	6,500
囲込(引高)	2,260	同左	2,260	同左	2,260	同左	2,260
同左	170,000	同左	170,000	同左	170,000	同左(前橋藩)	170,000
同左	61,000	同左	61,000	同左	61,000	同左	61,000
同左	15,250	同左	15,250	同左	15,250	同左	15,250
同左	15,250	同左	15,250	同左	15,250	同左	15,250
同左	30,000	同左	30,000	同左	30,000	同左	30,000
同左	15,000	同左	15,000	同左	15,000	同左	15,000
同左	51,512	同左	51,512	同左	51,512	同左	51,512
同左	50,060	同左	50,060	同左	50,060	同左	50,060
同左	15,000	同左	15,000	同左	15,000	同左	15,000
同左	25,000	同左	25,000	同左	25,000	同左	25,000
同左	6,250	同左	6,250	同左	6,250	同左	6,250
同左	25,000	同左	25,000	同左	25,000	同左	25,000
				沼津藩(半高)	25,000	同左	25,000
同左	22,100	同左	22,100	同左	22,100	同左	22,100
同左	11,129	同左	11,129	同左	11,129	同左	11,129
同左	11,000	同左	11,000	同左	11,000	同左	11,000
						佐貫藩(半高)	8,000
同左	50,000	同左	50,000	同左	50,000	同左	50,000
旗本35家	47,263	旗本35家	46,963	旗本35家	47,033	旗本34家(35筆)	45,993
48家（54筆）	808,092	48家（54筆）	807,792	49家（55筆）	832,862	49家（56筆）	839,822

表６　愛宕下組合構成家変遷

嘉永４年（1851）	組合高（石）	嘉永５年（1852）	組合高（石）	嘉永７年（1854）	組合高（石）	安政４年（1857）	組合高（石）
佐賀藩（半高）	178,518	同左	178,518	同左	178,518	同左	178,518
						囲込（引高）	6,500
川越藩	170,000	同左（高ママ）	150,000	同左	170,000	同左	170,000
浜田藩	61,000	長岡藩	74,024	浜田藩	61,000	同左	61,000
囲込（４分１高）	15,250	中屋敷（半高）	37,013	囲込（４分１高）	15,250	同左	15,250
添屋敷（４分１高）	15,250	松平河内守（半高）※	30,000	添屋敷（４分１高）	15,250	同左	15,250
松本藩（半高）	30,000			松本藩（半高）	30,000	同左	30,000
囲込（４分１高）	15,000			囲込（４分１高）	15,000	同左	15,000
丸亀藩	51,512	同左	51,512	同左	51,512	同左	51,512
臼杵藩	50,060	同左	50,060	同左	50,060	同左	50,060
篠山藩（半高）	30,000			篠山藩（半高）	30,000	同左	30,000
一関藩（半高）	15,000	同左	15,000	同左	15,000	同左	15,000
水口藩	25,000	同左	25,000	同左	25,000	同左	25,000
囲込（４分１高）	6,250	中屋敷（半高）	12,500	囲込（４分１高）	6,250	同左	6,250
日出藩	25,000	同左	25,000	同左	25,000	同左	25,000
沼津藩（半高）	25,000	天童藩（半高）	10,000	沼津藩（半高）	25,000	同左	25,000
人吉藩	22,100	同左	22,100	同左	22,100	同左	22,100
小泉藩	11,129	同左	11,129	同左	11,129	同左	11,129
菰野藩	11,000	同左	11,000	同左	11,000	同左	11,000
一宮藩（半高）	6,500			一宮藩（半高）	6,500		
松代藩（半高）	50,000			松代藩（半高）	50,000	同左	50,000
旗本34家	46,958	旗本36家	57,002	旗本34家	46,958	旗本36家	49,758
計　50家（54筆）	860,527	49家（51筆）	759,858	50家（54筆）	860,527	51家（56筆）	863,327

※松平和泉守（西尾藩）の誤記カ

出典：一橋徳川家文書Ｉ１-50～54、56、60、61、63、65、67、73　安政３年は嘉永７年と、文久２年と３年は文久元年と、慶応元年は元治元年と同一のため省略

註：石未満切り捨て

表7　永田町組合構成家変遷

寛政4年（1792）	組合高（石）	安政3年（1856）	組合高（石）
長州藩（半高）	184,705	同左	184,705
松江藩	186,000	同左	186,000
二本松藩	100,700	同左	100,700
延岡藩	70,000	同左	70,000
岸和田藩	53,000	同左	53,000
村上藩	50,090	長島藩（半高）	10,000
三田藩（半高）	18,000	同左	18,000
刈谷藩	23,000	同左	23,000
岡部藩	20,250	同左	20,250
飯山藩	20,000	峯山藩	11,144
伯太藩	13,500	同左	13,500
		丹南藩	10,000
旗本14家	22,950	旗本15家	25,465
計　25家	762,195	27家	725,764

出典：毛利家文庫41公儀事16（40−8）、内藤家文書20−359
註：石未満切り捨て

五年（一七六八）の道奉行廃止および町奉行から普請奉行への上水支配の移管の影響をみる必要がある。これによって江戸の道、橋、水路および上水が普請奉行の管轄となった。それらは多く住民の組合によって維持管理されていたから、このときその組合も普請奉行の監督するところとなった。明和六、七年の御堀の下水溜枡組合や赤坂溜池組合の成立はその延長線上にある。だが外堀の組合は費用負担のみで実際の城郭機能へ関与することはできなかった。それは公儀の城に関わるからであり、そこに他の都市機能管理組合との差をみることができる。

三　組合の運営と作成文書

1　年番と組合文書

赤坂溜池組合は、溜池の機能維持費用を負担する枠組みであった。年番の設置も集金の効率化を図るためのものに過ぎない。だがそれでも、はじめて多数の地縁のある武家たちが住民として組み合うのであり、これが間違いなく機能するためには、適切な組合運営がなされなければならない。それを担ったのが年番であった。

赤坂組合の定年番は三家が指名された。この定年番とは年番を勤める家というほどの意味で、毎年交代でそのうちの一家が年番を勤めた。寛政四年（一七九二）、組合最初の年番となったのは松代藩真田家であった[22]。年番の仕事は、毎年二月に構成家から出銀を集め普請方月番役所へ持参することである。そのため普請方から「組合性《（ママ）》名高附帳」と「場所絵図」が渡された。年番となった松代藩は定年番連名で廻状を四通作成し、組合構成家へ出金を促した。廻状四通は、大名グループ宛一通と旗本グループ宛三通である。これらはすべて表高順である。廻状四通の作成は、構成家が多いために伝達速度を考慮したものであるが、居住地に応じて地理的に分けられたわけではなく、あくまで武家の高による序列が反映したものであった。大名グループ宛の廻状を掲げよう[23]。

猶以廻状御順達被下候留ゟ池村与兵衛方へ御返却可被下候、以上

以廻状致啓上候、然者別紙御書付写弐通之通、御普請御奉行所江私共被召呼被　仰渡候、尤当子年分御出銀ゟ早速取集相納候様被仰渡候間、来ル晦日当子年分御出銀御書面之通真田右京大夫麻布谷町南部坂下屋敷御出銀請取役所相立置候、尤氷川明神前之方裏門江御案内之者申付置候、同所江為御持可被遣候、此段得御意度如此御座候、以上

（岩国藩）
吉川監物内
進藤五兵衛

（紀州藩家老）
三浦丈之助内
熊谷杢之助

五月廿五日

（松代藩）
真田右京大夫内
鈴木勘左衛門

鈴木弥左衛門
池村与兵衛

御次第不同
松平筑前守様御内（福岡藩）
御留守居中様　御廻状之趣承知仕候
（後略）

各家は出銀を松代藩真田家屋敷内の「御出銀請取役所」へ持参することになった。文中の「別紙御書付写弐通」とは、先の普請方からの指示書と、「組合性名高附帳」である。

こうして分担金が集められることとなったが、構成家からは石高の間違いや屋敷替、改名などの届が複数、年番真田家へ寄せられた[24]。ひとつだけ例を挙げよう[25]。

覚

一銀三分壱厘三毛　半御高百弐拾五俵
　此銭弐拾八文　田中鉄之丞様分
右者赤坂溜池大下水常浚出銀書面之通御座候、但田中鉄之丞様御儀、去亥年十二月石崎甚左衛門与屋敷相対替仕候ニ付、甚左衛門方ゟ相納申候、仍如件
　本高弐百俵
　石崎甚左衛門内
寛政四子年五月　門奈文次（印）

当初、石崎家（高二〇〇俵）は田中鉄之丞（半高一二五俵）として割り付けられた。これは去年に屋敷を相対替していたためであった。石崎は田中に割り当てられた二八文を真田家へ提出するが、石崎の半高一〇〇俵分は二二文であるので、差引六文が真田家より返却され、「本帳」（組合姓名高附帳）も訂正された[26]。石崎からは真田家へ六文の請取証文が出され[27]、最初の田中鉄之丞の名前で出された請取証文は真田家が引き上げている[28]。

ところで石崎は、赤坂溜池常浚のことを、「赤坂溜池大下水常浚」と記している。石崎ら赤坂地域の住民たちは赤坂大下水組合にも属していた。これは赤坂溜池端大下水常浚などと呼ばれることもあるように、溜池の端を流れる下水路の浚渫組合であった。他所から越してきたばかりの石崎家は、赤坂大下水の浚渫組合と赤坂溜池の浚渫組合とを混同したのであろう。

寛政四年の年番は松代藩真田家であったが、翌五年の年番は紀州藩家老三浦家であった。年番の交代に際し、組合文書が引き継がれている[29]。

（封筒上書）「『ほ』（朱書）
三浦丈之助様衆江引渡ニ付
右御内懸り合請取目録壱通
寛政四子年六月」

（包紙上書）「受取目録」

覚

一御書付　壱通
出銀取集被仰渡

一赤坂組合絵図面　　壱枚
一御性名高附帳　　壱冊
一銭相場
一御書付　　壱通
松平義次郎様御名除（長州藩）
一御書付　　壱通
一帳尻〆高直り
一御書付　　壱通
此弐通者御性名高附帳江張置
一日記　　壱冊
被仰渡ゟ当子上納済迄
〆七筆
右者赤坂溜池常浚出銀取集、御一同被仰渡、当子出銀取集御上納相済候に付、来丑之年番に付、右之通御順達被成受取申候、以上
三浦丈之助内（紀州藩家老）
六月
佐野兵左衛門（印）
木　村　恒　次（印）
真田右京大夫様御内（松代藩）
関田庄助殿

これは三浦家から真田家へ対し、組合文書を受け取った旨の目録である。組合文書は①普請方からの出銀取り

集め指示書付、②赤坂組合に属している者たちの屋敷の場所を示す絵図、③構成家の姓名と石高を記した帳面、④端銀を銭に直すための銭相場の書付、⑤長州藩が赤坂組合から脱けることについての書付、⑥長州藩や石崎家ほかの変更をうけて計算し直した組合総高の書付（⑤⑥の二点は③の姓名高附帳へ貼り付けてある）、⑦組合の年番を命じられてから上納が済むまでの経過を記した日記、である。以上の七点が組合文書として引き継がれた。

このように組合運営に必要な現用文書が、年番の間を引き継がれることで組合の機能は維持された。ここで引き継がれている文書は、普請方作成になるものがほとんどであるが、⑦の日記は真田家が作成したものである。これは先例として以後参照されていくことになろう。

他方で真田家は、自家にのこされた組合関係史料に「いろは」の記号を振って管理した[30]。三浦家からの受取目録に「ほ」とあるのはそのためである。このほか廻状や組合構成家からの書付なども同じように整理された。なお年番を勤めた家には「出銀取集上納帳」がのこされた。これは常浚費用を普請方へ納入したことの証拠となる文書で、普請方請取印のある帳面である。出銀額の記載のところへ普請方の割印が捺されていることから、上納帳は二冊作成され、一冊は普請方へ納められ、もう一冊は年番に返却されるという方式を採っていたものと判断される。これは年番成立以前に、各家が普請方へ出銀書付を二通持参していたのと同様の方式である。そしてこの上納帳は組合文書として年番間を引き継がれることなく、年番となった家にそのまま保管されたのである。

2　年番制の展開

松代藩真田家には断続的に十二通の溜池常浚出銀の請取証文がのこされている。証文には竪紙が用いられ、奥に宛所はなく、冒頭に名前と石高が書かれ、出銀額が記される形式であった。月付はおおむね二月付となっているが、遅れることもあり、六月や閏八月付となっている年もある。実際に寛政十一年（一七九九）のものを掲げよう。[31]

（包紙裏上書）
「と印」

一御高拾万石　　　（松代藩）真田豊後守様

此御出銀弐百五拾目

此金四両弐朱・銀弐匁五分

此銭弐百六拾四文

右御書付之通赤坂溜池常浚当未年分御出銀慥ニ受取申候、御組合御一同ニ御普請奉行御役所江相納可申候、

以上

（紀州藩家老）三浦長門守内

寛政十一己未年二月　　　竹岡林左衛門（印）

年番が異なっても書式はすべて同じである。ただし、享和元年（一八〇一）と文化十三年（一八一六）の証文には奥に宛所が記載され、差出に藩主（主人）名がなく武士の名だけとなっている。両年とも松代藩が年番の年であり、自家に宛てて請取証文を出す場合には、家臣から家臣宛に証文が作成されたのであった。[32]

さて、請取証文の差出は年番である。これをもとに赤坂組合の年番変遷を表8に示した。ここではのこされた証文の差出の順番から毎年の年番を推定し、括弧に記してある。まず、最初に設定された定年番は、松代藩、岩国藩、紀州藩家老三浦家であった。だが、寛政九年の年番は岩国藩に代えて結城藩水野家となっている。岩国藩の屋敷移動があったわけではないので、なにかしら不都合が生じたものと思われる。ついで文化十四年（一八一七）には三浦家に代えて糸魚川藩松平家が年番になっている。これは文化八年二月に発生した火事により三浦家

の屋敷地が上地され、その跡地が五月に赤坂一ッ木町続元赤坂町代地となったからである[33]。このように赤坂組合の定年番は入れ替わりながらも三家による体制が継続していた。

他方の永田町組合では、文政二年（一八一九）に定年番制が変更となっている[34]。それまで年番は延岡藩内藤家と村上藩内藤家で勤められてきた。だが、村上藩主内藤信敦が文化十四年（一八一七）に若年寄となったことで、「御役中年番御断」を申し入れてきたのである。延岡藩は、村上藩の代わりとして新たに一家を定年番に加えるか、あるいは万石以上で順番に年番を勤めるか、組合中へ相談したが、どちらにも決しなかった。そこで、普請

表8　赤坂組合年番変遷

	年番	出典（真田家文書）
寛政４年（1792）	松代藩	か2574
寛政５年（1793）	三浦家	か2583
寛政６年（1794）	（岩国藩カ）	
寛政７年（1795）	（松代藩）	
寛政８年（1796）	（三浦家）	
寛政９年（1797）	結城藩	か1494
寛政10年（1798）	（松代藩）	
寛政11年（1799）	三浦家	か1472
寛政12年（1800）	結城藩	か1495
享和元年（1801）	松代藩	か1496
享和２年（1802）	（三浦家）	
享和３年（1803）	（結城藩）	
文化元年（1804）	松代藩	う51
文化２年（1805）	（三浦家）	
文化３年（1806）	結城藩	か1473
文化４年（1807）	松代藩	う5152
文化５年（1808）	（三浦家）	
文化６年（1809）	結城藩	か1497
文化７年（1810）	（松代藩）	
文化８年（1811）	三浦家	か2476
文化９年（1812）	結城藩	か1761
文化10年（1813）	松代藩	う53
文化11年（1814）	（糸魚川藩カ）	
文化12年（1815）	（結城藩）	
文化13年（1816）	松代藩	か1762
文化14年（1817）	糸魚川藩	か1763
文政元年（1818）	（結城藩）	
文政２年（1819）	松代藩	う54
文政３年（1820）	（糸魚川藩）	
文政４年（1821）	結城藩	か1764
文政５年（1822）	松代藩	う55
文政６年（1823）	糸魚川藩	か1832
天保11年（1840）	松代藩	う56

方へ伺いを立てたところ、万石以上で順番に年番を勤めるよう指示されたのである。その順番は表高順とされた。

覚

文政二卯年年番　松平大膳大夫（長州藩、三六万九四一一石）
同三辰年年番　松平出羽守（松江藩、一八万六〇〇〇石）
同四巳年年番　丹波（羽）左京大夫（二本松藩、一〇万七〇〇〇石）
同五午年年番　内藤備後守（延岡藩、七万石）
同六未年年番　岡部美濃守（岸和田藩、五万三〇〇〇石）
同七申年年番　九鬼和泉守（三田藩、三万六〇〇〇石）
同八酉年年番　土井淡路守（刈谷藩、二万三〇〇〇石）
同九戌年年番　安部摂津守（岡部藩、二万二二五〇石）
同十亥年年番　本多豊後守（飯山藩、二万石）
同十一子年年番　渡辺越中守（伯太藩、一万三五〇〇石）

右者赤坂溜池常浚組合年番之儀、先達而御差図被成下候通、已来右之順繰を以高順ニ年番相心得居申候、此段御届申上置候、以上

卯七月　　内藤備後守内
　　　　　何かし

こうしてあらためて文政二年の年番となった長州藩は、その旨を普請方へ届け出た(35)。その後、十二月二十九日に年番は松江藩へ引き継がれている(36)。

ところで永田町組合には旗本も十家以上属していた。だが、彼らが年番を勤めることは最初から想定されていない。こうしたことは他の種類の組合にもままみられることで、旗本や場合によっては小藩なども「小家」として年番を外れることが多い。規模の大きな組合では年番事務もそれなりの労力を必要とするから、そうしたことが考慮されるのである。

最後に幕末の組合の様子を、旗本林鶴梁（伊太郎）の日記にみてみたい[37]。鶴梁は赤坂溜池組合の愛宕下組合に属していた。嘉永五年（一八五二）は四月六日に、鶴梁へ常浚出銀取り集めの廻状が到来した。これには、普請方からの達書と高附帳が添えられており、達書は組合年番に対し、まず四月九日に「納帳面」二冊の提出を求め、ついで十四日に出銀の納入を指示するものであった。「納帳面」は先にみた出銀取集上納帳のことである。これの二冊の提出とはやはり普請方が割印を捺し、一冊は組合に返却されるからであろう。

この時期の愛宕下組合の定年番は浜田藩、水口藩、川越藩であった[38]。そのうち嘉永五年は水口藩が年番であったとみられるが、鶴梁は嘉永四～六年のいずれも浜田藩へ負担金を持参している。これの理由は不明とせざるをえないが、赤坂溜池組合内の各組合で年番の設定方法や集金の取り集め方に多少の違いのあったことがわかる。幕府普請方は費用が確実に集められさえすればよいから、ある程度の運営の幅は容認されたのであろう。

組合構成家からの出銀は七日に集められた。鶴梁の高附帳の記載はつぎのようである。

林伊太郎　高弐拾俵弐人扶持但三拾俵之積、此出銀七厘五毛、此銭八文

ところで鶴梁は、この前年の嘉永四年に引っ越していた。そのため、廻状へつぎの下ヶ札を付して年番へ伝達した。

伊太郎儀、是迄借地住宅罷在候処、去亥年（嘉永四年）中、麻布今井村抱屋敷、同所地続谷町分町並屋敷一ト囲、真田信

濃守様御所持之場所御譲受被申、同年十一月廿八日引移住宅仕候、右之外相替候儀無御座候、以上

鶴梁はもともと麻布谷町に借地住宅していた。これ以前、弘化三年（一八四六）九月に鶴梁は愛宕下に屋敷を拝領したのだが、ここには居住せず人に貸し、地代を得ようとしている。そして嘉永四年に、松代藩の麻布今井村抱屋敷と地続きの町並屋敷を藩主の好意により無償で譲り受け、ここを終の住処とした[39]。この場合、鶴梁自身は居住しない愛宕下拝領屋敷が赤坂溜池組合の愛宕下組合に属していたことになるのである。

その鶴梁の分担金八文はあまりに些少である。実際にはこれより少ない者もおり、そうした者まで一律に赤坂溜池常浚出銀は課せられた。こうした小身の者は、他種の組合であれば、その負担額と事務手続きの煩雑さとを考量して、負担免除されるか、あるいは一定の額となるまで年番による立て替えがおこなわれることもある。しかし、赤坂溜池組合にそのような裁量はない。幕府普請方のもとでの費用醵出および年番によるその集金が組合の役割であり、それは江戸幕府崩壊まで変わることはなかったのである。

おわりに

明治になると赤坂溜池はまずは交通上の障碍であるとされ、ついで衛生の観点からその「不潔」が指摘されることとなった[40]。明治五年（一八七二）には、皇城の御堀は「泥濘汚物等ノ臭気」が蔓延し、「人身ノ健康ヲ妨害」する場所であると酷評される。近世来の定期的な浚渫が実施されなくなり、いまだ明治政府は堀の維持管理体制を構築していなかった。赤坂溜池組合も、それが大きく依存していた武家屋敷がなくなったことで自然消滅したのであろう。そうしたなかで溜池の埋立が議論されるが、陸軍省は「兵事上」の観点からこれに異を唱え、内務

省は都下の船舶交通の観点から川筋を残すよう発議した。衛生と軍事と交通と、それぞれの立場から利害対立を生み、これが大部分の埋立と溜池町の起立へと落ち着くのは明治二十一年のことであった。

江戸城外堀は本源的には防禦の機能を有し、ついで公儀の威容をみせる場であった。そのため維持管理は、公儀が軍役として命じる大名御手伝普請や役地である町屋敷からの上り金によっておこなわれた。だが御手伝普請により大名家は疲弊し、役地上り金による請負人の常浚いも十分なものではなかった。そこに地域居住の受益者負担原則で組合が組織化された。この背景には防禦のための外堀が都市下水の流入する貯水池の役割も果たすように変容したことがある。城郭機能から都市機能へと外堀の位置づけの比重が移ったのである。

だが公儀の城の御堀は公儀によって維持管理される原則であった。そのため「名目」が問われたが、組合は「御堀」の浚ではなく、それへ通ずる溜枡の浚渫組合となって発足した。だが、赤坂溜池の場合は「赤坂大溜」などと記され、決して「赤坂御堀」とは呼ばれなかった。ここに赤坂溜池そのものの常浚組合の成立する所以がある。城郭機能と都市機能とは組合によって成り立つこととなったのである。

赤坂溜池組合は溜池の常浚いおよびそれへ通ずる下水芥留など周辺設備の費用を負担する枠組みであった。これは武家約一八〇家、町は十八ヶ町に及ぶ。後に年番を設定し集金を担うようになると、武家は地区別に三組合に分かれ、それぞれに運営がなされることとなった。組合の円滑な運営のために、組合文書が作られ、年番間を引き継がれた。現用文書の引継によって組合はうまく機能していったのである。

だが赤坂溜池組合の進展はそこまでである。江戸幕府崩壊の最後まで組合は費用を負担し、年番がこれを取り集めて幕府普請方へ納入した。赤坂溜池の実際の管理は普請方によっておこなわれたのである。そのほかの江戸の組合のいくつかが、実際の公共空間の維持管理をするように成長していったのとは対照的である。これはやはり赤坂溜池が江戸城外堀の一部であることによる。城郭機能と一般的な都市機能との違いが、組合の展開の決定的な差を生み出しているのである。

近代都市東京においても外堀は、皇城の防禦と都市下水の集積地との役割を担ったが、明治政府は組合のような組織をもたなかった。紆余曲折を経ながら、溜池は埋め立てられて民間に払い下げられ、民有地と化していった。「御堀」とはいえ近世来の公共空間は、私的土地所有の対象となる場となった。そして都市の公共空間は国家の行政が市民の税をもって維持管理するに至るのである。

註

（1）後藤新平（塚越芳太郎）『江戸の自治制』（二松堂書店、一九二二年）、幸田成友『江戸と大阪』（冨山房、一九三四年、後に『幸田成友著作集』二巻、中央公論社、一九七二年所収）および戦前の自治体史（例えばここでは『赤坂区史』一九四一年）。戦後では、上水組合について伊藤好一「江戸の水道制度」（西山松之助編『江戸町人の研究』五巻、吉川弘文館、一九七八年）、同『江戸上水道の歴史』（吉川弘文館、一九九六年）が検討している。

（2）藤村聡「近世後期における江戸武家屋敷の上水・橋々組合について」（『歴史学研究』六八二号、一九九六年）。

（3）拙稿「江戸武家屋敷組合と都市公共機能」（『関東近世史研究』五八号、二〇〇五年、本書第二章所収）。

（4）北原糸子「近世における溜池明地の管理と保全」（『溜池遺跡』地下鉄7号線溜池・駒込間遺跡発掘調査報告書七―二、一九九七年）、同「近世都市江戸の環境問題―溜池の開発と維持管理を中心に―」（樺山紘一ほか編『ライブラリ相関社会科学』六巻、新生社、一九九九年）。

（5）後藤宏樹「江戸の上下水と堀―江戸城外郭を中心に―」（江戸遺跡研究会編『江戸の上水道と下水道』吉川弘文館、二〇一一年）。

（6）『宇和島藩庁伊達家史料』七（近代史文庫宇和島研究会、一九八一年）一二七頁。
（7）『御府内備考』三巻（雄山閣、一九七七年）二七八頁。
（8）旧幕引継書（国立国会図書館蔵）八〇五―一書上帳。以下、断りのない限り同史料による。
（9）赤坂大下水組合については、拙稿「江戸の公共負担組合と大名家」（『社会経済史学』八三巻一号、二〇一七年、本書第一章所収）参照。
（10）毛利家文庫（山口県文書館蔵）四一公儀事一五（一七―二）。
（11）この額は以後変化しない。毛利家文庫四一公儀事一六（四〇―一〇）寛政五年、一六（四〇―一六）寛政六年、一六（四〇―二二）寛政七年、一六（四〇―二四）寛政八年、一六（四〇―三八）寛政一二年、一七（八―四）享和二年。
（12）『自家年譜』上（内閣文庫影印叢刊、一九九四年）一五三頁、一九三頁。
（13）真田家文書（国文学研究資料館蔵）か二五七三―二。真田家文書の赤坂溜池組合関係史料の多くは、国文学研究資料館（渡辺浩一）編『史料叢書8近世都市の組織体』（名著出版、二〇〇五年）に収められている。
（14）「憲法類集」（『内閣文庫所蔵史籍叢刊』二八巻、汲古書院、一九八三年）二〇三頁。『御触書天保集成』五六〇六号もほぼ同文だが、差出のわかる「憲法類集」から引用した。
（15）毛利家文庫四一公儀事一六（四〇―八）。
（16）一橋徳川家文書（茨城県立歴史館蔵）。なお赤坂溜池組合に一橋徳川家は属していないにもかかわらず、愛宕下組合の定年番でなければ所持しえない、普請方割印のある「組合姓名高付帳」を現在に伝えている。一橋徳川家文書は小石川林町（現文京区千石）の徳川邸に、維新および震災・戦災を乗り越えて散逸せずによく伝存してきたとされる（辻達也「一橋徳川家史料について」『一橋徳川家文書目録』茨城県立歴史館史料目録二三）。だが明らかに赤坂溜池組合史料は一橋徳川家の持ち伝える史料ではない。「組合姓名高付帳」は全十二冊が伝来しているが、そのうち嘉永五年のものだけが写しである。そしてその年だけ定年番に浜田藩ではなく、長岡藩が入っている。浜田藩はこの年だけ組合を外れており、原本をもつことはできない。こうしたことから一橋徳川家へ伝来した史料は、もと浜田藩の史料であったに相違ない。浜田藩の最後の藩主松平武聰は、一橋慶喜の異母弟であるから、近代のどこかの時点で史料が混入してしまったのであろう。一橋徳川家文書には、ほかにも浜田藩の史料があるやも知れず、利用には注意が必要である。

(17) 大園隆二郎「佐賀藩江戸屋敷の変遷について」（福岡博先生古希記念誌編纂会編『佐賀の歴史と民俗』二〇〇一年）。

(18) 毛利家文庫四一公儀事一六（四〇―八）。

(19) 内藤家文書（明治大学博物館蔵）二〇―三五九。

(20) ただし、実際にはこれを金換算して納入した。例えば松代藩は銀二五〇目の負担であったが、これを金四両二朱と銀二匁五分に両替し、端銀をときの銭相場に応じて銭で納めた。

(21) 旧幕引継書八〇五―一。

(22) 真田家文書か二五七四。

(23) 真田家文書か二五七三―一。

(24) 真田家文書か二五八一―一～七。

(25) 真田家文書か二五八一―二。

(26) 真田家文書か二五八二―一。

(27) 真田家文書か二五八二―二。

(28) 真田家文書か二五八二―五。

(29) 真田家文書か二五八三。

(30) 真田家文書か二五八四。ここでは「と」までだが、後に「ち」が設定され、これは本来の「い」に該当する。また「と」は本来、石高違いなどによって徴収し過ぎた出銀の返金請取書やそれに付随した手紙、組合出銀を計算し直した帳面に振られていたが、後に年番からの請取証文に振られるようになっている。

(31) 真田家文書か一四七二。包紙上書略。

(32) 享和元年の差出である八田競は一〇〇石の、文化十三年の差出である興津権右衛門は一五〇石の松代藩士である（国

立史料館編『史料館叢書8真田家家中明細書』東京大学出版会、一九八六年、六五頁、一二五七頁）。
(33) 旧幕引継書八〇三―一赤坂町方書上　弐。
(34) 毛利家文庫四一公儀事一九（一四―二）。
(35) 毛利家文庫四一公儀事一九（一四―二）。
(36) 毛利家文庫四一公儀事一九（一四―四）。
(37) 保田晴男編『林鶴梁日記』四巻（日本評論社、二〇〇三年）五五〜五八頁、二〇八〜二〇九頁、三三〇頁。
(38) 一橋徳川家文書。なお「組合姓名高付帳」に愛宕下組合は定年番三家ともに毎年署名捺印するが、赤坂組合では年番一家のみが署名捺印している。こうしたところにも各組合の運営の差が現れている。
(39) 保田晴男『ある文人代官の幕末日記』（吉川弘文館、二〇〇九年）。
(40) 狩野雄一「近代以降の溜池の変遷」（『溜池遺跡』前掲）。

Ⅱ　公共空間支配論

第五章　江戸幕府道奉行の成立と職掌

はじめに

城下町江戸に関する史料を繙く者は、誰しも「道奉行」なる役職の、少なからず登場してくることに気づくだろう。それがいかなる役職か知ろうとして、手近にある事典の類を引いても、これが立項されていることはほとんどない。稀に取り上げられていたとしても、それは日本最大の百科事典である『古事類苑』（一九〇五年）の記述に全面的に依拠するものである(1)。

道奉行ハ、江戸府内ノ道路水道ノ事ヲ掌ル、万治二年始テ置ク所ニシテ、始メ四人ナリシガ、享保中、二人ニ減ジ、明和中廃セラレ、町奉行ノ所職ニ属ス

必要最低限のことはこれで把握できるが、役職の具体像はこれに引き続き引用されるいくつかの史料を自分で読み解くほかない。

つぎに参照されるのは、江戸幕府職制についての基礎文献として定評のある松平太郎『江戸時代制度の研究』（一九一九年）である(2)。

府内の道路は、初め別に官憲を設けて之を専当せしむ、道奉行の職即ち之なり

以下、道奉行役職の年を逐っての制度的変遷が示されており、簡潔ではあるがさすがに行き届いた記述となっ

ている。幸田成友『江戸と大阪』（一九三四年）も、道路を支配するものとして、手短に道奉行を取り上げている。[3]

その後長い間、道奉行について本格的な検討はなされてこなかった。道奉行が番方役人の出役であったこともあって、さほど重要な役職とみなされなかったのであろう。しかしながら、都市史研究の進展のためには、都市統治役職のひとつとしての道奉行にあらためて注目する必要がある。

他方でこの間、上水への問題関心から道奉行役職への接近がみられた。伊藤好一は、上水の歴史を明らかにするなかで道奉行の上水支配についても論じた。[4] 道奉行役職そのものの考察ではないが、それの携わった事例を多く紹介しており参照されうる。同じく上水への関心に端を発しながらも、道奉行を制度面から詳細に取り上げたのが坂詰智美である。[5] 役職就任者の統計的分析や職掌の変遷がここで整理され、水支配に関わる役職としての道奉行存在があらためて確認された。しかしながらその論述は、狭義の制度史分析に終始しており、道奉行の上水支配の実態を、都市住民との関わりのなかで捉えようとする視点を有さない。職掌の変遷にしても、政治的社会的な背景を踏まえた位置づけが図られたものとなっているわけではない。

こうした研究状況を踏まえ本章は、道奉行役職の基礎的研究として、その成立と職掌をあらためて検討しようとするものである。道奉行は城下町江戸において「道路水道ノ事ヲ掌ル」（『古事類苑』）ことから、町方・武家方・寺社方のすべての都市住民に関わるものとして江戸の社会に登場する。したがって職制論として道奉行を取り上げるだけでは不十分で、身分制都市における諸身分と公共空間の問題のなかに道奉行を捉える必要がある。公儀により設けられた道奉行が、都市住民の生活空間の展開と公共空間の維持管理の要請のなかで、どのような役割を果したかが課題とされなければならないのである。ここではこうした点を意識して道奉行の具体像を明らかにすることとしたい。

一　道奉行職の成立過程

道奉行の成立年代については、先の『古事類苑』や『柳営補任』[6]から、万治二年（一六五九）二月二十六日の西山昌時と天野重時の役職任命に論拠が求められ、これが通説となっている。しかし前述した松平の著作は、万治二年成立説を否定し、『寛政重修諸家譜』から寛永六年（一六二九）の多門正勝の道奉行就任事例を挙げて、「是職夙《はや》く幕府の初葉にあり」としている。『柳営補任』も西山と天野を最初に挙げつつも、「西山天野以前不知」と記していたことに注意すれば、結論を保留し、遡る可能性を残していたと言えよう。

『徳川実紀』では寛永五年（一六二八）十一月十六日が道奉行の初見である[7]。その典拠となった『江城年録』の同日条には、たしかに「渡辺半兵衛（勝綱）・荒川又六郎（忠吉）、道奉行被仰付」との記載がある[8]。

そこで、万治二年以前に道奉行に就任した者を『寛永諸家系図伝』と『寛政重修諸家譜』から探してみると、渡辺と荒川、そして多門のほかに、内藤長教、美濃部高茂、深津正武が道奉行に就任していることが判明した[9]。彼らの履歴を総合すると、道奉行はつぎのように引き継がれている。寛永五年十一月に荒川は大番から道奉行になったが、半年足らずで死去し、多門がこの跡を継ぐ。寛永七年には渡辺が弓同心頭となることによって、内藤が道奉行となった。この内藤と多門は、道奉行の立場で寛永九年二月に徳川秀忠遺金を六十両ずつ賜わっている[10]。その後、明暦二年（一六五六）に美濃部が就任したことで、道奉行は三人体制となった。万治二年二月に多門が寄合となることで、深津が先述の西山と天野とともに就任した。この年の八月に内藤が死去しているので、ここで道奉行は四人体制となった。

このように道奉行職への就任者が継続していることから、寛永五年にまで道奉行の成立を遡らせることが可能である。ただし問題は、役職成立の指標をどのように設定するかであろう。

大道寺友山の『落穂集』（享保十二年成立）は、「道奉行と有之御役の義ハ、小田原御陣の節迄ハ御家に無之処に、慶長五年関かはら御陣前御備先道ハし〈橋〉見積りの御役人無之てハと有之」と記し、関ヶ原の戦いが道奉行設置の契機となったとする。[11]ほかに、大坂冬の陣のため徳川家康が尾張国の庄内川を渡ったときに、道奉行へ架橋を命じたという由緒ものこされている。[12]いずれの史料も取扱いには注意せねばならないが、道奉行の濫觴を、合戦における軍団の進路整備に求めることは妥当であろう。[13]後のことになるが、寛永十九年（一六四二）四月の日光社参においては、事前に目付と道奉行が「道梁修理のため巡視に」出ていた。[14]日光社参は軍役動員であるから、道奉行の軍事的成立を傍証しよう。

合戦が道奉行設置の契機となったとして、つぎに幕府は、そのような軍事的役職を、幕府統治機構のなかに組み込み直す必要があった。それは藤井讓治が指摘するところの、「人から職へ」という状況に照応するものである。[15]個人の能力に付随した任務や権限という段階から、職務に人が充当されるようになって、幕府官僚が成立するのである。道奉行の場合、その転換点が寛永五年十一月であったのではないか。その転換の背景を十分には実証しえないのだが、手掛かりとなる人物として、旗本阿倍四郎五郎正之の存在を挙げておきたい。阿倍は秀忠に仕え、書院番や目付などを勤めた人物である。[16]それよりも彼は普請や作事に長けた人物として著名であり、後世、伝説の人となっている。[17]阿倍の普請・作事関係の経歴を抽出してみればつぎのようである。

元和二年（一六一六）十月に神田の外堀を築く奉行となり、同四年には「江戸城下の道路を巡見して水道の事を沙汰す」るよう命じられ、同六年には江戸城石垣普請の奉行となって、寛永二年五月には「江戸城下宅地をあらため、諸士にわりさづく」よう命じられている。一時的な外堀と石垣普請の奉行に比して、道・水の管理と屋敷割は恒常的なものと考えられる。後述するように、その道・水の管理と屋敷割は、後の道奉行の職掌である。問題の寛永五年は、十一月十八日付年寄連署奉書が、「来年江戸御普請」を阿倍ほか三名が指揮する旨を伝えている[18]。この日付は、渡辺と荒川が道奉行に任じられた二日後である。阿倍にとって江戸城普請は、それまでの外堀や石垣の奉行とは程度の異なる重大な任務であり、それへの専念が求められたのではなかろうか。阿倍が個人的能力に基づいて果たしてきた任務や権限が、ここにおいて道奉行という役職へと転化したものと考えられる。

その後の幕府統治機構の整備、確立のなかで道奉行の地位も定まってゆく。寛永十二年十一月十日、幕府職務分掌が規定されると[19]、「道奉行御用儀」は普請奉行・小普請奉行とともに、年寄並から年寄となったばかりの松平信綱・阿部忠秋・堀田正盛が支配することとなった。ただし「大造之御普請幷大成屋敷わり之儀」は年寄の土井利勝・酒井忠勝への相談が求められた。万治二年（一六五九）九月に定められた殿中席では、道奉行は躑躅間北より二の間とされた[20]。寛文二年（一六六二）二月晦日、老中と若年寄の支配が明確に定められ、若年寄が確立すると道奉行はその支配下となった[21]。

道奉行にはその職務のための役屋敷はなく、個人の屋敷がそれを担った。また、月番で職務を果したが、月を越える一件についてはその限りではない。また重要案件については複数で任務にあたった[22]。その道奉行のもとでは同心二十名が働いた[23]。

以後も道奉行職は継続していたが、享保五年（一七二〇）九月二十七日に、道奉行四名は「御役　御免」となりそれぞれ帰番した。道奉行の職務は「跡役被　仰付候迄」は、目付から月番で二名ずつ勤めることとなり、同心も毎日一名ずつ勤めることとなった。しかし、ひと月も経ず十月二十日には、小姓組から二名が道奉行に任じられ、二十三日には附属の同心が廃止された。翌六年閏七月十六日には道奉行定員の減少と同心の廃止により「事も多く」なり、道奉行二名が「精出相勤」のことで、役料が倍の六十人扶持となった[(24)]。以上は一年足らずの間の経過である。

当初から「跡役」を置くことを示しており、道奉行の職務自体は必要とされていた。再設置後は、両番（小姓組・書院番）からの出役となり、就任年数もそれまでは長い者で二五年、短い者で二年と一様でなかったが、以後は二年を原則とし、例外的に半年から四年の者が数名みられるのみである。一連の経過は道奉行職を、より合理化された官僚制のなかに位置づけて、再始動させたものと捉えられる。享保五年は、勘定所や町奉行所の機構改革に先立つが、前年には中町奉行や本所奉行が廃止されており、一連の機構改革のうちにある。

再設置後の享保五年十一月四日、道奉行は各町から請書を取ったが、そこに道奉行の基本的な立場が示されている[(25)]。すなわち、道のくぼみや、下水溝の蓋の不具合などの種々の支障について、急に道を造り直す必要はなく「人々家之前心掛ケ」て処置し、「自然と道平ニ」なるようにすること、下水についても道に溢れ出ないように「折々浚」うことを指示したのである。ここで督励されているのは、人びとの日常における生活規範としての往還の管理である。道奉行はそのような住民の自律的な行為のうえに立って支配を実現したのであった。このことを踏まえて職掌を個別具体的に検討しよう。

二　道奉行の職掌

1　往還の管理

道奉行の主な職務は、その名の示すとおり、個々の居住地の外側に拡がる道（往還）に関わるものであった。まずはその往還に対する道奉行の支配行為の実際を明らかにしよう。慶安五年（一六五二）正月二十四日、老中は江戸の「所々道悪敷」状態に対して「道奉行衆油断」との認識を示した[26]。

一御老中、道奉行衆江被仰渡候者、所々道悪敷相見江候、道奉行衆油断之由御申上候之様に、道奉行被申者、跡々数度申渡候得共、心得候由あひさつ計ニ而御座候通り申候得共、向後左様之所御老中迄可被申上候様ニ御座候

老中から「油断」との指摘をうけた道奉行は、住民に何度命じても「心得候由あひさつ計」で実際に普請しないことを訴えた。ここから、道の機能の監督責任は道奉行に帰せられること、実際の維持管理行為は道奉行の指示のもとで、住民がおこなうものであることがわかる。ただし、道奉行の指示をうけた住民たちは必ずしも迅速に道普請を実施したわけではなかったようである。

このような住民たちの、道奉行指示を軽んずる状況をうけたものか、万治三年（一六六〇）九月十一日の町触は強硬なものであった[27]。

はやふみ覚

一先日も相触候通、町中道悪敷所、砂利を敷、道能可仕候、銘々ニつき候へハ高ひく有之間、悪敷候間、町中申合道能可仕候、近日御旗本之道御奉行衆町中御廻り被成候間、道悪敷町は其家主名主月行事縄ヲ御かけ、其町に御さらし可被成候間、少も無油断早々砂りニて道能致可申候、附り、道悪敷町ニて往行の者ニげた、あしだをかし、銭ヲ取候由御聞被成候間、向後左様成義仕間鋪候、自然相背、道御奉行衆ニ見出し候ハヽ、急度曲事ニ可被仰付候、弥此旨相意（ママ）得可申候、以上

万治三子年九月十一日

町中が相談のうえで「道能可仕」ことが命じられており、道奉行の巡回の結果、「道悪敷町」であればそこの家主・名主・月行事に縄をかけて、その町に晒すというのである。町における道の良不良の責任は家主らに帰せられた。ここでの道奉行は町に対して、道機能についての指示を出す権限のほかに、町人を捕縛し罰する権限ももっている。

加えてここでは、「道悪敷町」において通行の者に下駄や足駄（高下駄）を貸し出して銭を取る行為が禁止されている。水溜まりやぬかるみの道を悪用して金を取るということは、道を私的に権益化するということである。これが公儀によって否定された。町は公道をとりこむことで公的性格をもったとされる[28]。その公道の維持管理は町がおこなうべきものとなり、それは公儀によって監督されるものとなった。公儀は良好な道を都市全体に確保すべく、指示監督者として道奉行を任じたのであった。つまり道奉行の第一の職掌である往還の支配とは、往還の維持管理を幕府統治機構の末端で住民に命じ、それを監督することであったといえる。

そのため、日常的な道の修繕や、屋敷作事に伴う道の一時的な閉鎖など、道に関わる事項について、すべて住民は道奉行へ届け出のうえで実施することとなった。この住民の範疇には町のみならず武家や寺社も含まれる[29]。

なお、橋も往還であり道と同様である。例えば寛文十年（一六七〇）十月二十四日、道奉行横山一常・山寺信久・深津正武・美濃部高茂は、先に幕府の負担によって架けられた浅草新堀の橋について、その「支配」を近隣の清水寺・実相寺・堺屋久右衛門（三十三間堂堂守）へ命じている[30]。ここでの「支配」は、維持管理のことと考えてよい。

このようにして道奉行は、往還の維持管理主体を設定していくが、これは都市全体に一挙に設定できるようなものではない。その場における住民の様相をみながら個別に逐一設定してゆくものであった。道奉行はそれら個々の往還維持管理をまとめあげ、体系化することで都市全体の往還の機能維持を図ったのである。そして、その往還の機能維持を図る主体は武家・町・寺社個々、およびそれぞれ（それら）の地縁的結合としての組合であった。これを幕府統治機構の末端で支配するのが道奉行なのである。

そのようなあり方は、往還の部分として位置づけられる水路（上水・下水とも）においても同様である。早くは寛永二十年（一六四三）三月に、老中松平信綱と阿部重次が目付と道奉行へ、雨天時各所の「水道水溜払」をその近辺の武家におこなわせることなどを命じている[31]。これは水路の流れの維持を企図したものであろう。また、年不詳だが、本郷の加賀藩上屋敷と水戸藩中屋敷との境界の下水路新設は道奉行管理下でおこなわれた[32]。

これら武家屋敷への指示監督と異なり、町地における下水は町奉行の管轄であった[33]。しかし水路は往還の構成要素であることから、道奉行の許可も必要とされた。例えば享保十年（一七二五）本銀町において下水伏をおこなう際、名主は町奉行の添状持参のうえで道奉行からも許可を得ている[34]。ただしあくまで町奉行が主であった。享保十九年に加賀町名主が下水の件で道奉行へ願い出た際に、「町々下水之儀ハ、前々より町御奉行所御支配」であることが確認されている[35]。なお上水路も同様で、寛延二年（一七四九）に「往還堀立」を伴う上水普請は町奉行の許可を得た後、道奉行の許可を得るべきことが触れられている[36]。

では武家と町方の双方に関わる場所ではどうであろうか。享保二十一年二月、柳原土手際の下水合掌石蓋が落ち込み、修復が必要となった。同所は武家屋敷と町地の間に位置する[37]。

　柳原土手際下水合掌石蓋、武家町家打込修復之儀ニ付書付

神田柳原土手際富松町・豊嶋町通下水合掌石蓋落込申候、修復之儀吟味仕候処、何方ゟ茂取繕候先格茂無御座候、当時（平出）公儀入用場所共不奉存候、右下水通り武家町家打込組合修復ニ仕宜奉存候、右之趣町奉行・御普請奉行江茂申談候処、可然哉之由申候、新規之儀ニ御座候間奉伺候、以上

二月　岩瀬市兵衛（忠兼、道奉行）
　　　松平新八郎（正継、道奉行）

これは若年寄本多忠統から町奉行稲生正武に渡された書付で、道奉行から若年寄への伺書が示されている。この件は道奉行の伺いどおりとなり、稲生は差図を承知した旨の承付を差し上げた。この書付から、道奉行が町奉行と普請奉行の了解を得て、若年寄の許可のもと「武家町家打込組合」で修復を実施させようとしたことがわかる。武家屋敷と町屋の境界における普請では、道奉行が支配管轄と負担を調整する役割を果たしていたのである。

同様の事例に、延享四年（一七四七）から翌五年にかけて、不忍池を部分的に埋め立てて造成された新規町屋の大下水筋の問題がある[38]。同所は町奉行と勘定奉行の支配のもとに造出されたが、両奉行は附属の大下水筋については道奉行の支配が妥当だとして老中に言上し、そのように命じられた。これは不忍池からの下水筋が武家と町方双方の悪水が入り込む場所だからであろう。

このように複数の支配役職が関わるなかにおくことで道奉行の職務や位置は明確となったと言える。これに加

えて、例えば御成道筋か否かといったその場所の性格が道奉行支配のあり方に大きく影響した。

元文五年（一七四〇）四月、赤坂田町などが下水設備改良の願書を町奉行へ提出した[39]。そこでは「少々之雨ニも水湛、往還江流出、道悪敷」と、下水路の不良から小雨でも水が溢れ出て、道がぬかるみ、でこぼこ道となるという、水路と道の不良の有機的関係が示されている。しかし、普請奉行による調査の結果、同所は享保五年（一七二〇）に道奉行管理下で普請がなされており、今回の願書はそれ以前の状態に戻すものであったため不採用となった[40]。

これは道奉行による下水路への関与であったのだが、注目すべきはこのとき同時に、将軍御成に関わった小納戸松下当恒も命じられて、普請奉行とともに立ち会っていたことである。松下は後の御場掛であり[41]、御成道筋に関わって登場したものと考えられる。ここでは道奉行の支配した往還の機能を基礎にして「御場」空間が存在するのである。そしてこのような往還の基礎はまた、道筋の「馳走」を実施するための条件でもあった。

道や橋、水路の機能を前提として、道筋の「馳走」がおこなわれた。承応二年（一六五三）九月、老中は将軍家綱の襲職に伴い遣わされた琉球慶賀使の登城前日に、道奉行へその「道筋見廻」を命じた[42]。明暦元年（一六五五）十月には朝鮮通信使の日光社参に備え、浅草門内の通信使の宿（本誓寺）から千住までの「掃除」が普請奉行と道奉行に命じられている[43]。これらは非日常的な儀礼行為に関する道奉行の職務である。つづけていくつか実例を挙げよう。

宝永二年（一七〇五）十月、徳川綱重（将軍世子家宣の実父）の墓が、伝通院から増上寺に改葬されるにあたっては、道奉行付同心が町方を廻って、道筋の掃除、二階の窓閉め、木戸開放を実施すること、盛砂や手桶などは無用のことを触れ、後に道奉行自身も見分に出た[44]。このとき、町方が道奉行指示内容を町奉行に報告し、その了承を得たうえで行為に移していることに注目しておきたい。

享保四年（一七一九）には将軍の寛永寺や増上寺への参詣、および鷹狩や御成に際して、従来は道筋の「どろあけ《（泥上げ）》書付」を提出させていたが、はじめてとおる道以外はこれを廃止し、道奉行の見分のみで対処することとなった。[45] 将軍吉宗の繰り返される鷹狩に対応したものであろう。

宝暦六年（一七五六）二月、将軍世子家治の鷹狩に際して道奉行は、道筋にあたる本石町十軒店の雛店小屋に対し、木戸を越えて道筋から「御見通」にならないように指示した。[46]

一宝暦六子年二月廿九日、小菅辺《（平出）》　大納言様《（家治）》御成之節、十軒店ニ雛店小屋等有之、前々ゟ小屋其侭差置申候、尤小屋者木戸内ニ相成候様、木戸相越候程高キハ低ク致、木戸打越不見様可致旨、道奉行小長谷喜太郎《（政芳）》殿見分之上被申付候由、行事申候ニ付、其通ニ致、尤木戸外ゟ《（平出）》　御見通ニ者小屋無之候、右之段依田和泉守《（政次、町奉行）》殿江直ニ申上候、右者中山源右衛門書留

桃の節句を控えた雛人形市の店そのものを取り締まるのではなく、道筋の空間演出がなされたのである。そのほか、毎年の天王祭り開催前に町方は町奉行などとともに道奉行へも届け出ている。[47] 行列が練り歩き、見物人が出るのは往還である。見せる、見る場が道奉行支配にあるということなのであろう。

さて道筋の「馳走」とは、日常の町共同体による往還の管理に基礎を置くものであり、[48] それは道奉行の監督下にあった。ただし、道奉行がすべての道筋の「馳走」に関与したわけではなく、町奉行や目付などが単独で関与する場合もあった。そして、道奉行の道筋の「馳走」への関与は、年を逐って縮小傾向にあったようである。

宝暦十四年二月、朝鮮通信使が参府した。その前年二月から町年寄を中心に道筋の見分や整備がなされていった。[49] 四月には支配勘定と普請役方徒目付・小人目付が見分し、町奉行からも種々指示があり、道が整備され

てゆく。道奉行が関わるのは参府直前になってからで、町方は道筋の車留について道奉行へも願い出た。ただし、この願い出は「御組合思召次第御銘々成共御組合切ニ成共、御願可被成候」と、日本橋近所は申し合わせて願い出るつもりであるとしただけで、町方の対応は一様でない。この場合、道奉行へ届け出のなされない町が存在する可能性もある。直前の道筋の見分も町奉行と目付がおこなった。道奉行の関与の程度は低い。

以上の過程には複数の役職が関わっており、町方はこれらの指示に従わなければならない。こうした道筋の「馳走」ほどではないにしても、常日頃の往還に関わる問題も同様で、町奉行と道奉行の両者の管轄となっており、それぞれの支配管轄は重なり合う部分を含んでいた。ここに役職間の競合が生まれ、それはこの先、町方にとってでも看過できない問題となってゆく。

2　上水の管理

つぎの職掌は上水に関するものである。江戸における上水の専従役職は、寛文六年（一六六六）正月に、神田・本所上水と玉川上水の奉行が任命されたことを濫觴とする。[50]この頃までに神田（寛永年間開設）・玉川（承応三年開設）・本所（亀有とも、万治二年開設）・青山（万治三年開設）・三田（寛文四年開設）の五ヶ上水が開設されており、それへの対応であろう。その後、上水は町奉行支配となっていたが、元禄六年（一六九三）七月に神田・玉川上水は道奉行支配となった。道奉行には新規に同心がつけられ、職務に応じて上水奉行と呼ばれることとなった。[51]十七世紀を通じた都市域の拡大と人口増が、上水の重要度を高からしめ、それを専管とする役職の必要性を喚起したのである。「上水奉行」という呼称の発生もそのことを裏づけている。この元禄期に、幕府による水道行政の一元化を見出す伊藤好一の指摘は、その点からも首肯される。[52]

これ以後、道奉行は往還管理に関する事項に加えて、上水に関する事項、例えば上水戸樋の入札指示[53]や、井戸修復の許可[54]、水役人の認可[55]、水車の設置許可[56]などが職務となった。以下では上水をめぐるいくつかの問題について取り上げてみたい。

江戸城本丸にも引かれる「御用水」は、四谷御門外の上水枡を利用するものであった。元禄十年（一六九七）、道奉行はその枡の「火防欠付人足」として赤坂御門下の床店商人十名を任じた[57]。「御用水」を守るため、商人への特権許可と、冥加としての駈け付けを設定したのである。当然のことながら、都市の上水利用者として、江戸城もあり、その「御用水」は城下の上水より優先されるものであった。

宝永四年（一七〇七）四月には、神田上水の「水切レ」を町方が町奉行へ届け出たうえで、上水奉行へ対応を願い出ている[58]。実はこの前年にも町方は神田上水の「渇水」状況を届け出て、玉川上水に切り替えたい旨を願い出ていた。このときは戸樋の浚渫と引き下げが施されたのだが[59]、今回の「渇水」の原因は水源の井の頭池が干上がったことにあり、それでは事態は好転しない。上水奉行は、町方による堰普請費用の負担と毎年の出金を条件に、玉川上水を「助水」として引くことを認めた。ここでの道奉行は、江戸府内のみならず村方に位置する上水源から管掌することで、都市民の生活水を確保している。ほかにも享保六年（一七二一）に、道奉行は数度の歎願をうけて、同三年に禁止されていた羽村にある玉川上水取水堰の通筏を、筏通場を設けることで許可している[60]。

城下町江戸のための上水、という前提を厳守する道奉行の立場は、突き詰めると村方の用水利用を制限するものとなる。元文年間（一七三六～三八）には羽村堰の破損によって、江戸へ送られる上水の量が不足するという事態が生じた。このとき道奉行は、拝島村など玉川上水筋の十六ヶ村へ送られる村方の用水利用口を閉鎖した[61]。このことはまた代官支配や私領の村方へ、道奉行が職務上関与することも意味する。すでに元禄七年（一六九四）

七月、小川新田村と砂川村の境にある上水高札の盗難においては、村から道奉行へ注進され、高札発見後は道奉行が代官に対し「御支配所」のことであるからとして、その再設置の詳細を任せていた。(62)

都市部に戻ろう。身分制城下町において都市住民たる諸身分は、上水利用者としては等しく扱われた。享保六年七月、道奉行は三田上水普請組合へ出金を命じた。その組合構成は武家方が二五家三〇筆、町方が二四ヶ町、そして五ヶ寺院であった。(63)身分に関係なく地域居住の枠組みで一括して捉えられていることがわかる。ただしその組合内部においては身分の別と主導権の問題があった。

享保十九年、道奉行は玉川上水の「御武家方町方組合樋桝普請」について、武家方家来と町方名主を集め、以後は武家方年番制で運営するよう指示した。(64)これまで武家方は費用負担のみで、町方が「入札等取諸事取計」であったものが逆転したのである。しかしすぐに弊害が現れた。元文三年（一七三八）、武家方年番による樋桝修復の費用分担を求められた町方は、その「金高夥敷」（一五五〇両余）ことから出金を延期し、道奉行などへ願い出たのである。その結果、町方にも入札希望者が多いことから、以後の普請は武家方年番より町方へも仕様帳を廻覧したうえで入札を募ることとなった。(65)「惣而上水普請入札之事ハ、道御奉行様御構無之」と、道奉行は入札となってから先は不関与の立場にあったが、現実の機能維持のため武家方と町方それぞれの意向を調整する役割を果たしたのであった。

入札による請負に関しては、享保七年四月十日の神田上水の石垣や土手の修復についての命令が注目される。(66)普請場所は小石川牛天神下から音羽町九丁目橋までで、町方組合が出金し、請負人を使って毎年手入れさせてきた場所であった。ここの石垣崩壊や土手損壊、矢来の不足を、その前年より請負人に修復させてきていたが、このほど過半が完成した。そこで道奉行は「右之場所町方出銀有之間、来ル十二日十三日両日之内、勝手次第一町切ニ月行事一両人宛彼地江参、普請躰見分可致事」を命じたのである。また同時に水路の藻苅りについても検分するよう命じた。

これらは「神田上水相掛候町々」に命じられたので、相当数の町が検分に来ることとなる。混雑が予想されるが、各町の検分状況の照合は「右一町切月行事名町名小キ紙札書付致持参、役人出置候間相渡可帰候」としたので抜かりはない。検分の強制命令は「町方出銀有之間」という、費用負担者かつ受益者としての責任の自覚を求めるものとみえる。請負人に依存する普請を町方の直接的な問題として認識させる意図があったのであろう。広範囲に請負が進展する状況下にあって[67]、政治権力がその関係性を規定しようとしたものと捉えたい。

元文四年（一七三九）七月、水役人玉川庄右衛門・清右衛門が請負を免ぜられ、翌月、上水支配は道奉行から町奉行に移った[68]。ただし町奉行を指して上水奉行とは呼ばない。上水はそれ単独の「奉行」を置くかたちを止め、町奉行の職務に包含されることとなったのである。移管に際し町奉行は町方に、道奉行管轄時の様相を確認した。ここで町方は、今後往還に関わる上水普請について道奉行への届け出も必要となれば「入組間違」の起こる可能性を町奉行へ訴え、こうした事柄については道奉行を不関与とするよう願い出た。この願い出は却下されたが、「少シ之普請等も手間取、町人共難義至極」とし、道奉行と町奉行の「両御願」の解消を求め再願した。往還に対しての道奉行と、町方に対しての町奉行という支配管轄の交錯が問題となりつつあり、「町方一通リ」の支配を求める動きがこの後進められていくこととなる。

寛保元年（一七四一）五月には町奉行が若年寄本多忠統へ、上水関係の書類を道奉行や若年寄から受け取りたいこと、簡単な修復などについては道奉行の不関与としたいことを上申した[69]。役職間でもそれぞれの管轄が問題となっていたのである。

3　敷地の管理

最後は敷地ないし屋敷地に関する職掌である。明暦三年（一六五七）の大火以降、城下町江戸は周辺部の百姓地を呑み込みながら、その都市規模を著しく拡大させていくこととなった。このとき、新たな敷地の割り渡しに携わったのが普請奉行と道奉行であった。万治二年（一六五九）十一月十五日にはつぎの達しが出されている。(70)

御普請奉行・道奉行へ達之趣
三《（明暦）》年以来、江戸端々百姓地、向後火事有之節、侍屋敷町屋ニ構候処、見分之上屋敷可立之、然者右屋敷立候族者於武州牟礼野新田開発之地、応其身躰被下候間、五年之内可所務、扶持方・屋作領《（料）》者被為借候間、御勘定所迄可訴之者也

江戸が都市規模を拡大していくときに、優先的に確保されたのはもちろん武家屋敷地であった。こうして江戸周辺の百姓地が城下町に組み込まれていけば、今度は百姓の行き場が必要である。彼らに代地として与えられたのは、牟礼野（御用萱場）であった。不燃性都市を目指す幕府に、もはや広大な萱場は不要である。移住者には五年間の鍬下年季が付与され、食料や家作費用も勘定所より貸与された。道奉行はこうした都市域拡大の施策にも関わったのであった。

万治四年二月九日にも老中は、道奉行天野重時・美濃部高茂・西山昌時・深津正武に対し、江戸近郊農村を見廻り新規の屋敷設置を管理するよう命じている。(71)江戸近郊への屋敷地取得を許可制とし、無秩序な宅地化を制限しようとしたのであろう。寛文七年（一六六七）十月には、従前のように「所々明地ニ家を作出儀、堅御制禁」であり、翌年春に検使をもって改めることが触れられた。(72)このとき新規に家作を建てた者と、御料・私領を問わ

ず百姓地および寺社領の土地を貸し出して家を作らせた者も違法とされた。ただし、場所によっては願いのうえで家作が可能であった。

翌八年正月十九日、老中は小姓組二名と書院番二名に「江戸廻り明地、新規家を作り之儀相改之旨」を命じた[73]。これが先の検使のことであり、役職の呼称はまだないものの、これをもって屋敷改（新地奉行）が成立した。その職務は江戸近郊農村宅地化の管理であった[74]。

以上の経過において、万治二年段階では普請奉行と道奉行に屋敷地管理が命じられたが、万治四年では道奉行のみとなり、寛文八年では屋敷改という新たな役職がそれを担っている。このことから都市域の拡大による屋敷地取得の増加に対応するため、道奉行の職掌の一部が屋敷改という新たな役職となって独立したものと考えられる。

その後、貞享二年（一六八五）十一月二十六日、幕府は「野屋敷」の管理を屋敷改と道奉行へ命じた[75]。だがここで、名前の挙がっている蜂屋可英・安部信厚・青木義武・深津正国の四名はいずれも屋敷改であり、道奉行の個人名は登場しない。双方の役割分担は不詳だが、近郊農村の宅地化に関しては、屋敷改の職務として、道奉行よりも強く認識されているのであろう。元禄九年（一六九六）本所深川屋敷改がやはり両番のうちから任じられたが、この地域に道奉行は関与しない。

制度面の追究はここまでにして、道奉行が敷地の管理をおこなった実例をいくつかみてみよう。寛文四年（一六六四）八月、道奉行は浅草田町において小石場御用のため町屋（六二九三坪）の上地をおこなっている[76]。同地の町家は替地を得て移転した。ほかに延宝五年（一六七七）頃には、麻布地域で道敷のため町屋を上地し、その代地設定をおこなっている[77]。

もちろん屋敷地は町屋のみではない。寛文八年九月、陸奥中村藩相馬家麻布屋敷の向かいにあった福正寺屋敷が上地された。中村藩はこれを預り地としたい旨、老中に願い出たところ、老中久世広之から同地を「見届」るよう命じられた。この結果「当分御用地ニ難成屋敷」として、預け屋敷となったのである。この一連の手続きをおこなったのは道奉行であった(78)。

屋敷改は宝永七年(一七一〇)に一時廃止されたが、正徳三年(一七一三)に再設置され、都市部の屋敷地についても管掌するようになる。これにより道奉行による敷地の管理は名実ともになくなるのであろう。

おわりに

以上、道奉行についての基礎的な検討をおこなってきた。最後に時系列に沿って道奉行職の変遷をまとめておきたい。

道奉行は戦国期に進軍の行路整備を担う者として登場し、寛永五年(一六二八)に幕府官僚として成立した。その職務はまずは往還(道・橋・水路)の管理であった。高低のある道や、住民の対応差によって不揃いな道の是正、橋の修復、水路の改善などを、当該地近隣の住民に命じて実施させたのである。責任主体として設定された住民たちには、生活規範として往還を維持管理することが求められた。この住民とは、町方・武家方・寺社方のすべてを含むものであり、道奉行は城下町全体に良好な往還を確保すべく、彼らの維持管理行為を命令監督したのであった。加えて儀礼行為としての道筋の「馳走」も、このような日常の往還管理を基盤としていた。

明暦大火(一六五七年)以降は近郊農村の宅地化の管理も道奉行の職務となった。同時に敷地の管理もおこない、町屋の上地や、屋敷の授受なども職務となった。都市域の拡大に対応したものであったが、この職務は屋敷改という新たな役職に次第に移行してゆく。正徳三年（一七一三）には道奉行による敷地管理はおこなわれなくなったと考えられる。

元禄六年（一六九三）からは新たに上水管理が職務となり、都市部のみならず上水源から通過村の水筋まで管理した。都市の人口増加に対処すべく上水奉行としての役割を担ったのであった。往還と上水の管理を職務としていた享保五年（一七二〇）に、道奉行職は一時的に廃止となった。しかしすぐに再設置され、より合理的な幕府官僚として再出発した。その後元文四年（一七三九）に、上水は町奉行支配に移り、道奉行の職務は往還の管理のみとなった。

以上のような職掌の変遷は、都市化の進展への統治機構の対応であり、統治の合理化の所産であったといえる。さて、道奉行役職の最大の特徴として挙げられるのは、その職掌が都市の公共空間に関わることから、武家・寺社・町を問わない都市住民全体への命令権力であったことである。このことは身分制城下町における公共空間の支配の問題として、あらためて考えてみる必要がある。

先に言及したように上水支配の町奉行への移管の背後には、道奉行と町奉行の「両願」の現状に対する町方の不満がみえていた。これは往還の構成要素である上水路が道奉行支配で、上水そのものは町奉行支配という状況の解消を求めたものであった。このような「両願」の問題は、往還についてもあてはまり、町奉行支配の町人は、往還を介した道奉行の支配を問題視するようになる。道奉行はこのような公共空間と支配管轄の問題を抱えながら、明和五年（一七六八）に廃止となった。それについては都市社会の動向と深く関わる問題として改めて論じることとしたい。

註

(1)『古事類苑』官位部三（吉川弘文館、一九八二年、初版一九〇五年）四六三頁。
(2) 松平太郎（進士慶幹校訂）『校訂江戸時代制度の研究』（柏書房、一九七一年、初版一九一九年）五三二頁。
(3) 幸田成友『江戸と大阪』（冨山房、一九三四年、後に『幸田成友著作集』二巻、中央公論社、一九七二年所収）五三頁。
(4) 伊藤好一「江戸の水道制度」（西山松之助編『江戸町人の研究』五巻、吉川弘文館、一九七八年）、同『江戸上水道の歴史』（吉川弘文館、一九九六年）。
(5) 坂詰智美『江戸城下町における「水」支配』（専修大学出版局、一九九九年）。同書の誤謬については、本章の原論文において行論に関わる限りで指摘したが、本書収録にあたってはこれを削った。
(6)『柳営補任』四（大日本近世史料、東京大学出版会、一九六四年）三二八頁。ただし、日付は『寛政重修諸家譜』第一三、一一八頁（西山）、第一四、一八四頁（天野）。なお『柳営補任』は旗本根岸衛奮の私撰であり幕末の編纂物である。
(7)「大猷院殿御実紀」（新訂増補国史大系『徳川実紀』二篇、吉川弘文館、一九八一年）四四六頁。
(8)「江城年録」（『内閣文庫所蔵史籍叢刊』八一巻、汲古書院、一九八八年）三八〇頁。
(9) 渡辺（『寛永諸家系図伝』第十四、四七頁。『寛政重修諸家譜』第八、一四二頁）、荒川（『寛永諸家系図伝』第二、一二八頁。『寛政重修諸家譜』第二、一六七頁）、多門（『寛永諸家系図伝』第十四、五四頁。『寛政重修諸家譜』第八、一五三頁）、内藤（『寛永諸家系図伝』第四、五九頁。『寛政重修諸家譜』第三、一九三頁）、美濃部（『寛永諸家系図伝』第十二、九二頁。『寛政重修諸家譜』第十七、二四五頁）、深津（『寛永諸家系図伝』第十二、四九頁。『寛政重修諸家譜』第十七、一四一頁）。
(10)「東武実録」（『内閣文庫所蔵史籍叢刊』二巻、汲古書院、一九八一年）八三五～八三六頁。
(11)「落穂集」（『改定史籍集覧』第十冊、近藤出版部、一九〇三年）四八頁。
(12)『西枇杷島町史』（西枇杷島町、一九六四年）三九～四〇頁、一五五～一五六頁。
(13) ちなみに荻生徂徠は、幕府役職の過多を批判するなかで、新地奉行などとともに道奉行は「無用の役」と弾劾している。これら役職の成立は「御役可被仰附器量もなき人に、何とぞ役儀らしき事を申付度と思ふ人有より、老中の拵へたる事なり」という（平石直昭校注『政談―服部本』平凡社東洋文庫、二〇一一年、一八五頁）。
(14)「大猷院殿御実紀」（新訂増補国史大系『徳川実紀』三篇、吉川弘文館、一九八一年）二五九頁。
(15)藤井譲治『江戸時代の官僚制』（青木書店、一九九九年）。ちなみに同書一四七頁で道奉行に触れている。
(16)『寛永諸家系図伝』第十二、二六四～二七四頁。天正十二年（一五八四）生まれ、慶安四年（一六五一）没。阿倍は長州藩毛利家の「心安き旗本」でもあった（山本博文『江戸お留守居役の日記』読売新聞社、一九九一年）。
(17)渋井太室「世の手本」（『近世政道論』日本思想大系38、岩波書店、一九七六年）三八三頁。ここでは林大学頭家の屋敷について、各部屋の配置が絶妙であることを示し、「これ名高き阿倍四郎五郎殿の差図にて立し事のよしに候」と記す。
(18)藤井譲治『江戸幕府老中制形成過程の研究』（校倉書房、一九九〇年）三六二～三六四頁。詳細を指揮する者はいずれも使番経験者。
(19)「教令類纂」（『内閣文庫所蔵史籍叢刊』二二巻、汲古書院、一九八二年）六八頁。
(20)「厳有院殿御実紀」（新訂増補国史大系『徳川実紀』四篇、吉川弘文館、一九八一年）三二三頁。
(21)『寛文年録』一巻（野上出版、一九八六年）三三一頁。なお武家社会においては道奉行への認識が統一されておらず、長州藩では万治元年に屋敷奉行を（毛利家文庫、山口県文書館蔵、三一小々控二）、肥後人吉藩では寛文二年に普請奉行を（相良文書、広島大学図書館蔵、一〇七）、「道奉行」と記している。
(22)以上は、『南伝馬町名主高野家　日記言上之控』（東京都、一九九四年、以下『日記言上之控』と略す）の分析による。月番については、近世史料研究会編『江戸町触集成』五巻（塙書房、一九九六年）六六七六号、六九三四号、同書七巻（塙書房、一九九七年）七九九〇号などに明示されている。
(23)同心には切米三十俵二人扶持が与えられ（鈴木壽校訂『御家人分限帳』近藤出版社、一九八四年、八八頁）、目白台に組屋敷があった（『東京市史稿』市街篇二十、十七頁）。
(24)以上、「柳営日次記」（雄松堂マイクロフィルム）該当日条。近世史料研究会編『江戸町触集成』四巻（塙書房、一九九五年）五六七八号。
(25) 近世史料研究会編『江戸町触集成』四巻（前掲）五六八五号。十二日には若年寄より「水道普請」について「軽普請」であっても道奉行の指図をうけることや、屋敷内の水筋も見分対象となるなど、職務の確認と周知徹底が図られた（「柳営日次記」同日条。「享保撰要類集」『東京市史稿』上水篇一、三三三頁）。
(26)「憲教類典」（『内閣文庫所蔵史籍叢刊』三九巻、汲古書院、一九八四年）五二七頁。
(27) 近世史料研究会編『江戸町触集成』一巻（塙書房、一九九四年）三〇一号。
(28) 朝尾直弘「日本近世都市の特質―一七世紀の町を中心に」（『町共同体と商人資本に関する総合的研究』昭和六〇年度科学研究費補助金研究成果報告書、一九八六年、後に『朝尾直弘著作集』六巻、岩波書店、二〇〇四年所収）。
(29) 例えば『日記言上之控』三一頁。『佐土原藩嶋津家江戸日記』一巻（宮崎県立図書館、二〇〇〇年）一三〇～一三一頁など。
(30) 旧幕引継書（国立国会図書館蔵）八〇七―一深川町方書上七。
(31)『御触書寛保集成』一六二八（一）号。
(32) 加越能文庫（金沢市立玉川図書館近世史料館蔵）特一六・一八―一七六。
(33) 一時常置の下水奉行が置かれ石垣の破損や水路上の小屋などを取り締まっていたが、寛文六年（一六六六）以降は滞流時のみ「当座」の下水奉行を置くことで対応することとなっていた（近世史料研究会編『江戸町触集成』一巻、前掲、一〇一号、三五七号、五一二号、五六九号、六八七号、八九〇号など）。
(34)『重宝録』四（東京都公文書館、二〇〇三年）五九頁。
(35) 近世史料研究会編『江戸町触集成』四巻（前掲）六三二五号。宝暦十年（一七六〇）六月には町に対し、下水関係について過去に道奉行へ願い出た事例が調査されており、明確な分担はできなかったとみえる（同書六巻、塙書房、一九九六年、七三八八号）。
(36) 近世史料研究会編『江戸町触集成』五巻（前掲）六八八九号。

（37）『享保撰要類集』二（旧幕府引継書影印叢刊、野上出版、一九八五年）二二八頁。
（38）『享保撰要類集』二（前掲）二六九〜二七二頁、『台東区史』沿革編（台東区、一九六六年）一〇九八〜一一〇三頁参照。
（39）『享保撰要類集』二（前掲）二五〇〜二五二頁。
（40）なおこの後、元文五年十月に、赤坂大下水組合が組織される（拙稿「江戸の公共負担組合と大名家」『社会経済史学』八三巻一号、二〇一七年、本書第一章所収）。
（41）御場掛については、太田尚宏「享保期における松下当恒の動向と『御場』空間」（竹内誠編『徳川幕府と巨大都市江戸』東京堂出版、二〇〇三年、後に同『幕府代官伊奈氏と江戸周辺地域』岩田書院、二〇一〇年に再構成して所収）参照。
（42）『通航一覧』一（国書刊行会、一九一二年）五一頁。
（43）「厳有院殿御実紀」（新訂増補国史大系『徳川実紀』四篇、前掲）一六二頁。
（44）『日記言上之控』一六一頁。ほかに、宝暦七年（一七五七）四月、千代姫（将軍世子家治の子）の寛永寺への葬送にあたっては、道奉行が町へ「御道高下相直し候様」に命じている（近世史料研究会編『江戸町触集成』六巻、前掲、七五九五号）。
（45）「柳営日次記」（前掲）享保四年七月二十二日条。
（46）新見家文書（東京都公文書館蔵）二三七「将軍御成法令　天」。
（47）『日記言上之控』宝永二年〜正徳元年。
（48）久留島浩「盛砂・蒔砂・飾り手桶・箒―近世における『馳走』の一つとして―」（『史学雑誌』九五編八号、一九八六年）。
（49）近世史料研究会編『江戸町触集成』六巻（前掲）七五九〇号、七六〇七号、七六七八号、七六八一号、七六八八号。
（50）近世史料研究会編『江戸町触集成』一巻（前掲）五一二号。
（51）『御触書寛保集成』一六四五号。「柳営日次記」（前掲）元禄六年七月十日条。水道奉行という呼称も確認される。以下、上水奉行の呼称は史料に即して使用する。
(52) 伊藤好一「江戸の水道制度」（前掲）三四二頁。
(53) 近世史料研究会編『江戸町触集成』二巻（塙書房、一九九四年）三〇六六号、三〇七〇号、同書三巻（塙書房、一九九五年）五三三〇号など。
(54)『日記言上之控』二二六頁、二三三頁。
(55)『日記言上之控』二四一頁、二四八頁。
(56)『御府内備考』三巻（雄山閣、一九七七年）十七頁。
(57)『享保撰要類集』三（野上出版、一九八六年）一六六頁。
(58)『日記言上之控』二一三〜二一五頁。
(59)『日記言上之控』一八三頁、一八七頁、一九三頁。
(60)『羽村町史』（羽村町、一九七四年）三五七〜三六二頁。
(61)『小平市史料集』二五（小平市中央図書館、二〇〇一年）一〇二頁。年欠の史料だが道奉行の就任年からすれば元文元〜三年の間のものである。
(62)『小平市史料集』二三（小平市中央図書館、二〇〇〇年）一二〇〜一二三頁。
(63)『佐土原藩嶋津家江戸日記』三巻（宮崎県立図書館、二〇〇二年）一〇一〜一一四頁。元禄八年に「上水相掛リ候町々間数」の調査がおこなわれているが、このような負担割合を計算するためであろう（近世史料研究会編『江戸町触集成』二巻、前掲、二九三四号）。
(64) 近世史料研究会編『江戸町触集成』四巻（前掲）六三三三号。六三五一号も同様。
(65) 近世史料研究会編『江戸町触集成』五巻（前掲）六五一一号。
(66) 近世史料研究会編『江戸町触集成』四巻（前掲）五八〇一号。
(67) 岩田浩太郎「都市経済の転換」（吉田伸之編『日本の近世』9巻、中央公論社、一九九二年、後に同『近世都市騒擾の研究』吉川弘文館、二〇〇四年所収)。
(68) 近世史料研究会編『江戸町触集成』五巻(前掲)六五二九～六五三三号、六五三九号、六五四二号。
(69)「享保撰要類集」(『東京市史稿』上水篇一)四四一頁。
(70)『万治年録』一(野上出版、一九八六年)三四七頁。原田佳伸「江戸近郊の武家抱屋敷」(東京学芸大学『近世史研究』四号、一九九〇年)参照。
(71)『寛文年録』一(前掲)四八頁。
(72)『御触書寛保集成』二二九四号。
(73)「柳営日次記」(前掲)。
(74) 屋敷改については、北原糸子・奥須磨子「武家抱屋敷―江戸から東京へ―」(『地図で見る新宿区の移り変わり』戸塚・落合編、一九八八年)、宮坂新「江戸の都市域拡大と幕府屋敷改」(『関東近世史研究』六四号、二〇〇八年)参照。ただし、両論文とも万治二年令に触れるところがなく、後者は貞享二年令にも言及していない。これらはすでに原田佳伸「江戸近郊の武家抱屋敷」(前掲)が言及したところである。本章では道奉行の視点からそれをみているのである。
(75)「柳営日次記」(前掲)同日条。『東京市史稿』市街篇十、五二九頁参照。なお寛保四年(一七四四)に旗本春日行清が著わした「仕官格義辨」(『内閣文庫所蔵史籍叢刊』六巻、汲古書院、一九八一年、七八二～七八三頁)は、どちらも両番の仮役ということで「道奉行・屋敷改之事」で立項している。
(76)『御府内備考』一(前掲)三四九頁。
(77)『御府内備考』四(前掲)二八頁、四七頁ほか。
(78)『相馬藩世紀』一(続群書類従完成会、一九九九年)一六五頁。

第六章　江戸の公共空間と支配管轄

はじめに

城下町江戸の支配は分割されていた。身分別居住制をとる城下町は、武家地・寺社地・町地それぞれの住民身分に応じて異なる支配者をもつ。すなわち町地を支配する町奉行の権限は、寺社地や武家地には容易に及ばなかった。身分の支配と居住空間の支配とはおおむね一致していたのである。しかしながら都市は、私的な居住空間のみから構成されるものではない。道や橋をはじめとする公共空間が、それぞれの身分別居住空間内はもとより、他身分の居住空間との間を分断し、また接続するものとして広がっている。こうした公共空間の支配者として江戸に置かれたのが道奉行であった(1)。

道奉行は江戸中の往還を支配し、その適切な維持管理を住民に対し命じた。住民の属性は身分ではない。武家・寺社・町のいずれに対しても道奉行は、公共空間に関わって命令を発する権力として存在した。

こうして公共空間支配と身分制支配との関係が俎上に載ることとなる。従来こうしたことが自覚的に問われたことはなかった。わずかに参照されうるのは、法制史家の小早川欣吾がかつて提示した裁判管轄についての分析概念である(2)。身分的管轄・地域的管轄・事物的管轄は、そのまま支配管轄の論理に適用しうる(3)。しかしながらこれを単純にあてはめることにさして意味はない。求められるのは、支配管轄の問題を都市社会にとって内在的なものとし、社会の動向と深く関わるところにおいて動態的に捉えることであろう。言わば都市社会の展開が、支配の論理を変化させてゆくのである。本章ではそのような認識のもと、道奉行を視点にして論じる。

一　道奉行支配の基調

享保五年（一七二〇）の道奉行職は、九月に廃止され、すぐ翌月に再置されるという、幕府役職上の転機を迎えている。享保改革における機構整備の一環であろう。以後の道奉行は、定員二名、両番（小姓組・書院番）からの出役、就任年数原則二年などと定められることとなり、より組織化された幕府官僚として再出発した。その新制道奉行が、十一月に町まちからつぎのような請書をとっている(4)。

覚

一道之儀、只今迄之通ニ而能御座候得共、所々堀レ候所切かき候所高下御座候而、ふろく（不陸）ニ御座候、且又橋際敷石際下り、ふろく之所も御座候、下水横溝ふた悪敷罷成危所、又ハ木戸焼杭残候所、古井戸穴埋かけ有之所も有之候、此段急ニ道造直候ニは不及候、惣而道之儀ハ人々家之前心掛ケ、連々高き所ハけづり、低キ所江ハ置、又ハ不宜所ハ心掛造可申事ニ候間、自今以後右之趣相心得候而、自然と道平ニ罷成候様可仕候、且又下水之儀、折々浚、道江流出不申様ニ可仕候、私支配之分横町迄も可申渡旨、当月二日御廻之節、月行事之者ニ被仰渡、委細承知仕候、右之趣申渡可申候、為其如此御座候、以上

子十一月四日　　　　何町

何町

名主　誰判

道御奉行様

江戸の道のなかには、所々にくぼみや高低があって平らではない場所があった。ほかにも下水路の覆いが破損して危険な場所や、焼け杭の放置、古井戸の埋め戻しの不完全な場所もあり、人びとの安全な往来を妨げていた。こうした往還の種々の支障に対し、「人々家之前心掛ケ」こそが道奉行により督励されるところであり、その結果「自然と道平ニ」なることが支配にとって望ましいあり方であった。下水路についても溢れて道へ支障を来さないよう、時々に浚渫することが督励された。住民に求められているのは、公共空間の日常的な維持管理であり、それは生活規範の一部に位置づけられたといえる[5]。多分に住民の自律性に負う幕府の姿勢は、荻生徂徠が「江戸中広き道々を、道奉行僅の支配にて可参届様なし」[6]と喝破したように、公共空間の絶対的大きさと道奉行役職の少なさにもよる。

そのうえで道奉行は、住民への道普請の指示や屋敷普請に伴う一時的な往還占拠ないし通行止めについての許可、水路の敷設や修復の指示、井戸掘りの許可などを出した。無論、住民とは、町方に限らず、寺社や武家もその対象である。道奉行は身分にとらわれず、住民のそれぞれに習慣的な公共空間の維持管理を促し、そうしたところでおこなわれる住民の行為を統轄・編成し、調整することで都市全体の公共機能を実現していたのであった。その意味で、道奉行は身分横断的な都市統治役職であったといえる。問題は、こうした役職が諸身分たる住民への命令の場において、他の支配役職と競合するところにある。

二　道奉行支配と諸身分

1　武家

都市部の武家地には多く辻番所が設けられた。治安維持や異変対応などを任務とする辻番は目付支配下にあるが、番所の設けられた場所は道奉行支配下になる往還であった。

享保八年（一七二三）六月、長州藩麻布下屋敷では、向かい屋敷の上地により新規に辻番所を設ける必要が生じた[7]。藩では、往還への辻番所設置に際し、道奉行への届が必要となるか否か御用頼み目付に尋ねている。その回答は「曾而夫ニ不及候、公儀ゟ被仰付儀候故御自分作事なと丶ハ違申之由」というものであった。目付の認識では、公儀の命令による作事に道奉行への届け出は不要であった。これが道奉行にとっても共有される認識であったかは疑わしい。現に、長州藩は念を入れて道奉行に届け出ており、番所設置後にも届け出た。この場合、往還に関わる部分で辻番も道奉行管轄のうちに捉えられたといえよう。

その後、新辻番所の廻場内で下水路の破損が判明した。修繕は向かい屋敷より実施されるべきものであったが、その屋敷はすでにない。長州藩はこれへの対応を迫られることとなった。

一今度之新辻番所之前ニ横水道有之、半分ハ前々ゟ此御方なやミニ而、半分ハ向屋敷よりなやミにて候処、今度向屋敷上地ニ相成候、然処此節向なやミの半分水道損シ申候、然ハ此御方なやミニ而ハ無之候へ共、向屋敷上り地故いつれゟもなやミ無之、此御方辻番之廻場ニ付、何となく道御奉行江相届可然との儀ニて、七月十一日小笠原三右衛門殿（信重、道奉行）へ公儀所ゟ楢崎源兵衛差越、右之趣ニて此方辻番廻り場ニ付御物音仕らせ申候処、三右衛門殿被申候者、成ほと此方ゟ沙汰仕儀ニ候、併少シ之儀ニて可有之候間、其内之儀、先其元ゟ役人衆心得を以御繕候様ニと存候、尤只今沙汰不相成と申義ハ無之候へ共、御急ニ埒明不申儀ニ候、向後之格ニハ被仰付間敷との儀ニ付、罷帰役人共可申聞由ニ而引取候、右之趣公儀人中於御用所令僉議候処、源兵衛心得ニて又罷越候て、右之趣罷帰同役共申談候処、何とそ向後之格ニ不被仰付との趣御書付被成候て被下候へ者、口上ニて役人共江申聞せ候ても於私いかゝニ奉存候由申可然与僉議之上、同晩又源兵衛罷越、右之通申候処、一円後例ニ者不相成候、其内先繕被仰付候様との儀ニて書付ハ不調候付、不及力罷帰候、右之通ニ付早速水道繕被及沙汰候事

史料中の「なやミ」とは、修繕の受け持ちを指す方言とみられる(8)。廻場であることから下水路破損を一応届け出た長州藩に、道奉行は「役人衆心得」をもっての修繕を求めた。長州藩は「向後之格」、つまり先例となって永続的にこれへの負担を求められることを回避すべく、道奉行から書証を得ようとしたが、口頭での確約にとどまった。それでも最終的に長州藩は、先例としないことを条件に修繕を実施した。道奉行と長州藩の行為は、いずれも実際の生活空間の問題に即してとられた現実的行動であったといえる。なお長州藩が求めて得られなかった道奉行の書証は、後日、道奉行用人への書状の返書に「後例ニ者罷成間敷事」の文言を得ることに成功し、代用とした。

ここにみられたように武家地において道奉行支配は目付支配と交叉する点をもった。道奉行と目付、いずれも武家にとっては事物的管轄役職であり、それぞれへ念を入れて対応すればよい。武家社会の先例主義や御用頼みを通じた内証のルートは道奉行においてもあてはまる(9)。武家地における道奉行支配は、武家社会の慣習のもとで

相対的に安定したものであったといえる。

2　寺院

中小寺院の集合する寺町には、地縁的な組合を組織するものがあった。岩淵令治が紹介した市谷南寺町組合は、寛永十一年（一六三四）からの江戸城外堀普請に伴い移転させられ、集められた九ヶ寺院により構成された[10]。組合の機能は、寺社奉行の許可のもと、境内地から造出した道および木戸の管理であった。寺社奉行許可によるため、道について「道御奉行之御支配請不申候」と、組合の規定書は記す。しかしながら、元文五年（一七四〇）には、道奉行から「寺町木戸内外道悪敷」ことから普請を命じられ、実施している。木戸の内側は道奉行支配外だとしても、外側と連続していることにより命令を受け容れたものとみられる。当然のことながら、公共空間の問題は支配の枠組みにとらわれることなく発生する。寺社奉行支配下にある寺社地の論理と、道奉行支配下にある往還の論理は、ときに対抗する可能性を孕んでいた。

明和五年（一七六八）七月、道奉行は、浅草寺が境内にある誓願寺門前の下水浚渫を届け出ずに実施したことを問題とし、浅草寺代官よりつぎの書付をとった[11]。

口上之覚

一今度浅草寺境内誓願寺門前下水浚仕候処、御届不申上候ニ付御尋ニ御座候、此段浅草寺領内往還之道橋幷下水浚仕候場所所々御座候得共、先規より御届不申上候、其外之儀者寺社御奉行町御奉行幷御鳥見方抔江も不依何事御届等仕候義無御座候、尤道橋等修復御差図御座候節、随分相守申付候義ニ御座候得共、取掛之儀古来より御届申上不来候間、此度之儀も是迄之通御聞添（済カ）被下、此已後尚又入念候様ニ被仰渡奉承知候、併雷神門通之儀者格別之御上リ場茂御座候間、板囲道造下水浚等廉立候儀者無急度以来道御奉行御家来中迄、私共ゟ以手紙為御知可申置旨奉承知候、其外之儀者只今迄之通可相心得旨奉承知候、先達而寺社御奉行所土井大炊頭殿江も御尋ニ付、前々御届不申上候趣右同様ニ書面御届申上候、以上

浅草寺代官

菊池小左衛門印

本間庄太夫印

子七月廿八日

久野猪兵衛様（宗房、道奉行）

小笠原権九郎様（信安、道奉行）

御役人中

浅草寺は、領内の往還にある道橋の普請や下水浚渫を道奉行のみならず、寺社奉行や町奉行、鳥見などへも届け出ていなかった。日常の生活規範として往還管理が実施されることは、支配者一般にとっても望ましい。そうしたところに道奉行は、雷神門通りの大規模普請についての届け出体制を構築した。場所と規模の限定された届け出は、将軍家「御上リ場」の存在を梃子とする。この論理は道奉行支配になる往還の論理から明らかにはみ出す。将軍御成を前提とした空間管理は、目付や御場掛の職掌とも重なることとなろう。のみならずこの「御上り場」は「定り候場所」ではなく、普段は「浅草寺物揚場」であり、修復などは「地頭浅草寺」の指示によっていた[12]。御成時にのみ物揚場は、「御上り場」へと看板をかけ替えるのである。道奉行支配の基盤は確たるものとは言いがたい。

道奉行への届け出体制構築の件は、当然、浅草寺より寺社奉行に上申された。ときを同じくして寺社奉行側で

も、七月十日に浅草寺境内の「道橋普請下水浚等」について届け出ない理由を質していた[13]。このとき浅草寺は、元禄十四年（一七〇一）の観音堂建立に際しての寺社奉行からの「不及届」旨の書付、および家康と秀忠からの黒印状中の免除文言（「山林竹木門前屋敷如旧規諸役令免除之事」）を寺社奉行へ示している。一見無関係の書付が理由として通用したのは、広く寺院の自治を認めたものだからであろう。ここに寺院自治と道奉行支配、および寺社奉行支配のせめぎ合いを認めることができるのである。

3　町

町方の往還は、ときに売買の場となった。延享元年（一七四四）四月、南伝馬町二丁目家主の次郎兵衛は道奉行へ、肴屋九軒入りの「横店」（十五間余）の各家前それぞれに、幅三尺・長七尺の「肴生船」を置き商売することの許可を求めた[14]。結果は不明だが、往還を商売道具で一部占拠するには、道奉行の許可を必要とした[15]。

しかしながら、同様の事柄で支配の及ばない場所もある。日本橋魚市場においては延享四年、売場の許可権をめぐって道奉行と町奉行との管轄争いが起こっている[16]。

銘々私共起立ノ節ヨリ店先幷横町通リハ下水三尺宛、河岸通リハ納屋前下水五尺宛、庇板流仕リ、魚活船差置銘々商買仕来リ候、然ル処此度道方御奉行松平忠左衛門（勝周）殿ヨリ右町々庇板流等仕リ、魚活船差置キ候儀ハ何年以前、何ノ御奉行ヨリ御免被為成、右ノ通リ仕来リ候哉、委細絵図書附差出候様被　仰付候間、此段当七月中旬当　御番所へ御届申上置、絵図面幷書附相添忠左衛門殿へ差出候処、右書附裏書被成、銘々月行事名主印形御取被成候ニ付、右書附差上、又々御訴申上候得ハ、右文言ノ品ニテハ此度忠左衛門殿ヨリ新規御免被成候様ニ相成候間、忠左衛門殿へ被仰談、右書附御引替可被下旨被　仰渡候ニ付、右ノ書附認メ直シ、

先月十三日忠左衛門殿へ持参仕候処、先達而御対談相済候由ニテ、右書附御請取裏書被成、書附ハ御下ゲ御引替被下、私共儀古来ノ通リ肴商人永々場所相続可仕旨被　仰渡

道奉行は魚市場に対し、往還への「庇板流」や「魚活船」などの売場の設置について、その許可者を問うた。魚市場側が絵図面と書付を作成して提出したところ、これに道奉行が裏書きし、月行事や名主も押印した。そうしたところ、この一件の届け出をうけた町奉行は、これでは新たに道奉行から御免を得たことになると魚市場へ指摘したのであった。道奉行による魚市場御免なのか、それとも町奉行によるものなのか。こうして町奉行と道奉行との対談がおこなわれ、書付は取り下げられることとなり、従前どおりの魚市場営業が認められた。そもそも日本橋魚市場は家康入国以来の由緒を有し、元和年間（一六一五〜二四）に町奉行島田利正より御免を得たとされる。したがって道奉行による新規御免とはならなかった。

日本橋魚市場における肴納屋や板舟などの売場をめぐる地主・問屋・仲買の関係はすでに明らかである(17)。市場社会と呼ばれるそれは、固有の社会を形成しており、内部で場の利用と権利をめぐる独自の慣行をつくり出していた。その一方でこの市場社会は、往還を含み込むことで成立している。ここに町奉行と道奉行との支配管轄をめぐる競合が生じたのであった。

往還支配の道奉行は、それの普遍性から身分横断的な役職であったのだが、一方で諸身分には身分制に基づくそれぞれの支配役職があった。ここに支配の重なりあう状況が生まれている。他方で、被支配者にあっては住民としてそれぞれに都市生活を営むなかで、場の管理や利用をめぐる独自の慣習や規範を有する社会形成を進めていた。このように複雑化する都市社会に対して、支配のあり方も変化を迫られることとなる。

三　「両願」問題の構図

1　道奉行の廃止

寛保四年（一七四四）二月、町年寄奈良屋は年番名主らへ、庇下など「公儀地」への家作建てや商売について、道奉行への願い出の有無およびその時期を尋ねた。年番名主らは、各町で「不同」であり、明確にはわからないと断ったうえで、寛保元年七月の町年寄樽屋からの同じような下問（「町々往還ニ相掛り候古来諸願」）に対する六ヶ条の返答書を提出した(18)。

① 道造りは「古来御願不申上」、「近来ハ御番所幷道御奉行様」への「両御願」である。

② 町内番屋と木戸の新規願は「古来ハ御番所江御願申上、普請仕候、道御奉行様江ハ御届不申上候処、近来御番所同様ニ道御奉行様江も御願申上」ている。

③ 既存の木戸番屋普請については「先規何方江も御願不申」、「近年御番所江御願申上、御見分之上被仰付、尤道御奉行様江も御願申上候町々も」ある。

④ 普請中に店前に土置場板囲出小屋を設けることについては「先規ハ町年寄衆御帳面ニ附候迄ニ而相済、近来道御奉行様江御願申上、又ハ御番所江も御願申上候町も」ある。

⑤ 往還にある下水落樋枡の新規修復などについては「先年ハ何方江も御願不申上」、「近年道御奉行様江御願申上」ている。

⑥　雛甲商売人の出小屋掛け、店前における商売物設置や虫干し、紺屋の張物、日除けなどについては「前々ゟ何方江も御願不申上、往還障ニ不相成様右類差置候処、道御奉行様御見咎之上、御願申上候様被仰渡候ニ付、近頃ハ御願ニ罷出候町々も」ある。

番屋や木戸の新規設置（②）こそ町奉行の許可を必要としたが、その他はこれまでいずれの幕府役職の許可も必要としなかった。そこへ徐々に政治権力が浸透していき、さらにそのなかで町奉行と道奉行の二系統が発生し、複雑化するに至っている。町側は「自然と間違」も発生し「迷惑至極」と混乱を訴え、両願を廃止し「古来之通リ」を望んだ。

この時期、町の支配管轄をめぐる問題が表面化し、無視しえないほどになっていたことは間違いない。その背景には、都市化社会の形成と展開があるとみてよかろう。岩田浩太郎は十七世紀後半から十八世紀前半にかけての時期を、江戸の都市経済の転換期と捉え、それまでの領主層を中心とする需要と供給の枠組みから脱した、都市それ自体の経済循環の形成を明らかにしている[19]。こうしてもたらされた都市的な生活や生業の展開は、それまでの住民と都市空間との関係をも変容させることとなろう。そうしたところに、支配の問題が認識されるようになってきたのである。

同じ年、延享元年（一七四四）四月、町奉行は町方へ、「都て往還え相掛り候事」は「先規」のとおり町奉行へ願い出るよう命じ、「道奉行え相願候筋之儀」は町奉行所が判断するとした[20]。すなわち、町方から道奉行への直接の経路を否定し、町奉行に経路を一元化することで町方の諸願いを把握しようとしたのである。しかし翌五月、老中は町奉行へ、「道筋之儀」は道奉行とよく相談し、先例を遵守するよう命じた[21]。両願の現状を、町奉行の一方的な通告によって解消するわけにはいかなかったのである。

さて、「両願」とはいかなる状況を意味する言葉であろうか。法制史研究において確認されているように、「願」は一定の権利関係の設定あるいは消滅、事項の存否の認定を請求する行為であり、「届」は単に一定の事項、行為を管轄役所に上申する手続きをいう。[22]「願」は一定の許可不許可に対する役所の回答を請求する行為であり、一方で「届」にはそのような判断が含まれないという厳然たる差が存在するのである。

町方の返答で取り上げられたものは、すべて「願」への制度化がおこなわれている。そのこと自体も問題とされようが、それがさらに「両願」となっていることを町方は問題視した。「両願」とは、許可不許可の判断主体がふたつ存在する状態のことである。この場合、両者の上下ないし先後関係が問われることとなる。道造り①と番屋・木戸の設置②こそ「御番所幷道御奉行様」あるいは「御番所同様ニ道御奉行様江も」、という並立の「両願」であるものの、既存の木戸番屋普請③は「道御奉行様江も御願申上候町々も」あると、町奉行が主で道奉行が副次的な位置にある。逆に、店前への土置場などの設置④については、「御番所江も御願申上候町も」あると、道奉行が主で町奉行が副の位置にある。そして、それぞれ副次的な願い先へは、願い出る「町も」あるという言い方であって、絶対的なものではなく、願い出ない町も存在するのである。

そうであれば「両願」問題の本質が、支配管轄の不分明にあることは明らかである。つづく宝暦五年（一七五五）の町触一件は、支配管轄の混乱を端無くも露呈させた。この年十一月、道奉行は、道奉行家来と偽った者が町方に出現した際には、「道奉行両役所之内最寄次第」へ通報するよう触れ、この町触への名主連判請書を番組ごとに提出するよう命じた。[23]こうした「偽ヶ間敷儀」に対しては、享保五年の道奉行付同心の廃止後、町奉行から触が出されており、即座に道奉行への通報が指示されていた。[24]しかしながら寛延二年（一七四九）に通報先を町奉行へとあらためる町触が、道奉行と町奉行の双方から達せられていたのである。[25]今回の触をうけた年番名主らは、町奉行所へ報告し、ついで道奉行のもとに寛延二年の触を持参して「先達而之被仰渡ニ相背候段」および「只今迄惣名主致連判差上候例無御座候段」を上申した。道奉行に至っては寛延二年の触を「御存無之」というありさまで、発した触は修正されることとなった。名主連判請書も不要となり、番組より各一名が請印することで一件は落着した。こうした支配管轄の混乱状況も相俟って「両願」問題は主張され、存在しているとみてよかろう。

支配管轄の問題をうけたものか、寛延三年六月に道奉行は、「町々橋普請幷右ニ付人留等」の両願の現状について、以後は町奉行へは「願」、道奉行へは「届」とするよう町方へ触れた[26]。権限の明確化が図られたといえるが、橋限定であり、道は以前のままである[27]。往還が支配機関レベルで、橋と道に分離してしまったのである。

こうした状況は、突き詰めると絶対的な空間の分割を招く。宝暦八年七月、町奉行は「町々往還道悪敷場所間々相見候間、御成道は勿論、其外共」に修繕し、交通を阻害しないよう触れた[28]。御成道とその他の道の差も見逃しがたいが、注目すべきは、但し書きで「片側町方持場ニ候ハヽ、向側道造無之」、「町方持場之分斗道造」するよう命じていることである。都市全体の機能として往還維持を企図するのではなく、あくまで支配管轄としての町方往還を問題とするだけなのである。

ここに身分制城下町と都市公共空間との決定的な対立を見出せる。しかしながら、これが支配の側の発言であったことには、意を留めておかねばならない。現実の都市空間の問題が、そのように処理されたか否かはまた別問題だからである。

そのような状況のなか、明和五年（一七六八）九月に道奉行は廃止された。跡をうけた普請奉行は往還のみならず、町奉行から上水に関する事柄も引き継ぎ、そのため普請方下奉行などの下役が設置され、道に関しては

「道方御奉行所」を名乗った[29]。となればこれにより「両願」問題は解消に向かうのであろうか。

十二月になり樽屋は年番名主らへ、番屋・商番屋と床店について、町奉行と道奉行への「両御願」であったの

か、町奉行のみへ「願」、道奉行へは「届」であったのかを尋ねた[30]。名主らは、かつて番屋・商番屋については町奉行へ「願」、そのうち「往還ニ相拘り候場所」については道奉行へ「届」であったこと、しかし、ここ二十年ほど（寛保・延享頃から）は道奉行より「御届ニ而は御聞済不被成」ようになり「自然と両御願之様ニ」なっている旨を返答した。ここには「届」に端を発して、許可不許可を決するような「願」への深化をみることができる。のみならず「自然と両御願」という言葉は、裏を返せばこの状態が異例であるとの認識を示していよう。すなわち「両願」問題は、本来の「願」先を意識させることとなったのである。

2　名主の意見表明

道奉行廃止の翌年、明和六年（一七六九）六月、老中松平武元は町奉行依田政次へつぎの諮問をした[31]。

惣而所々御堀端幷川筋之河岸、其外柳原土手通り、道橋、往来雨落外之分、御普請奉行・道奉行ニ而前々ハ取扱候事之様ニ相聞候、弥左様ニ而候哉、以来御普請奉行之持場ニ相成候而差支候儀も無之哉、致了簡可被中聞候

御堀端をはじめとする公共空間の従前の管理体制、および以後それらを普請奉行の持場としたときの支障の有無が問われた。道奉行廃止後、公儀は公共空間の支配管轄をいかに構築していくべきか模索していたのであった。案件は町年寄へ下げられ、名主らの意見が問われた。名主らも期するものがあったのであろう。返答書は、多数の事例を挙げて長文にわたる。以下、要点のみ摘記する[32]。

①所々御堀端

まずは基本的な御堀端の管轄についての理解が示される。御堀端には、現在はほとんど埋まっている小下水があり、そこを基準としてそれより御堀端の方、あるいは石垣際三尺通りは「御普請御奉行様御持場と両様ニ承伝」しており、「往還之方は御普請御奉行様御持場ニ而は無御座候由承伝」という。いずれも「承伝」という表現であって、支配管轄の認識は明確なものでない。

事例として挙がるのは、養安院屋敷御堀端通りの前店、鎌倉町の穴蔵、本銀町・本石町・本町の竹馬床（呉服類を売る床店）などである。現状では、御堀端通りに土置場などを設ける際に、以前は道奉行へ、現在は普請奉行へ願い出ているが、商物などを置くに際しての願い出の有無は町まちにより不同である。また捨物・倒者・喧嘩口論などは町奉行管轄である。したがって、ここでの結論は「自今御普請御奉行様御持場ニ相改候而は、諸事入組候而、町人とも迷惑可仕と奉存候」と、今後の普請奉行の「持場」を拒否するものであった。

②川筋之河岸

古町の河岸地面はそのところの町屋敷と一体であり、河岸附町屋敷と呼ばれていた。それは「町御奉行様御支配」であり、「古来より他御役所御懸り幷御願等仕候義も一向無御座、勿論道御奉行様・御普請御奉行様御取扱有之候義も曾而無」いものであった。この河岸附町屋敷は「沽券金等も宜売買」され、荷物も「売捌手都合宜商売」のため「町人共之株」になっていた。そのような状況にあるものを、河岸地面と町屋敷を分離させ、河岸地面が「御普請御奉行様新規御持場」となれば、不安定となり、家持・地借・店借なども「騒立」る可能性があるとする。また、これに伴い商売物などの河岸附町屋敷への積入れ見合わせが起これば「諸直段等も狂ひ」、「惣町中之難儀」となることが心配された。すなわち、町奉行支配であった河岸附町屋敷が、普請奉行支配の河岸地面と、町奉行支配の町屋敷となることに危惧を抱いているのである。したがって結論は「是迄諸事町御奉行様御支配一通ニ御座候処、御両様ニ相成候ハ、入跨キ混雑も仕、難儀」というものであった。

他方の古町以外の河岸もおおむね町奉行支配であった。ただし、「其所々ゟ色々訳ケ有之」とのことで、普請奉行から預けられた芝将監橋西側の河岸場や、道奉行管轄による浅草阿部川町新堀端の物置場の存在などが挙げられている。こうした一様でない河岸のあり方が、普請奉行支配に統一されることに、町方は抵抗を示したのであった。

③柳原土手通

ここには柳原土手通りの床店についてとりわけ多くの事例が列挙されている。[33] 床店は個々に設置年代は異なり、その設置許可主体も町奉行のみならず、東叡山領の町は寺社奉行が許可を出しているほか、普請奉行へ「願」のうえで道奉行と屋敷改への「届」による髪結床もあった。柳原土手通りの支配は当初細かく分割されていたのである。床店設置の特権は、願人からの「申立候御忠節」というかたちで、高札の管理や道・柵の普請作事、捨物・倒者への対応、柳や松の植え替えなどがおこなわれることで許可され、また維持された。

明和六年当時では、床店はすべて町奉行支配となっていた。柳原土手通りに面するのは武家屋敷四ヶ所および町屋であり、その武家屋敷裏通りも「町人」弥平次の請負となっている。[34] そのため「一円町御奉行様御支配之町人之取計場所ニ而、何事ニよらす町御奉行様江申上」ているという状況であった。したがって、新しく普請奉行の持場となれば「両御掛ニ罷成、差掛候儀ニは間違差支候義も出来可仕、町人共難儀」と訴えたのであった。

④道橋

道橋（道に架けた橋）は「古来ゟ町御奉行様御懸」であり、新規修復や人留めなどの際には町奉行へ「願」、道奉行へは「届」であった。「勿論町御奉行様御支配之町人共」にとって、以後それが普請奉行の持場となれば「入跨キ、町人共迷惑」という。

町方における御入用橋についても、「古来ゟ諸事町御奉行様御掛」であり、享保十九年（一七三四）に白子屋と菱木屋の定請負となった後も、道奉行や普請奉行の関与はないと主張された。また、ここでは橋台や河岸、往還における高札についても「町御奉行様ゟ御預」であり、道奉行や普請奉行が関わったことはないという。

⑤往来雨落外之分

町方往還における喧嘩口論や行倒者、捨物などは「古来ゟ御支配町御奉行様」であった。したがってここでの結論も、今後普請奉行の持場となり「両御支配」となれば「不依何事過急成義ハ別而差支、尤諸事入跨、町人共混雑仕、甚難儀」と、普請奉行支配の拒否であった。事例としては両国橋東西広小路や木挽町四丁目空き地での諸商売、芝切通合羽干場、上野山下通りの床店などが挙がっている。そして、ここには名主らの注目すべき発言がみられた。

尤道造其外往還江相掛候義は道御奉行様江御願申上候得は、此義ハ道方御改被成候御奉行様と相心得、道ニ懸り候義ハ御願申上候義ニ奉存候、御支配とは相心得不申

道奉行は「支配」ではないというのである。同様に、新地奉行（屋敷改）についても「屋敷違変御改被成候御掛り」であり、「御支配とハ相心得不申」と言明した。町奉行が自らの「支配」であって、道奉行やその他の役

職は、道や屋敷など特定の事物についての「奉行」「掛り」であるという、町方の認識（事物的管轄役職）がここに表明されたのである。

以上が、明和六年六月の諮問に対する名主らの返答である。事例の多さはその分だけ、それぞれの場所において公共空間の利用や維持管理に関わる慣行および規範が複雑に積み重ねられていたことをあらわしている。そのうえで「支配」が問題とされた。こうした被支配者側の「支配」認識に対し、支配者側は当時いかなる「支配」認識を有していたのか。

同じ月に町奉行は、「町方支配之町人共」が他役所へ届や訴えをおこなう場合、すべて町奉行へ届け出るべきことを確認していた[35]。それに基づき町奉行牧野成賢は、翌七年正月、家前普請の板囲をまず普請奉行へ「願」、その後に町奉行所へ「訴」の順を踏んだ者へ、「此類は御番所江御願申上、御内寄合ニ而被仰付候筋ニ而有之候処、御普請方江罷出候段、不埒之事ニ有之段御察斗《（当）》」した[36]。しかしながら町年寄樽屋をとおした確認の結果、こうした事案については町方の手続きが正当と認められた。町奉行は自らの「支配之町人共」という認識のもと、越権とみなした行為に敏感に反応したのである。

かくして「支配」の内実とその意味形成の過程が問われることとなる。

四　「支配」と「懸り」

江戸の町まちは、都市域の拡大によって支配管轄の変更を幾度か経験している。正徳三年（一七一三）閏五月、江戸近郊農村の町場化した地域では代官の「御用多」くなり、「町々支配を兼候儀尤以大儀」であるため、「地方」は代官支配、「町方仕置」は町奉行支配となった[37]。年貢諸役を代官支配のままとし、人別を町奉行支配としたもので、これを「両支配」と称した[38]。同様に寺社地の場合は「地所之儀者寺社御奉行所御支配」で、「住居之者共者町方御支配」という「両支配」となった。このとき「両支配」とならず、完全に町奉行支配となる場所もあり、それは「町方御一手御支配」などと表現された。

他方で、新地奉行の家作改場であった場所は、正徳三年を経ても「家作御改之儀者新地御奉行懸り」であった。この場合、代官「支配」と町奉行「支配」、そして新地奉行「懸り」の町ということになる。もともと代官「支配」で新地奉行「懸り」の場所であったのだが、それは「両支配」とは呼ばれない。「支配」と「懸り」とは、このように使い分けられていた。

延享二年（一七四五）閏十二月、寺社門前町の支配が寺社奉行から町奉行へ移った。「人ニ懸り候義」は町奉行支配となり、「地江懸り候儀」は寺社奉行支配となったのである[39]。町奉行経験者の寺社奉行大岡忠相は、公事訴訟手続きの簡素化の面から「門前町人共為にも罷成候」と賛意を示し、また「何事も一向キにて片付可然」と述べている。すでに享保年中に将軍吉宗は「門前ニ而も町屋之事ニ候得ハ、一向キニ町奉行支配ニ相成可然との思召」を有していたとされ、大岡も「御仕置平生之取扱共ニ一向キニ町奉行支配ニ相成可然事」との意見をもっていた。支配管轄の変更は、行政統治の合理化を図るものであったといえる。

町人住居は一方で城下町外縁部の百姓地に拡がり、他方で寺社地の内部に展開していた。事態を追認するかたちで身分別居住区が再設定されようとしたとき、そこは「両支配」とならざるをえなかったのである。

こうして支配管轄の変更を経験した町まちは、「支配」を明確に意識することとなった。かつてみられた新地奉行や道奉行に対する「支配」の語は、町奉行・寺社奉行・代官と対比される場面では使用されない。土地と身分の管轄役職こそが「支配」と言いあらわされたのである。

　しからば町奉行と道奉行の差は原理的なものとなる。ともに幕府統治機構のなかで、それぞれに正当性を有する命令権力であることに違いはない。しかしながら、町奉行は直接的に町人を身分として支配するのに対し、道奉行は公共空間の支配を介して、住民に向かう。町方は、当面する幕府支配役職を、自らの「支配」と、特定事物における「懸り」とに区別して理解したのであった。

　となれば公共空間の問題は、道奉行の代わりに普請奉行が入る、という機関間の管轄移譲だけでは、根本的な解決にはならない。明和七年二月の町年寄の諮問に対する名主らの回答こそ、「道御奉行様御掛りと違、当時事多相成、町人共迷惑仕候義は無御座」と答えているが[40]、事態はそう単純ではない。

　先にみた明和六年六月の諮問とそれへの返答をうけて、町奉行は翌七年三月に「外ニも差支候儀者無之哉」と、再び町年寄らに諮問した[41]。もちろん町年寄らは、従前のとおり町奉行支配を要望する返答書を提出した。その理由説明はつぎのとおりである。


　往来雨落外之分、以来不残御普請御奉行方御持場ニ相成候而者、町御奉行方御支配場与申候者、町人住居仕候沽券地之所計ニ相成、一躰御支配場相減シ、其上只今迄町人共御届御訴之儀茂、一統ニ町御奉行所江申上来候処、右之通沽券地与雨落外之分、河岸通り等与御支配両様ニ相分候而者、町人共御届御訴之儀、諸事差跨混雑仕（後略）

　普請奉行における「御持場」と、町奉行の「御支配場」とは明確に使い分けられている。他方で「町人住居仕候沽券地」と表現される居住空間と、「往来雨落外之分」「河岸通り等」と表現される公共空間との対置も見逃せない。町年寄らはこれの支配の分離を不可とした。身分制下の近世都市において、居住空間と公共空間との支配分割は容易なことではなかった。

明和八年五月、町年寄奈良屋は年番名主らへ「往来道内ニ拘り候儀」は普請奉行の取り扱いで、「町番所御普請之義」は町奉行が取り扱う現状から、すべてを町奉行「掛り」、あるいは普請奉行「掛り」とすることについて諮問した[42]。年番名主らの返答はもはや明らかであろう。「一躰町御奉行様御支配町人共」であり、「御願筋手廻し宜敷」ことから、町奉行の一元支配を望んだのである。「町御奉行様御支配御屋敷附往還」は「町人共持場」であり、この「道内掛り」が、「両御掛り」となることは、町人たちに受け容れられないことであった。

かくして町方が自らを、町奉行支配の町人と規定する、その身分制的支配意識は、他の支配役職との関わりのなかで明確な像を結んだ。それは、自分たちの願や届が一元的で、なおかつ簡便に処理されることを具体的条件にして形成されたといえる。当面する諸支配役職を整理統合しようとしたとき、身分制下の住民が思考しえた方向は、身分制的支配への集約となるほかなかったのである。

引き続く寛政改革における町方施策も支配管轄の問題と無縁ではない。松平定信側近の水野為長は、日々の見聞を書きとめて主君の上覧に供しているが、それの寛政元年（一七八九）二月の記事はつぎのようである[43]。

一以前ハ御道奉行両人ヅ、両番より出役御ざ候処、近来ハ相止御普請奉行の掛りニ相成候処行届不申、所々道造り等さし支難渋仕候由、尤御普請奉行ハ道奉行兼候ニ付御役金も別ニ取申ゆへ、今懸りがやんでも困ろふが、能行届様ナよい御作法が有そふナものとさた仕候よし

道奉行は往還の専従役職であったが、跡を継いだ普請奉行はもともとの職務に新たな管轄事項が増えたわけで、事務処理に支障を来すこともあったろう。「能行届様ナよい御作法が有そふナもの」とはいうものの、その解決は容易ではない。

寛政三年四月、定信は、町入用節減を主旨とする町法改正令を発した[44]。そのなかの一ヶ条はつぎのとおりである。

一道造り幷木戸普請等之義、大破又は異変等は格別、平常は普請と申程之義無之様手入可致事

あらためて住民の日常における生活規範としての維持管理が督励されていることは、道奉行支配の基調と軌を一にする。とはいえ町入用節減の観点から、これが提起されていることは看過しがたい。公共空間の維持管理は、経済的合理性の問題へと移行した。そのうえで改正令において、上水普請と道造り以外は町奉行の管轄となり、ついで普請奉行との支配管轄の細かな区分が定められた。定信は「両属ニ候得は、おのつから事繁可相成候[45]」との認識のもと、「二ヶ所へ届くべきことは一ヶ所に[46]」という合理性を追求したのである。「支配」と「懸り」との別は、現実の社会の側から立ち上げられて、実際の運用効率に経済的合理性を加えて、極限まで「支配」を優先させる施策にまで至ったのである。

しかしながら、それでも町地に普請奉行の管轄はある。天保改革において江戸市中の床店が取り締まり対象となった。天保十二年（一八四一）十月の床店調査は「町奉行支配場限り取調」であり、「寺社方持・御普請方持場所は不及書出」ものであった[47]。翌十三年四月の葭簀張や植木屋の調査も、当然、「他支配持場之分は書上不及」とされた[48]。かくして町奉行支配場とそれ以外とで床店撤去の実施状況が異なるという現象がみられたのであった[49]。城下町江戸の支配は分割されていた。

おわりに

以上、身分制下の近世都市における公共空間支配と身分制支配との関係を、道奉行を素材にして、都市社会の展開と深く関わらせるなかに問うてきた。城下町は身分制を体現しながら、他方で都市として運営されなければならなかった。その交叉するところに位置したのが道奉行であったのである。

道奉行は江戸における公共空間の維持管理を、住民のそれへの働きかけを統轄・編成し、調整することで実現していた。したがって道奉行は、武家・寺社・町の身分別居住区にかかわらずに都市住民への命令権力として存在した。しかしながら、都市化社会の展開に伴い、このような身分横断的な都市統治役職は、身分制支配役職との間に管轄をめぐる競合を招くこととなった。とりわけ町奉行との競合は「両願」として表面化した。都市社会と関わる具体的な場において生じた競合は、町方に当面する支配役職を「支配」と「懸り」へと分けて理解させることとなった。それは身分制支配と公共空間支配の原理的関係の差をあらわし、町方は身分制支配による一元化を求めたのである。

そうしたことの背景には、支配の内側で公共空間の管理や利用についての独自の慣行や規範の複雑な積み重ねがあった。こうした社会の展開のうちに支配の論理は変容を迫られ、道奉行は廃止された。しかしながら、その職務の一端は普請奉行が継いでいる。城下町は身分制支配の側面を強めながらも、都市であるがゆえにその終焉まで公共空間支配を必要としたのであった。

さて、支配管轄の問題とは別のレベルで、公共空間の現実の維持管理問題は存在している。公共空間の問題は多く身分制支配を越えて発生する。維持管理の実際は、身分制支配の垣根を越えるところでおこなわれることもしばしばであった(50)。そして、それの具体的な普請作事は、専門の請負人のもとで、主として日用層が担った。これらを含み込んだところの公共空間論がつぎの課題となる。

註

（1）拙稿「江戸幕府道奉行の成立と職掌」（『地方史研究』三四九号、二〇一一年、本書第五章所収）。以下、道奉行についての基本的な叙述はこれに基づく。
（2）小早川欣吾「近世の裁判組織と審級及管轄に関する若干の考察（一）～（三）」（『法学論叢』三一巻六号、三二巻一号、三二巻四号、一九三四～一九三五年）、同「再び近世訴訟に於ける管轄及審級について（一）（二）」（『法学論叢』三三巻二号、三三巻四号、一九三五年）。
（3）藪田貫「『摂河支配国』論」（脇田修編『近世大坂地域の史的分析』御茶の水書房、一九八〇年、後に同『近世大坂地域の史的研究』清文堂出版、二〇〇五年所収）。
（4）近世史料研究会編『江戸町触集成』四巻（塙書房、一九九五年）五六八五号。
（5）小林信也「床店―近世都市民衆の社会＝空間―」（『日本史研究』三九六号、一九九五年、後に同『江戸の民衆世界と近代化』山川出版社、二〇〇二年所収）は、こうした住民の行為を「持場負担」と呼び、これを「公儀地」への「役負担」とする。
（6）荻生徂徠（平石直昭校注）『政談―服部本』（平凡社東洋文庫、二〇一一年）二二頁。
（7）毛利家文庫（山口県文書館蔵）四一公儀事七（三七―十二）。
（8）山口県防府市や島根県出雲地方では、普請することや家を修繕することを「なやむ」と言う（『日本方言大辞典』小学館、一九八九年）。
（9）例えば秋田藩では正徳五年（一七一五）に藩主が先代からの御用頼みを踏襲、元文二年（一七三七）には道奉行に就任したばかりの佐々成応に贈与している（『国典類抄』十一巻、秋田県教育委員会、一九八〇年、五一九頁、五二六頁）。人吉藩では、宝永二年（一七〇五）に道奉行付同心へ「内証頼入」ることで、橋修復の負担を免れている（相良文書、広島大学図書館蔵、一一一江戸日記）。

十一月十三日晴天

一道奉行高橋市大夫・斎藤与右衛門方へ荻丈右衛門ゟ金子弐百疋ツ、手紙相添遣候、是ハ御下屋敷近辺橋之義ニ付而、此方ゟ修覆可在之様子ニ候得共、右両人江丈右衛門より内証頼入候へハ、其通他方江修覆被　仰付候御礼之ため丈右衛門ゟ右之通遣候ハ、可然旨御相談ニ而如此候、

右両人荒川八郎兵衛《（重頼）》様御組ニ而宿牛込払方町被申所江住居也

荒川こそが道奉行であり、高橋と斎藤はその附属同心である。荻は人吉藩の留守居とみられる。

(10) 岩淵令治「江戸における中小寺院の地縁的結合について―江戸市谷南寺町組合を素材に―」（『国立歴史民俗博物館研究報告』一〇八号、二〇〇三年）。

(11)『浅草寺日記』三巻、三二九～三三〇頁。史料中の「廉立」とは「五拾間も六拾間も板囲道造等致し候程之事」である。

(12) 旧幕引継書（国立国会図書館蔵）町方書上　浅草肆・伍。浅草材木町・花川戸町・山之宿町の項。

(13)『浅草寺日記』三巻、三二五～三二六頁。

(14)「撰要永久録」公用留巻之四（『日本近代立法資料叢書』三二巻、商事法務研究会、一九八七年）一九四～一九五頁。

(15) 無論、売場としての場所の利用に限らない。道奉行が許可を出した事例をいくつか挙げれば、享保五年（一七二〇）から七年に浅草寺町新堀川沿いの明地における「渡世之品差置」（「町方書上」浅草数、浅草正定寺門前の項）、寛保二年（一七四二）の外神田仲町における石置場（『御府内備考』一巻、雄山閣、一九七七年、二一七頁）がある。その他、「浚土塵芥常置場」（同書一巻、四三八頁）など往還を種々のもので恒常的にせよ一時的にせよ占拠するには許可の必要な場合があった。

(16)『日本橋魚市場沿革紀要』上巻（魚会所、一八八九年）二一～二三丁目、同書中巻、三丁目。なお岡本信男・木戸憲成『日本橋魚市場の歴史』（水産社、一九八五年）一七九～一八二頁参照。

(17) 吉田伸之「肴納屋と板舟―日本橋魚市場の構造的特質」（高村直助・吉田伸之編『商人と流通―近世から近代へ』山川出版社、一九九二年、後に同『巨大城下町江戸の分節構造』山川出版社、二〇〇〇年所収）。

(18) 近世史料研究会編『江戸町触集成』五巻（塙書房、一九九六年）六六六七号。幸田成友も道奉行について述べるなか

で、同触に言及している（『江戸と大阪』冨山房、一九三四年、後に『幸田成友著作集』二巻、中央公論社、一九七二年所収、五三～五四頁）。
(19) 岩田浩太郎「都市経済の転換」（吉田伸之編『日本の近世』9巻、中央公論社、一九九二年、後に同『近世都市騒擾の研究』吉川弘文館、二〇〇四年所収）。
(20)『御触書宝暦集成』一一八六号。五月にも道奉行管轄をすべて月番町奉行の管轄とする触が出されている（同一五〇七号）。
(21)『御触書宝暦集成』一一八七号。
(22) 小早川欣吾『増補近世民事訴訟制度の研究』（名著普及会、一九八八年）二〇～二四頁。
(23) 近世史料研究会編『江戸町触集成』五巻（前掲）七一五〇号。
(24) 近世史料研究会編『江戸町触集成』四巻（前掲）五七二三号。
(25) 近世史料研究会編『江戸町触集成』五巻（前掲）六九一〇号、六九一一号。
(26) 近世史料研究会編『江戸町触集成』五巻（前掲）六九三四号。
(27) 近世史料研究会編『江戸町触集成』五巻（前掲）六九六二号。
(28) 近世史料研究会編『江戸町触集成』六巻（塙書房、一九九六年）七二八二号。
(29) 近世史料研究会編『江戸町触集成』七巻（塙書房、一九九七年）八一〇五号、八一〇八号。ただし、しばらくは「道奉行」の呼称が残った。安永五年（一七七六）四月、姫路藩酒井家では上屋敷前の道の「砂利とりはらい」につき「道奉行へ届差出シ」ているが、実際は普請奉行支配下の者と考えられる（「玄武日記」『城郭研究室年報』十三号、姫路市立城郭研究室、二〇〇四年、一〇八頁）。
(30) 近世史料研究会編『江戸町触集成』七巻（前掲）八〇五七号、八一二一号。
(31) 旧幕引継書八一五―五「明和撰要集」道敷下水之部。
(32) 近世史料研究会編『江戸町触集成』七巻（前掲）八一五二号。

（33）柳原土手通りの床店については、小林信也「江戸東京の床店と市場」（都市史研究会編『年報都市史研究』4、山川出版社、一九九六年）、同「床店商人」（吉田伸之編『シリーズ近世の身分的周縁』四巻、吉川弘文館、二〇〇〇年）に検討がある（いずれも後に同『江戸の民衆世界と近代化』前掲所収）。ただし、床店設置当初の許可主体の差異には触れていない。
（34）弥平次の前の請負人である安兵衛については『享保撰要類集』二（旧幕府引継書影印叢刊、野上出版、一九八五年）二五八～二六〇頁に記載がある。
（35）近世史料研究会編『江戸町触集成』七巻（前掲）八一四七号。
（36）近世史料研究会編『江戸町触集成』七巻（前掲）八一七五号。
（37）『御触書寛保集成』一三一五号。
（38）『東京市史稿』市街篇十八、一～四七頁。
（39）『大岡越前守忠相日記』中（三一書房、一九七二年）六〇〇～六〇二頁。なお茎田佳寿子『江戸幕府法の研究』（巌南堂書店、一九八〇年）一四九～一五八頁参照。
（40）近世史料研究会編『江戸町触集成』七巻（前掲）八一七六号。
（41）旧幕引継書八一五―五「明和撰要集」道敷下水之部。
（42）近世史料研究会編『江戸町触集成』七巻（前掲）八二五五号。ここには本所深川地域についての言及があり、道奉行は明暦大火後に開発が顕著になるこの地域を管轄していない。同地域は、享保四年に本所奉行が廃止され、往還などは代官の支配となり（『御触書寛保集成』一六五一号）、後に町奉行による「一円」支配となった。新地である本所深川の支配体制がある面では先進的だったことを示唆し、本所深川道役なども含めて検討の必要がある。
（43）水野為長「よしの冊子」（『随筆百花苑』八巻、中央公論社、一九八〇年）三二七頁。
（44）『東京市史稿』産業篇三五、八〇一～八〇九頁、九七七～九八九頁。安藤優一郎「寛政三年の江戸町法改正について」（『比較都市史研究』十一巻二号、一九九二年、後に同『寛政改革の都市政策』校倉書房、二〇〇〇年所収）。

（45）『東京市史稿』産業篇三五、八九八頁。
（46）松平定信（松平定光校訂）『宇下人言・修行録』（岩波文庫）一五四頁。
（47）近世史料研究会編『江戸町触集成』二一巻（塙書房、二〇一二年）補四四一号。
（48）近世史料研究会編『江戸町触集成』十四巻（塙書房、二〇〇〇年）一三五八五号。
（49）坂本忠久『近世後期都市政策の研究』（大阪大学出版会、二〇〇三年）六章。
（50）拙稿「江戸武家屋敷組合と都市公共機能」（『関東近世史研究』五八号、二〇〇五年、本書第二章所収）。

第七章　江戸における公儀地の論理

はじめに

泰平の世の武士道を説いた『葉隠』（享保元年〈一七一六〉成立）につぎの話が載録されている。[1]

一江戸通町に馬口郎罷通候処、馬狂候て、見せ棚を踏崩候、何とも申さず罷通候故、家主咎候えば、「其見せ棚の分は公儀の通のうち也」とて罷通候よし

かつて「公界の大道」に中世の「自由」を見出したのは網野善彦であった。[2]「無縁」の原理に貫かれた「大道」は、「その場でおこったことはその場のみで処理するという慣習を持つ場」とされた。馬喰の言動は、たしかに「無縁」の原理を踏まえているといえよう。だがここでは「公界」ではなく「公儀」と発言された。藤木久志は「公界の道」が戦国大名の分国秩序へ包摂・再編成されて、公儀の道へ変質すると説いた。[3]その提起をうけて安藤正人は、徳川政権下において「御公儀の地」となった街道と、その交通に関わる「役」編成を論じた。[4]「公界」は「公儀」を称する権力へ取り込まれていったのである。

公儀文言の再検討はすでに進んでいる。[5]とはいえ、元来、多様な意味をもっていた「公儀」の語が次第に中央政府（幕府）を指す言葉として広く定着していったことを疑う余地はない。この公儀に土地や地面を意味する名詞が接続したとき事態はまた一歩進んだのではないか。それは「公儀地」をめぐる研究史を振り返ることで了解

される。

大石慎三郎は、享保改革期の幕府新田政策において国土の領有権が明確にされた結果、諸大名の領知権は検地によって高に結ばれた土地のみとされたと論じた[6]。この指し示すところの反対が公儀地ということになる。塚本学はこれを名山大沢不封論の観点から見直し、山野支配の実態を分析したうえで、観念論として退けた[7]。この塚本の所論に対して杉本史子は、境界域における新田開発の事例検討から、大石説を再提起して「高外地＝公儀地」論を主張した[8]。しかしながら、塚本の反批判によってその議論の有効性は疑問視されている[9]。塚本の議論は徳川将軍家の公権力としての立場と、領主権力としての側面との双方に目配りしたうえで、中国古典を援用した公権力の正当性主張の言説に注意を促すものであり、その視座に学ぶ点は多い。

公儀地を問題にしようとするならば、観念論それ自体を追究していくか、あるいは実体論として組み立てられなければならない。この点で丹羽邦男が観念論から出発して、山野河海と村人の生産・生活との一体性を論じたのは正当であり、近代的土地所有権の確立はこうした一体性の近代国家による破壊であったと結論したのは本質を突いている[10]。

こうした見解を踏まえながら、本章では江戸における公儀地文言の用例分析を通じて、その実体に迫ってみたい。従来の議論はもっぱら山野河海を舞台としてきたが、実体は公儀直轄都市においてこそより明確な像を結ぶのではなかろうか。この場合、建築史の玉井哲雄による具体的な都市空間分析が導きの糸となる[11]。玉井は、江戸の町家には表通りの一間庇と裏通りの半間（三尺）庇とがあり、沽券絵図の記載から半間庇は公儀地に属し、一間庇は公儀地に属す場合と、半間は公儀地でのこり半間が沽券地に属す場合とがあると指摘した。先述の馬喰はこの区分けを知っていたのだろうか。それはともかく、こうした区分は「申伝」程度の認識であり、京都とは異なる江戸の共同体規制の弱さから、徐々に庇下は町家の専有空間として利用されるに至ったという。

実体はこうしたところから明らかにされていくのであるが、ここでは公儀地文言の使われ方やその発言主体により注意を払った。以下、まずは三都の町触を比較してみた後、江戸の公儀地について検討を進めていくこととしたい。

一　三都の町触にみる公儀地

1　京都

『京都町触集成』に公儀地ないしこれに類する文言を見出すことはできない[12]。とりあえず関係するもので年代の早いものに、宝永五年（一七〇八）三月の京都大火後、市街地の復興・拡大過程において京都町奉行から触れられた道幅の規定がある[13]。大通りは「場踏」を三間六尺とすること、家作は「町並能」すべきこと、両側の溝幅は一尺五寸とすることがこのとき指示された。あわせて「店出シ候共勿論雨落ハ溝之内限」との取り決めがなされ、六月には違反家屋となる「雨落溝ゟ外へ落候所」へ規定遵守が通達されている[14]。翌六年五月には家作普請時に「表之構又ハ壁土石砂抔むさと海道江張出し、往還之妨ニ不成様ニ可仕」ことが触れられてもいる[15]。

往還の障害を除去し、円滑な都市内交通を確保するのは公権力の役目である。その往還は「雨落溝」を基準に内と外とが区分されたようだ。だが「雨落溝」外のことを公儀地と呼ぶことは、少なくとも京都の町触においてはなかった。

とはいえ、京都で公儀地文言がまったく使われなかったわけではない。京都の町人本島知辰は、享保三年（一七一八）に大坂町人茨木屋幸斎が処罰された理由を、「幸斎義平生驕つよく、殊に御公儀之地を掠取、はなれ舞台をかまへ」などと記している[16]。同七年には、京都下京にある因幡堂の堀跡を「御公儀の地故、今度新屋敷は御赦免」と記し[17]、同十八年には、御霊神社の裏手の土手に「新地家建つ」、廬山寺が土手を「寺地に拝領」などと記した後、これらを「公儀地にあらず」と書きつけた[18]。本島の使う公儀地は離れ舞台や新屋敷の造作地、あるいは寺院拝領地となっていることから、いずれの用例もいわゆる御用地の意味合いで使われているとみてよい。

公儀地文言の広汎な使用と展開は、京都にあってはいまのところ認められない。

2　大坂

『大阪市史』において公儀地ないしこれに類する文言を含む史料はただ二点のみ見出しうる。まずは元文五年（一七四〇）に大坂塩町の丸屋茂兵衛が、大坂町奉行所へ提出した定火消人足請負の新規願いの文中においてである[19]。丸屋は町人から費用を徴収して、火消人足三〇〇人を常時抱えておき、火災発生時に出動させる案を提起した。このとき火災の早期発見のため「東横堀本町辺之浜先、御公儀往還大道を除キ」、のこりの浜先地面に火の見と人足小屋を設置するとした。浜は大坂で、河岸や川端を意味する語である。ここに「御公儀往還大道」が走っている。

寛保四年（一七四四）二月（同月延享改元）の史料も同様に浜地に関するもので、これを直截に「公儀御地面」と表現するものであった[20]。

被仰渡候趣口上ニ而申渡覚

三郷川筋浜納屋之儀、往来（古）ゟ致住居、竈居へ火焼候儀御停止ニ候得共、向後差免、所々善悪ニ随ひ、壱坪ニ何程宛と、冥加銀差出候様ニ被仰付候儀、納屋持丁人勝手不勝手之儀様子承糺、申出候様ニ被仰渡候、右浜納屋之儀ハ、元来　公儀御地面之事ニ候得者、度々願人有之候、願人江被仰付、其者江致相対候様ニ有之候而ハ、納屋持丁人不勝手ニ有之候、然共　公儀御益を申立相願申もの有之、於江戸御聞届被成ニ付被仰越候上ハ、丁人共不勝手之筋ニ而も御用捨難成事ニ候、冥加銀差出置候得ハ、此已後何程之願人有之候而も御取上無之候、左候得ハ納屋持丁人永々致安堵、為ニも可相成被思召候（後略）

この史料については牧英正による現代の訴訟問題からの立ち入った検討がある[21]。当時、「元来　公儀御地面」である浜地へ、冥加銀上納と引き替えに造作許可を求める新規願いが相次いでいたようだ。願人が「公儀御益」を申し立てれば、これが江戸で許可されないとも限らない。そこで大坂町奉行所は、先手を打って浜納屋持町人からの冥加銀上納案を提起し、これを町まちへ諮問したのであった。町まちは提案に賛意を示したが、このときの冥加銀上納は先送りされた。宝暦七年（一七五七）に浜地冥加銀の制が定められ、浜付町屋敷地主は、面積に応じた冥加銀を上納することで、浜地利用の権利が認められることとなった。この冥加銀は、天保十三年（一八四二）に「地代」へと呼称を改めている。

大坂においてはわずかに浜地（河岸地）が「公儀御地面」と呼ばれたことを確認しうるが、用例も少なく、使われた時期も限定されている。京都同様に広汎な公儀地文言の普及はなかったものと推測される。

3　江戸

『江戸町触集成』収録の町触は一万八七七九件で、このうち公儀地ないしそれに類する文言を含む町触は二〇

表９『江戸町触集成』における公儀地文言

	年　月	内　容	文　言	発言主体	出典
1	明暦３年(1657)６月	道幅・庇規定	御公儀之庇	町奉行	169
2	享保11年(1726)９月	往還への家作出張調査・回答	海道御公儀地犬走り／御公儀地江家作	町年寄奈良屋・町名主・家主・月行事	6006
3	享保11年(1726)12月	往還への家作出張調査結果	御公儀庇地／御公儀道幅之内	町年寄奈良屋	6019
4	享保17年(1732)12月	新規町屋の下水・庇調査の回答	道幅之内御公儀地	年番名主	6258
5	元文５年(1740)正月	河岸地地代徴収の新規願い	御公儀様御河岸	願人（町人）	6553
6	寛保４年(1744)２月	往還造作等につき道奉行への願い出調査	町中店下御公儀地	町年寄奈良屋	6667
7	延享３年(1746)６月	川々掃除銭・定浚銭徴収の新規願いへの回答	河岸地之儀ハ御公儀地	年番名主	6791
8	明和４年(1767)６月	類焼町々家作普請につき伺書	庇下御公儀地／庇下壱間通り御公儀地之由申伝	町名主	7994
9	明和８年(1771)11月	拝領屋敷付河岸地の実態調査	河岸地面之儀、御公儀様御地面	町年寄喜多村	8290
10	安永３年(1774)２月	新規町屋の下水・庇調査・回答	御公儀地ニ而庇幷雨落下水　他	町年寄カ・町名主・家主	8411
11	天明３年(1783)５月	河岸地利用統制令	河岸地面之儀は公儀御地面	町奉行	8901
12	天明５年(1785)２月	髪結床番屋の調査	河岸地面其外公儀地他	町年寄奈良屋	9056
13	天明５年(1785)３月	庇下実態調査・回答	三尺は公儀地　他	町年寄樽屋・町名主	9061
14	天明５年(1785)５月	庇下統制令	庇下三尺は公儀地面	町奉行	9069
15	天明５年(1785)６月	火除収公地への家作調査	公儀地江建家等	町年寄樽屋	9071
16	寛政５年(1793)７月	上納地地先道繕の実態調査	公儀御地面狭有之場所	町年寄奈良屋	9969
17	文政７年(1824)６月	河岸地統制令	河岸地之儀、重ニ公儀地	町奉行	12270
18	文政７年(1824)７月	河岸地冥加金上納令	河岸地之儀は、公儀地	町奉行	補233
19	天保13年(1842)10月	河岸地地代上納令	沽券地地先無之公儀地	町奉行（老中水野忠邦）	13746
20	天保13年(1842)10月	河岸地地代賦課場所の調査	河岸地ニ無之公儀地他	市中取締掛名主	補569

註：出典は『江戸町触集成』の史料番号。

件である（表9参照）。江戸においても公儀地文言は、日常的に使われた言葉ではなかった。それでも江戸での用例は京都や大坂に比べてはるかに多い。公儀地文言は主に江戸で使われたといっても過言ではあるまい。

考えてみれば公儀地文言は多分に抽象的な言葉で、おいそれと日常生活で使う言葉ではそもそもない。それだけに当初、公儀地文言を使う場面というのは、なにがしか緊張を伴う局面であったとみなしうる。江戸での用例の多さは、やはり将軍お膝元の都市であることによろう。公儀地文言を使っての説明や論理形成の求められる場面が多かったということになる。

町触の発令年をみれば、明暦三年を別として、およそ享保期（享保～延享）、天明期（明和～寛政）、そして文政・天保期とに時期を区分することができそうである。まずはここで明暦三年の触を玉井の分析[22]に基づき検討し、ついで町触には現れない正徳沽券絵図の記載を確認しておきたい。

周知の通り、明暦三年（一六五七）正月の大火によって江戸は灰燼に帰した。大火からの復興過程において問題になったのが、町地における道幅であり、「庇」であった。四月から「庇京間壱間之分切」「町中壱間之庇弥切可申」などと指示されており、この庇を切った後に杭を打って規定の道幅を維持するよう命じられている[23]。そのうえで六月につぎのように触れられた[24]。

一先日も如申触候、此以前検地仕候所ハ、此度不及相改候間、普請仕度ものは御公儀之庇壱間引込、此跡改候杭之通本柱を立、海道江三尺之釣庇可仕事

（以下、二ヶ条略）

明確に「公儀地」との文言は登場しないものの、ここでの「御公儀之庇」は、「御公儀地へ差し掛けた庇」と解釈して大過なかろう。町まちは以前から公儀地へ一間の庇を差しかけていたのであり、大火を機にこれの解消

が町奉行によって図られたのであった。こうして通町と本町通筋においては、三尺の公儀地への庇に加えて「自分之地」（沽券地）から三尺を提供して一間庇の町並が形成された。そしてここは「往行之道」たるべきことが定められたのである[25]。

公儀地と沽券地から形成された庇地が、町まちに統一的な基準でもって明確に視覚化されたのは沽券絵図によってであった。沽券絵図とは、名主作成になる、およそ数町単位の絵図で、町屋敷の一区画ごとに間口・奥行・坪数、沽券高・小間高、地主名・家守名を、町の道幅や下水などとあわせて記したものである[26]。最初の沽券絵図は、宝永七年（一七一〇）から正徳元年（一七一一）にかけて作成された。これを正徳沽券絵図と呼ぶ。この沽券絵図に公儀地文言の記載が認められる[27]。

正徳沽券絵図の現存数は限られているうえに、全体の記載を容易に確認できるものは二点しかない。木挽町沽券絵図には「庇三尺　御　公儀地」との記載があり[28]、芝神明町沽券絵図にも「此通五尺八寸庇　公儀地」などの記載がみえる[29]。こうした記載にあたっては町奉行所から指示が出て、雛形を示されたのであろうが、いまはこれを詳らかにできない。とはいえ、ここに至って公儀地文言は、少なくとも町名主層には一定の浸透をみることになったと考えられる。

二　享保期の町方と公儀地

1　庇地改め

江戸の町触において「公儀地」の文言がはじめて使用されたのは、つぎに掲げる享保十一年（一七二六）九月の町年寄奈良屋からの申渡しにおいてであった[30]。

一海道御公儀地犬走り江家作致し、或ハ庇抔ニ壁を付、商売物等差置候族、其外何れニ御公儀地江家作出張致候類有之ハ、支配限絵図ニ致し、来廿八日迄可被差出候、無之町々ハ其断書、日限ニ可被差出候事

犬走りとは、家屋の外壁とその外側の溝の間の小路のことを意味し、庇下あるいは店下と同義である。ここに家作をしている者、および庇に壁をつけ商売物を置いている者、そのほか「御公儀地」へ出張って造作している場所があれば、名主支配ごとに絵図にして報告せよ、というのが触の主旨である。

触の伝達をうけた南伝馬町名主高野新右衛門は、これに「町々庇地御改」との名称を付し、内容を「町中御公儀地え町屋を建出シ、或は庇下犬走リ住居ニ仕込罷在候分、間数寸尺相改、絵図ニ認メ」と記した[31]。あわせて「御公儀地え先年ゟ由緒有之、建出シ候所も有之は、其訳書付差出」と、由緒をもっての公儀地への造作も調査対象となったことを伝えている。別に神田三河町名主斎藤市右衛門は触の主旨を「壱間庇或は三尺之庇下、御公儀地江家を作り掛ケ、或は雨落溝外迄作り掛ケ候処有之は絵図ニ認」としている。雨落溝外とは、庇下からさらに道路中央部に向かう側をいう。

この年、町年寄が町まちに書上を命じたのは、進行しつつある公儀地の占有実態を把握するためであった。名主高野家支配下の町では、調査によって唯一問題の認められなかったのが南伝馬町三丁目新道で、「庇地」そのものがなく、公儀地へ造作し居住している者もいなかった。そのほかはすべて公儀地への造作が認められた。

南伝馬町一丁目から三丁目においては「御公儀地庇下之義、先規ゟ造込住居仕候」と、従来よりの造作があり、それも「塗家ニ造込」の状況であった。南鞘町と南塗師町においては「庇下之義、先規より町並一同ニ造込」と

いう、表通り町屋全体に及ぶ造作であり、松川町も同様に「御公儀庇地之義、先規ゟ町並一同ニ造り込」という状態で、「段々堅ク塗リ家ニ造リ込」であった。松川町二丁目では、下水上を幅二尺五寸に「ゆかはり」（床張り）して、店の者たちが以前より物置としていることが報告された。こうした町まちでは、造作の撤去が容易ではなく、また家業へも差し支えることから、現状の認可を求める願書を提出した。

名主斎藤家支配下の町でも三河町三丁目と四丁目、および雉子町では「御公儀地江住居作り込候者有之」と、事態は同様であった。絵図と同時に提出された願書では、すでに「御公儀地庇下」は本格的な塗家土蔵造りで家屋に取り込まれていることから、つぎの普請の機会まで家作撤去の猶予を求めている。他方で、三河町三丁目裏町と四丁目裏町、および四軒町においては「庇地住居ニ作り込候者壱人も無」いという状況であった。両裏町は新道に接する片側町で、四軒町は武家屋敷に面する片側町であったから、庇地の家屋への取り込みが進展しなかったとみえる。

こうした実態調査の結果、町地全体における公儀地への造作状況は町年寄の予想をはるかに超えるものであったようだ。十二月になって奈良屋はつぎのように名主たちに申し渡した[32]。

一御公儀庇地、住居ニ造込、又ハ御公儀道幅之内を住居ニ造込候儀ニ付、町々より先達而絵図書付差出候所、右之趣御奉行所江被申上候ハヽ、早速取払可被仰付候、左候而ハ可致難儀候ニ付、先御奉行所江は不被申上候間、追々取払候様可致旨被申渡候

現状の公儀庇地および公儀道幅への造作を町奉行所へ報告すれば、おそらくは即時の家作撤去を命ぜられることとなり、町まちが難儀するのは目にみえている。こうして奈良屋は徐々に造作を撤去していくという方針を確認するにとどめ、調査結果を町奉行所へ上申しないこととした。享保十一年の調査は、町奉行指示によるもので

はなく、町年寄奈良屋の独自調査であった。公儀権力が公儀地文言を使ってその把握を試みたものではなかった。公儀地への造作はまずは町年寄のレベルで処理されようとしたのである。

つぎに公儀地文言が使われたのは、享保十七年（一七三二）十二月の町年寄樽屋からの諮問に対する年番名主らの返答書においてであった[33]。樽屋はここで、新規町屋御免地における下水や庇の設置が「道幅之内」か「手前地面」かを問うている。これに名主らは「御用地上り代地抔拝領仕候町屋、道幅之内御公儀地江下水相付、庇之儀ハ、本家より壱弐尺或ハ三尺を限、釣庇腕木庇等仕、右下水之内江雨庇仕候」と、「道幅之内御公儀地」へ下水溝を掘りつけ、庇は三尺を限度に、釣庇（上から吊る庇）あるいは腕木によって支える庇を設置し、それを雨庇として、下水溝へ雨だれを落としていると返答した。こうした下水や庇の設置の仕方は、新規町屋も古町も変わりがないという。

町年寄が「道幅之内」としたところを、町名主らは「道幅之内御公儀地」と表現した。先に確認したように、道敷は公儀地と沽券地から構成されるから、町年寄の使った「道幅之内」と「手前地面」では正しく対応しない。そこで町名主らは公儀地の語を補ったのであろう。

同様に町年寄の使う表現を町名主らが解釈した例に、寛保四年（一七四四）二月の奈良屋から年番名主らへのつぎのような諮問がある[34]。

一町中店下御公儀地江家作建込之儀、其外商物出張候儀、道御奉行所江古来ハ御願不申上儀、近年新規ニ願出候品も有之候ハヽ、何頃ゟ相願候哉之事

奈良屋は「店下御公儀地」への家作建込みや商売物の設置について、道奉行へ願い出の状況が生じているのであればその始期を尋ねた。この諮問に対し町名主らは町まちによって願い出の状況は不定であって、始期も明確

にはわからないと断ったうえで、寛保元年七月に町年寄樽屋へ差し出した書面を奈良屋へ提出した。このとき樽屋は「町々往還ニ相掛リ候古来諸願」を町名主らへ尋ねていたのであった[35]。ここで町名主らは「店下御公儀地」を「町々往還」と同義と解釈している。その中身は、道造り、番屋・木戸の新規設置、既存番屋の普請、家普請中の土置場・板囲出小屋、下水落樋枡の修復、雛甲商売人の出小屋、紺屋の張物などであった。個別具体的な場所における事柄であるが、これを一般化し抽象すると公儀地の問題になったのである。

2　延享沽券絵図

寛保四年（一七四四、二月延享改元）、正徳沽券絵図以来となる新たな沽券絵図が作成された。これを延享沽券絵図と呼ぶ。延享沽券絵図は三十数点の現存が確認されている。ここでもいくつかの沽券絵図から公儀地文言を拾い出してみたい。

小網町一丁目ほか四町の沽券絵図には「此通古来ゟ三尺之釣庇有之公儀地之由申伝候」との記載があり、小舟町の沽券絵図にも「此通古来ゟ三尺腕木庇　公儀地之由申伝候」といった記載を認めることができる[36]。万町の沽券絵図にも「庇下三尺通　御公儀地之由申伝候」との記載がある[37]。大伝馬町一丁目ほか四町の沽券絵図の場合はつぎのような詳細な記述となっている[38]。

此墨引之内古来ゟ田舎間壱間通之庇御座候内、間半ハ公儀地ニ而、間半ハ町並裏行弐拾間地之内ニ而御座候由申伝候

正徳沽券絵図では「公儀地」と言い切っていたものが、延享沽券絵図では「公儀地之由申伝候」といった伝聞表現となっている。すべての現存沽券絵図をみたわけではないし、地域的な差や例外もあることから一概には言

えないが、傾向は認めることができよう。町方における庇地の公儀地認識は正徳から延享にかけて薄くなっていった。それは実態として公儀地が町人たちによって私的に利用されていたことに由来する。

この先、庇地に加えて公儀地として問題になってくるのは河岸地である。河岸地については小舟町の沽券絵図に図示されているが、そこに公儀地の記載はない。この時期すでに河岸地が公儀地であることは取り沙汰されていたが、わざわざ沽券絵図に記すまでには至っていなかったのであろう。このことは庇地と河岸地とで公儀地の認識が異なっていたことを意味する。河岸地が公儀地であるとの認識はこの頃に新しく成立してきたものであった。

3 ふたつの新規願い

元文五年（一七四〇）正月、浅草旅籠町に住む長左衛門は、河岸付町屋敷から河岸地代を徴収するという新規願いを町奉行所へ提出した[39]。長左衛門の願書の前提はつぎの一文に示されている。

江戸御町川岸通河岸幷本所深川浅草惣而川通河岸附、御公儀様御河岸ニ御座候

江戸の河岸地をすべて「御公儀様御河岸」とする認識が、長左衛門からはじまったとはとても思えないから、これ以前にそうした認識の広まりがあったのであろう。それが元文五年に至って新規願いの論理に取り込まれたことは公儀地文言の新たな展開であった。

長左衛門は「御公儀様御河岸」を川通り町屋敷の家持たちが「自分之河岸」であるかのように認識し、土蔵を建て、材木を置くなど「御公儀様江何之御奉公も仕候儀無」く利用してきていると指摘する。河岸を「御公儀様御河岸」と認識することで、はじめてその土地利用に対する「御奉公」が問題となりうる。こうして長左衛門は、

川通り町屋敷所持者（武士は除く）から小間一間につき銀二分五厘を毎月徴収する案を提起したのである。これが許可されれば、河岸地の出火時に長左衛門抱えの火消し人足を「大勢」差し向けることと、浅草、竹橋、本所の幕府米蔵へ年間四万五〇〇〇人の米持人足を「御忠節」として差し出すことを見返りに提示した。

長左衛門によれば、幕府米蔵では御蔵近所の日用たちを安値で雇って人足としているため、人が集まらず、そのために仕事もはかどらない状況にあり、日用たちも少人数での労働に難儀しているという。この現状に対し、長左衛門は給銀を倍にして雇うことで、米蔵の仕事も進み、日用たちの渡世の助けにもなるとしたのである。こうして長左衛門は、自らの新規願いが幕府をはじめとして、下じもの者にまで利点があると主張した。

この新規願いは町年寄に下げられ、町名主たちの意見が徴された。名主たちは、まずは出火場への願人抱え火消しの出動について、町火消人足以外の出動が火事場の混乱を招き、かえって支障となることを指摘した。そのうえで河岸地への名主たちの認識が「河岸之儀、先規ゟ川岸付家持共へ御預ケ被下置候」ものであることを開陳した。河岸は地先町屋敷地主へ預けられたものと認識しているのである。河岸地への蔵や商売物設置が幕府の許可を得たうえでの行為であることがその根拠のひとつとされた。預けられているからこそ、家持たちによる架橋や川浚があり、不浄流物などの処理がおこなわれているのだという。この預け地の論理は、根拠薄弱ながら新規願いにおける公儀地の論理自体に抵触することなく、願人の地代徴収を否定しうる。

そしてつぎに名主らは攻勢に転じ、願人の地代徴収が河岸地面の「願人地面」化を招く危険性を指摘した。そうなれば河岸付町屋敷の沽券金高は下落し、家持は当然として、しわ寄せは地借・店借まで及ぶ。こうして新規願いは却下された。

同様に河岸に着目した新規願いは、延享三年（一七四六）六月にも滝山町在住の忠次郎から出されている(40)。忠次郎は、町地の川々および御堀のおびただしき「浮芥」が見苦しいだけでなく、それが川底へ堆積することで、通船の不自由が生じていると現状を分析する。その認識から浮芥掃除および浅瀬の定浚の実施のため、河岸通り商人から川々掃除銭を徴収し、船持からは定浚銭を徴収するという新規願いを町奉行所へ提出したのである。これが許可されたあかつきには「冥加」として浅草と本所の幕府米蔵から、竹橋の米蔵と御春屋への運送を御用次第に勤めるという。

この新規願いに対し名主らは、徴収される金額がいずれは諸品に転嫁されて物価高を引き起こすこと、船持たちはすでに営業に応じた役銭を支払っており二重の負担となること、御堀については享保十九年（一七三四）に芥請負人が公認され対処していること、などを主張し反対した。そのうえでつぎのように述べた。

　河岸地之儀ハ御公儀地ニ有之候所、右之通出銭取立候ハヽ、自然と請負人地所之様ニ罷成（後略）

河岸地は「御公儀地」であるにもかかわらず、請負人が掃除銭を徴収することとなれば「請負人地所」のようになってしまうのではないか。こうして新規願いは却下された。

公儀地文言は一方では願人の新規願いの論理において使われ、他方ではこれを否定する名主らの論理において使われた。先の新規願いは「御公儀様御河岸」に「自分之河岸」を対置させ、地代徴収を正当化させた。これに町名主らは、地代徴収が河岸地の「願人地面」化を招くものとして反対した。後の新規願いにおいては、願人の掃除銭徴収に対し、町名主らが「御公儀地」の「請負人地所」化を否定の論理に用いた。公儀地は、これを新しく利権化しようとする側からも、それを否定しようとする側からも使用しうる文言であった。

いずれにおいても公儀地に対置されたのは「自分」「願人」「請負人」で、もとより公と私の問題とならざるをえない。公儀地文言は相手の私的性格を指摘する際には、このうえなく有効な言葉であった。しかも言挙げすればするほどに公儀地概念は揺るぎないものとなる。沽券地以外の土地を公儀地ではないとする論理の構築はほとんど不可能であった。河岸地は公儀地と認識されることで、はじめて利用対価を求めることが可能な土地となった。こうした発想が町人から出てきたことの背景には、やはりこの時期の都市化社会の進展があるのだろう。それは火消しをはじめとして塵芥処理や辻番など社会の至るところでの請負の成立に代表される。[41] 願人は公儀地を梃子に新規事業の請負を目指したのである。武陽隠士が享保期に生起した「利欲」社会を「都会寸尺の地も宝となり」と言いあらわしたのは文化十三年（一八一六）のことである。[42] 蓋し慧眼であろう。

河岸地の利用をめぐって他所から請負町人が参入を試みたのは、地先町屋敷地主の権利が確たるものではなかったことによる。地主たちは慣習として河岸地を利用していたに過ぎなかった。こうして公儀地として認識されるに至った河岸地は、都市社会の焦点に急速に浮上してくることとなった。それは公権力の着目するところともなる。

三　天明期の公儀地統制

1　町年寄による統制

明和四年（一七六七）四月九日、昼過ぎに京橋で発生した火災が南風にあおられて燃え広がり、翌朝までに日本橋通一丁目や江戸橋広小路辺りまで焼失する大火となった。別に九日の夜半には浅草駒形堂前から出火し、雷神門や浅草寺子院などまで類焼した。この大火からの復興過程にあった五月、町年寄は新規家作普請が「往来之方江建出不申様ニ致、道幅等沽券之絵図ニ相違無之様可致候」ことを命じた。(43) 大火の機会を捉えて、沽券絵図と合致する町並みを求めたのであり、これの「掛り」は月番にかかわらず町年寄樽屋とされた。

触をうけた類焼町まちの名主らはあわてて寄合を催し、とりいそぎ「何れも表通普請、先差控」を決定した。名主らの共通認識は「何れも沽券絵図ニ引合候は稀ニ而、過不足有之候」というものであり、沽券絵図と合致する町並みの形成は困難であった。そのため樽屋へ六ヶ条にわたる伺書を提出した。一条目から四条目は、沽券絵図作成時において基準尺度に京間（六尺五寸）と田舎間（六尺）を混用したことから発生する問題を列挙するもので、その対応策を伺うものである。五条目は庇地についての問題である。

享保十一午年家作御改御座候節、庇下御公儀地家作建込候分は追々取払候様ニ被仰付候所、類焼以後混雑仕、差急キ類焼以前之通ニ庇地建込候町々も御座候、右町々先年追々取払被仰付候場所ニ御座候得共、年久敷儀故忘却仕、普請仕候以後、御触ニ而当惑仕罷有候、併重キ御触ニ御座候間、普請仕候共取払ニ被仰付候ハヽ、違背可仕様無御座候得とも、数年庇下住居ニ建込、商売物等差置渡世仕来候所、取払ニ被仰付候而は難義至極仕候間、御慈《（慈）》是非ニ是迄之通ニ被差置被下候様ニ仕度、町人共奉願上候（後略）

享保十一年の家作（庇地）改めを振り返り、「庇下御公儀地」への造作を徐々に撤去していく方針であったことを確認したうえで、今回の火災後の混乱や経年による忘却からすでに従前どおりの普請に至っていることが報告された。そうした現状とともに、長年にわたり庇下を住居や商売に利用してきた者の生活・生業に関わる問題ともなるゆえに、従来どおりの「庇下御公儀地」の利用を名主らは願ったのである。

六条目は元四日市町に固有の問題である。同町は「庇下壱間通り御公儀地之由申伝来候」ものであったが、明暦大火後の火除地設定によって町は縮小した。それは「庇下壱間建込不申候而は住居ニ相成難候」状況を招いた。

こうして現状の追認がやはり願われるところとなったのである。

以上の六ヶ条から、町まちは「家前雨落下水を限、往来道幅」とすることを提案した。それは「庇下御公儀地」の町家への取り込みを意味する。願書をみた樽屋は「庇地造込御免被成下候様ニと申儀は、願之品ニ候得共取次は難相成候」と町まちの願いを突き放し、強いての願いならば町奉行所へ直接に願い出るよう命じた。樽屋のこうした反応をみた町まちはその不可を覚ったのであろう、「此上は先達御触之通相心得、家作致」しかなくなった。

沽券絵図は町まちのまったくの現状を図示したものではなかった。基準尺度もまちまちな絵図であった。だいぶ後になるが、天保十三年（一八四二）に高輪町名主は延享沽券絵図について「素々下々ニ而仕立候ものニ而、不易之記（亀）鑑共難申」と述べて、その不正確性を指摘している[44]。沽券絵図は理念上の町を描いたものに過ぎなかったのである。だが町年寄は沽券絵図を絶対視した。こうして町まちは、現状を理念上の絵図に合致させなければならなくなった。それは伝聞表現の公儀地が、再び実体の公儀地へ還ることを意味した。

ついで安永三年（一七七四）二月、町年寄は年番名主らへ、新規町屋における庇や雨落下水路の「御公儀地」への設置状況を諮問した[45]。ここでは古町における一間あるいは三尺の「御公儀地」に庇を出し、庇の外側に雨落下水路が設置されるということが基準になっている。諮問内容自体は享保十七年（一七三二）のものと変わるところはない。

これに馬喰町名主と米沢町名主は、支配下にある新規町屋においては「古町ニ準」じて、三尺通庇と雨落下水路を設置しており、庇下は「御公儀地」であると返答している。中橋広小路拝領屋敷については、享保十五年の拝領時に一間の「御公儀地」と庇下に八寸の雨落下水路のあることが出役役人より申し渡されたという。南新堀町名主は、享保年中に霊岸橋際が新規町屋御免となり、そこへ「古町之通」に三尺の「御公儀地」へ庇を出し、雨落下水路を仕付けていると述べ、芝金杉町名主は、「古来ゟ」家屋の前の三尺通に庇を出し、雨落下水路も設けていると返答した。

こうした具体例を挙げた町まちとは異なり、大伝馬町名主は「古町ニ而古来ゟ御公儀地ニ庇付候訳、年久敷儀ニ而難相知候」と前置きしたうえで、明暦三年（一六五七）の規定を説明している。桜田久保町名主らも同様に説明した。庇地の認識はやはり明暦三年令に基づくのである。

庇地のみならず河岸地へも町年寄は目を向けている。明和八年（一七七一）十一月、町年寄喜多村は年番名主らへ「都而拝領屋敷ニ付候河岸地面之義、御公儀様御地面ニ候得共、拝領人万事取計候事ニ候哉」と諮問した。[46]河岸地面が「御公儀様御地面」であるとの前提に基づき、拝領町屋敷付の河岸地面の利用状況を問うたのである。名主らは、河岸地への造作願いや異変対応など、拝領町屋敷付と一般の沽券地町屋敷付との間に差のない旨を返答した。町年寄が河岸地を公儀地であると町触において明言したのはこれが最初である。町方の公儀地認識の深まりが、町年寄の公儀地文言使用を導いたのであろう。

こうして庇地と河岸地が公儀地として明確に認識されるに至った。その統制はもっぱら町年寄のレベルで強まっていったが、それはここまでである。

2　町奉行による統制

天明三年（一七八三）五月の町触は、町奉行が公儀地である河岸地の統制に直接乗り出そうとしたもので注目される。[47]

町々地先御堀端其外都而河岸地面之儀は公儀御地面ニ候所、右場所江猥ニ物置等相建、或囲抔致し相用候趣相聞候、右は自分所持之地面と申儀ニ而無之候処、願も不致可相用様無之、不束成儀ニ候間、相用置候分は商売物其侭差置、月番之奉行所江可相願候、此上相用度者も有之候ハヽ、其趣を以可願出候

これこそ町奉行が「公儀御地面」という語を使用した最初の町触である。河岸地面は「公儀御地面」であり「自分所持之地面」ではないのだから、商売物の保管等に利用するのであれば奉行所へ願い出るよう命じたのである。ここでも公儀地に対置されたのはやはり「自分」であった。

折しも田沼意次全盛のときにあたっており、町奉行はいずれも田沼と間接的な姻戚関係ないしそうしたつながりを利用しうる立場にあった曲淵景漸と牧野成賢である[48]。大坂では、既述のように、宝暦七年（一七五七）に浜地冥加銀の制がはじまっている。勘定奉行による明和・安永期の関東河岸吟味[49]を経験した後でもあり、江戸の河岸地利用に対する冥加金上納が企図されたものと推測されるが、その後の展開はない。ただしこの触は後の河岸地冥加金および河岸地地代の制定にあたって前提とされた[50]。

天明五年五月、町奉行は今度は庇地についての町触を出した[51]。ここにおいて明暦三年の町触は「御定」となって準拠すべきものとされた。あらためて通町筋と本町筋の庇下は「三尺は公儀地面、跡三尺は自分地面」とし、「庇下を往来罷成候様可致筈ニ候事」が確認された。そのほか従前の三尺釣庇や柱建ての禁についても触れられている。

この町奉行からの触への対応であろう。六月には樽屋が町名主らへ「心得」として触を出し、「庇下往還」への商売物積み置き状況に注意を促し、これが確認される場合には早急な撤去を命じた[52]。道造りも含めてこうした状況の確認のために、町年寄は七月上旬に「見廻り役人」を派遣するともしている[53]。町まちにはこれへの過剰な

反応もあったようで、七月に樽屋は「土蔵幷重家を急ニ為取崩候様と申儀ニ而は決而無之候」と述べて、今後の普請時において対応するよう指示している[54]。

この天明五年には町年寄も公儀地文言を幾度か使っている。二月に、奈良屋は年番名主らへ髪結の欠付札所持状況を問い合わせているが、そこでは「町々河岸地面其外公儀地之内」あるいは「河岸地面公儀地之内」の髪結床といった表現がなされている[55]。

三月には、樽屋が年番名主らへ「都而町屋鋪下水内壱間之庇下之儀、三尺は自分地面、三尺は公儀地之事ニ而、右壱間通り明置往来相成候」と前置きしたうえで、庇下の囲込みが許可された例の有無、ついで家普請などで庇下へ壁土や材木を一時的に置く際に普請奉行への届け出の有無、そして「庇下三尺通りは公儀地」だが、往還の内でも屋敷の内でもなく、それぞれの家屋に附属の「三尺之犬走」と称しているのか、と問い合わせている[56]。

これに葺屋町名主らは「三尺は地主地面、三尺は御公儀地之事に相心得」を確認したうえで、庇下の囲込みが許可された例はないこと、ついで普請奉行へ届け出たことはないこと、そして「銘々地面ニ付候庇下三尺御公儀地と相心得」ており、犬走りと称している、と回答した。一間通り庇地とは別に、三尺通り庇地の場合について、雉子町名主はこれを「銘々自分屋敷間数之内ニ而表雨落下水内を三尺通庇地ニ明置候」もので、「町内往還道幅」ではなく、「銘々沽券地之内」だと説明している。

六月には、樽屋が名主らへ、火除地が収公された後、その「上り候公儀地」へ家作をしている場所があるか否かを問い合わせている[57]。これは一般にいう御用地としての用例である。

これに引き続く寛政五年（一七九三）七月の触は、町年寄奈良屋が「公儀御地面狭有之場所」の道造り等について、「御地面請負致候者」の費用負担があるか、あるいは「公儀御地面故」に負担はないのか、費用分担の実際を名主らに諮問したものである。[58] 深川永代寺門前町名主は、支配町にある買女一件により召し上げられた「上納地」では請負人から費用徴収している旨を返答した。ここでの「公儀御地面」は「上納地」と同義であり、やはり御用地としての用例とみてよい。[59]

天明期の公儀地統制は、それまでに進んだ公儀地の私的利用を本格的に問題とするものであった。それはまずは町年寄のレベルで進められ、庇地の私的利用を排除しようとし、河岸地が公儀地であるとの発言をみた。ついで町奉行が直接に庇地と河岸地とを公儀地文言をもって統制しはじめた。ここにおいて庇地は明暦三年令が「御定」となって規準となり、河岸地は公認のもとでの利用が確認された。こうして公権力による公儀地文言の使用とそこからの統制の強まりがみられたのだが、その後しばらく問題は深まりをみせない。

四　文政・天保期の河岸地

1　河岸地冥加金

文政七年（一八二四）七月二日に町まちへ伝達された町奉行の触は、河岸地の公儀地宣言からはじまるものであった。[60]

御府内町々河岸地之儀、重ニ公儀地ニ有之、既ニ土蔵物置木挽小屋等も其願度々願之上相建来り候、然ル処地主共之内ニは心得違、持地面同様之取計ひ致し候儀有之哉ニ相聞候、其品ニ寄而は御取上ヶニも可相成地所ニ候間、其旨相心得、以来心得違無之様可申聞候河岸地は「重ニ公儀地」、すなわち尊くして重要な公儀地である。これまでも河岸地の土蔵や物置などは町奉行所の許可のうえで造作されてきた。しかしながら、地主のなかには「持地面同様」に利用している者がいるという。ついては事と次第によって河岸地の没収もありうるとしたのである。天明三年令の厳格化であり、強硬姿勢の表明は、わざわざの「重ニ公儀地」の語の使用も含めて、つぎの施策への布石であった。

触の伝達から時日をおかず、七月六日、町奉行榊原忠之と筒井政憲は内寄合に河岸付町まちの名主らを呼び出し、「御府内町々河岸地之儀は公儀地ニ而、町人共持地と申筋ニは無之、其品ニ寄御取上ニも可相成候」と先の触の主旨を繰り返し言い聞かせた[61]。こうして圧力を加えておいたうえで、河岸地が「年来持伝へ」の地であり、町人たちに「格別之弁利」な場所であるから、従来どおりの利用の許可を言い渡した。その安堵のうちに、「冥加之程」を弁えて、河岸地の坪数および場所柄に応じた上納金の差出を命じたのである。上納金を納入すれば、既存の土蔵や物置の普請修復は届け出のみでよいとされた[62]。

こうして河岸地冥加金の上納がはじまった。遡ること前年の文政六年十二月、町奉行榊原は町年寄らに河岸地冥加金の徴収について評議を命じていた[63]。ここですでに「御府内河岸地之儀者、重き公儀地」との表現がなされている。単に河岸地に上納金を賦課したのではない。公儀地であるがゆえに、その利用への冥加金が発生したのである。

冥加金の徴収は町年寄樽屋のもとで強力に進められた。霊岸島四日市町の場合、河岸地のないところを地主たちが「銘々地先キ切縮メ」て河岸地を造成したことから、「別段往還河岸等相附候場所」として、冥加金の減額を樽屋へ願い出た[64]。これに樽屋は「一向御取用イ無之」とまったく相手にせず、河岸地一坪につき銀五分の上納命令に従わなければ、河岸地面を没収すると言い渡した。同様に南新堀二丁目が、豊海橋の一手持の維持管理負担の存在から冥加金の減額を願ったことに対しては、「以の外御呵」と怒りを顕わにし、町入用が嵩むのであれば橋を「早々切落シ可申」と言い放った。

町年寄の強圧姿勢の背景には町奉行がいただろうし、さらにその後ろには老中首座・勝手掛の水野忠成の存在があったろう。河岸地冥加金の制は徳川将軍家の領主権力としての側面から財政収納の増加を意図したもので、冥加金年額約六〇〇〇両は純粋に幕府収入となる。ここにおいて幕府は方針を転換し、積極的な公儀地政策をとりはじめた。河岸地は公儀地であるとただ宣言されて、確認されるだけでなく、利潤を生み出す土地として新たに位置づけられたのである。

一方で河岸地冥加金の上納は公儀地の利用を河岸付町屋敷地主たちに公認することをも意味した。(65) これまであいまいな預け地の論理に依拠していた地主たちも冥加金上納によって正当性を十分に主張できることになったのである。

2　河岸地地代

天保十三年（一八四二）三月、老中首座水野忠邦は町奉行鳥居忠耀と遠山景元へ、江戸城の御堀端および河岸地における物置設置や、そうした場所が内々で住居化している現状の「古復」を命じた。(66) 実態把握のため、鳥居が江戸向きを、遠山が本所深川を調査し、河岸地冥加金上納令発布の経緯も改めた後、(67) 五月に水野へ上申書が提出された。(68)

そこではまず「御府内町々河岸地内ニ者、沽券地又者拝領地も入交有之、多分者公儀地ニ而町人共持地与申《（平出）》ニ者無之候」と、河岸地に沽券地と拝領地が入り交じっていることを指摘したうえで、多くは「公儀地」であって「町人共持地」ではないことが確認された。もとより冥加金上納は河岸地への居住を認めたものではない。河岸地住居の摘発が求められるところだが、鳥居は「聊なからも年々冥加上納」していることから河岸地地主へ配慮を示し、火焚所や住居に紛らわしい分のみを早急に撤去させる案を水野へ提示した。やはり冥加金の上納が河岸地地主の一定の権利へ結びついているといえる。

この前年の十月、北町奉行所市中取締掛与力は、河岸地が「沽券地同様」に利用されるようになっている現状を上申しているが[69]、そうしたことの理由を「畢竟上納金有之候故、町役人共も其侭ニ差置候」と、冥加金を納めていることに求めている。鳥居の捉え方と変わるところはない。

町奉行提案に対し水野は「格別御改正」の時期にあることからこれを認めず、「惣而古復之形ニ相成候心得」での調査をあらためて命じた。のみならず河岸地冥加金の廃止方針もここで示されている。天保改革は享保・寛政の政事に復すことを標榜したから、文政七年にはじまった河岸地冥加金は容認されるものではない。

鳥居を主担当に町奉行による再調査が進むなか、七月に「河岸地会所地」の取扱いが問題となった[70]。これは河岸地における共同利用地のことで、沽券地地先にあるわけではなかった。町人たちはこうした空間も占有しており、自身番屋や髪結床、非人小屋などがしばしば設けられていた。

鳥居はこうした造作のすべてを「公儀地ニ付取払申渡可然」と撤去の方針を示し、九月には水野へ「河岸地之内会所地と唱、沽券地地先ニ無之（平出）公儀地」における土蔵や物置などについては、寛政以降および造作年不明のものを撤去する案を提示した[71]。改革の本旨を踏まえた鳥居は、「公儀地」の語をもって河岸地造作物の撤去を推進していこうとした。それは「河岸地之儀ハ、公儀地ニ有之」ことから、「無地代ニ而用弁致し候儀者不相当」とする認識に支えられていた[72]。この論理は元文五年の新規願いの町人と同じである。

しかしながら翌十月、事態は急展開した。河岸地地代の賦課徴収の決定である。水野は、河岸地の造作をすべて現状のままとし、冥加金に代えて相応の河岸地地代を地主に出させることとしたのである。[73] 曲輪廻り御堀端の土蔵や物置こそ撤去が命じられたものの、河岸地においては「沽券地地先無之公儀地」にある河岸地会所地であっても造作が認められた。ただし火焚所の設置や居住は従来どおり不許可である。

河岸地地代の徴収は、会所地がそうであったように、沽券地地先に限られるものではなく、拝領地地先も賦課の対象となった。だがそれでも江戸のすべての河岸地を一括りにして、地代を賦課することはできなかった。十二月になって鳥居は、遠山管轄下の本所深川においては「由緒有之拝領地幷町年寄共取扱候地所河岸地之分」は地代を免除している旨の町年寄報告をうけ、遠山を質した。[74]「縦令拝領地・上納地・受負地ニ候共、河岸地之儀者(平出)　公儀地候処、無謂無地代ニ而建もの等致し、用弁致し候者、不相当」であるとの鳥居の主張は、やはり公儀地を全面に出した物言いである。

これに遠山は、町年寄の認識違いを指摘したうえで、河岸地個々の事情を勘案中であると応答した。例えば浅草寺領内河岸地における浅草寺河岸地納銀との兼ね合い、河岸地が拝領地地先ではなく拝領地内にある場合、あるいは御用屋敷への河岸地地代賦課が屋敷地地代上り高の減少となり「御損益無之筋」となってしまう場合などである。遠山は河岸地個々の事情を踏まえた河岸地地代の賦課を目指していた。とはいえ江戸向きと本所深川に差が生じる「一事両様」は回避されなければならない。遠山は鳥居へ全地域を主管するよう提案したが、実現しなかった。

翌天保十四年正月には、霊岸島四日市町にある伊勢太神宮の別当慶光院から寺社奉行へ、河岸地地代に関する願書が出された。[75] 慶光院の主張によれば寺付河岸地は「拝領地之内切縮」によって造成されたものであった。拝領地内であれば地代は徴収されない。事の裏づけをとるべく河岸地取調掛与力による調査が実施され、四日市町の水帳ともつき合わせられたが、書証は得られなかった。そこで鳥居は「拝領地・沽券地共、地先河岸者凡　公儀地」とのことで地代賦課するものであり、「品々申伝而已ニ付難決」ことから、場末町まちと同程度の「少分之地代」を納入するよう命じた。

こうして河岸地個々の成立事情を踏まえながら地代が設定されていった。だが河岸地のみが公儀地ではない。「河岸地ニ無之公儀地」で、地先の地主らによって「自儘ニ相用来候分」も地代賦課対象とされ、市中取締掛名主らによる調査が実施された(76)。ここでの河岸地以外の公儀地はつぎのように説明された。

公儀地と認候は、河岸地ニ無之広場明地、又は土手際なだれ地等、地先之者無地代ニ而相用候分ニ御座候

広場や空き地、土手際、傾斜地など沽券地以外で「無地代」で使用している場所すべてが公儀によって把握され、地代賦課対象地とされようとしたのである。すべての土地は沽券地ないし拝領地か、公儀地のいずれかである。公儀地の論理はここに極まった。

しかしながらこの施策は貫徹しなかったものとみられる。改革政治の行き詰まりが明らかとなるなか、天保十四年閏九月に老中水野が失脚したのである。水野は翌十五年六月に老中復帰を果たすが、昔日の勢いはない。代わって頭角を現した老中阿部正弘へ町奉行跡部良弼と鍋嶋直孝は、河岸地地代についての存念を十五年十二月に上申した。

沽券地地先への賦課は、「金子手廻候もの」である地主への賦課であり、彼らにとっては冥加金が地代へと「唱替」られたに過ぎないから現状で問題はない。だが拝領地地先への賦課は、「過半薄禄」である町屋敷拝領者への賦課であり、彼らは負担を町屋敷地代へ転嫁するか、河岸地地代を延納するかのいずれかに至らざるをえな

い。受負地・上納地地先への賦課は、請負人の負担となるから、いずれ上納高の減少につながる。よって後二者の河岸地地代上納を廃止すべきとしたのである。

町奉行らの勘定によれば、冥加金上納額が年六三四七両余であったのに対し、地代収入額は年七六二〇両余であった。ここから拝領地や上納地等を除外すると年六八二〇両となるから、それでも冥加金上納額よりは増収であった。こうして河岸地地代の見直しが進められ、翌弘化二年（一八四五）十月、老中阿部は河岸地地代を廃止し、かつての河岸地冥加金制度に復させた(77)。

冥加金から地代への変更は、単なる呼称替えで済む問題ではない。冥加金は、表向きとはいえ公儀から与えられた恩恵に対する報恩をあらわすものである。一方の地代は土地借用の対価として地主に支払うものである。河岸地地代の設定は、統治者への報恩という形式すら放棄し、公儀と地先地主の関係を土地の貸借関係へと進めたことになる。公儀地がそのように使われたとき、その土地の商品化はもう目前である。公儀地の実体化の行き着く先のひとつは、公儀による公儀地の利権化であった。

おわりに

以上、江戸町触における公儀地文言の用例分析を通じて、公儀地の歴史的変遷を明らかにしてきた。まずもって江戸において公儀地として問題になったのは、庇地であった。明暦大火からの復興は、江戸の主たる表通りに公儀地と沽券地からなる庇地を出現させた。それは正徳沽券絵図によって統一的に明確に図示されることとなった。以後の歴史は公儀地の私的占有と統制、そして公儀による利権化の過程である。

「公儀地」の文言が町触にはじめて登場したのは享保期で、その発言主体は町年寄であった。庇地の私的占有を問題視し、道幅を確保しようとした町年寄は、公儀地文言を使って統制を図った。庇地と公儀地の認識はこの段階で町名主や家主にも共有されていた。とはいえ延享沽券絵図では明らかに公儀地の意識の退潮がみてとれた。他方で河岸地を公儀地とする認識も享保期には確立していた。新規願いの町人はこれを捉えてその利権化を企図し、町名主らは慣習の存在からそれを否定した。直接の応酬ではなかったが、願人と名主、双方ともに公儀地文言を使用し、これに相手の私的性格を対置した。この場合、公儀地はそのままで意味を強化していくことに結果した。享保期における都市化社会の到来と進展は、町人たちによる公儀地の私物化を押し進めることとなった。

天明期には町奉行が河岸地、ついで庇地を公儀地であるとはじめて明言した。町年寄によって公儀地の私的占有への統制が強まるなかでの町奉行による公儀地宣言は、公儀がこの問題に直接関与する方針を示したことになる。町方において公儀地が取り沙汰されるようになると、公儀はこの状況に乗って登場してきたのである。ただしこの時点では、まだ統制にとどまっていた。

文政七年、公儀は公儀地への関与方針を転換し、河岸地冥加金の制を導入した。公儀地政策のはじまりである。ここにおいて公儀地は公儀自身によって利権化された。一方で冥加金上納はあいまいだった河岸付町屋敷地主の権利を公認するものともなった。さらに天保十三年に河岸地冥加金が河岸地地代にあらためられると事態はより一層進んだ。冥加の形式を振り捨ててしまえば、公儀と地主は単なる貸借関係にあるものに過ぎなくなる。わずか三年で冥加金へと復したものの、その本質が露骨な増収策であったことはもはや覆いがたい現実であった。

町触にみる限り公儀地文言は町方での使用と普及をうけて、公儀があらためて用いるようになった言葉であった。天明期に至るまで公儀が公儀地文言を振りかざして、被支配者に向かったことはなかったのである。その公儀地は江戸ではもっぱら庇地と河岸地に代表されるようになり、問題はその私的占有に収斂していった。最後にその観点から両者の差も含めてまとめておきたい。

まず公儀地といえば往還であり、このうち問題視されたのが町家地先の庇地であった。享保期以降、間歇的にその私的占有が問題となり、天明期には理念上の沽券絵図の町並みが絶対視されて、現状のそれへの合致が求められることとなった。それでも庇地の私的占有は止まなかったようだ[78]。だがこれが公的に認められることは決してなかった。庇地を利権化することは、そこが「往行之道」である限りは認められなかったのである。

一方の河岸地は私的占有から利権化へと進んだ。町まちは、生活と生業の場としての河岸地への、実質的な権利を慣習として固めていっていた。河岸地は安定した経営に不可欠な地として、町屋敷と一体となっていた。こうした河岸地を公儀地とみて、その利用への対価の論理を最初に見出したのは、享保期における新規願いの町人であった。これの否定には相手の私的性格を指摘するしかない。公儀地は言挙げすればするほど、自らの私的性格を認めることとなり、焦点は私的性格の程度ということになってしまう。公儀地の利用主体は、地主であっても請負人であっても私的営為とみなされざるをえない。

この陥穽を免れる者はただ公儀しかない。公儀は町方での議論や土地利用の高度化をうけて、さほど関心を示してこなかった河岸地を公儀地とし、それを町人たちに利用させているという図式の構築に労せずして成功した。文政七年の転換はその意味で起こるべくして起こったものである。河岸地冥加金の賦課は、領主としての徳川将軍家の財政収納の増加を意図してであり、河岸地地代への変更は公儀地の私物化をよりあからさまに示すこととなった。

かくして公儀地の実体は江戸において集約的にあらわされた。公儀地はア・プリオリに存在するのではない。

具体的な歴史過程のなかで意味を付与され、変容させながら、いかにも当初からそうであるかのようなかたちをまとって現れてきたのである。その行き着く先が私的所有の論理であることはもはや言を俟たない。

註

（1）「葉隠」（『三河物語　葉隠』日本思想大系26、岩波書店、一九七四年）五三五頁。同書の理解については、小池喜明『葉隠―武士と「奉公」』（講談社学術文庫、一九九九年）参照。

（2）網野善彦『無縁・公界・楽』（平凡社、一九七八年、増補一九八七年、後に『網野善彦著作集』十二巻、岩波書店、二〇〇七年所収）。

（3）藤木久志「大名領国制論」（『大系日本国家史』二巻、東京大学出版会、一九七五年、後に同『戦国大名の権力構造』吉川弘文館、一九八七年所収）。

（4）安藤正人「近世初期の街道と宿駅」（永原慶二・山口啓二編『講座・日本技術の社会史』八巻、日本評論社、一九八五年）。なお安藤が立論の前提とする「往還は御公儀の地」を含む一文を掲げれば、「勿論往還者御公儀之地と申事、一往者其理尤ニ候へ共、伏見淀堤ニ而も其領分江付候所者領主奉行之支配歴然之事ニ候」のようである（『大日本古文書』家わけ四、石清水文書三、六二八頁）。寛文九年（一六六九）、石清水八幡宮神領の美豆堤に植栽した松をめぐる争論口書の部分で、発言者は社務の田中要清である。ここでの公儀地はまさに観念である。

（5）関連する研究は近年特に多いが、ここでは藤井讓治「一七世紀の日本」（『岩波講座日本通史』十二巻近世2、一九九四年、後に同『幕藩領主の権力構造』岩波書店、二〇〇二年所収）、久保健一郎「天下と公儀」（堀新編『信長公記を読む』吉川弘文館、二〇〇九年、後に同『中近世移行期の公儀と武家権力』同成社、二〇一七年所収）を挙げておく。

（6）大石慎三郎『享保改革の経済政策』（御茶の水書房、一九六一年）一八三頁。

（7）塚本学「名山大沢不封論について」（『徳川林政史研究所紀要』昭和四十九年度、一九七五年、後に同『小さな歴史と大きな歴史』吉川弘文館、一九九三年所収)。
(8) 杉本史子「近世中期における大名領知権の一側面」(『日本史研究』二六二号、一九八四年、後に同『領域支配の展開と近世』山川出版社、一九九九年所収)。
(9) 塚本学「書評　杉本史子著『領域支配の展開と近世』」(『史学雑誌』一〇九編九号、二〇〇〇年)。
(10) 丹羽邦男「近世における山野河海の所有・支配と明治の変革」(『日本の社会史』2巻、岩波書店、一九八七年)。
(11) 玉井哲雄『江戸―失われた都市空間を読む』(平凡社、一九八六年)。
(12) ただし明治二年に「御上之御地面」との語がみえるが、ここでは対象外とする(京都町触研究会編『京都町触集成』十三巻、岩波書店、一九九五年、九四五号)。
(13) 京都町触研究会編『京都町触集成』一巻(岩波書店、一九九四年)四九六号。『京都御役所向大概覚書』上巻(清文堂出版、一九七三年)三五七頁も参照。
(14) 京都町触研究会編『京都町触集成』別巻二(岩波書店、一九九五年)補一一九号。
(15) 京都町触研究会編『京都町触集成』別巻二(前掲)補一五五号。
(16)「月堂見聞集」(『続日本随筆大成』別巻三、吉川弘文館、一九八一年)一〇七頁。
(17)「月堂見聞集」(『続日本随筆大成』別巻三、前掲)二三六頁。
(18)「月堂見聞集」(『続日本随筆大成』別巻四、吉川弘文館、一九八二年)二四七頁。
(19)『大阪市史』三巻(大阪市、一九一一年)四三九頁。
(20)『大阪市史』三巻(前掲)四九五頁。
(21) 牧英正『道頓堀裁判』(岩波新書、一九八一年)。
(22) 玉井哲雄『江戸―失われた都市空間を読む』(前掲)。
(23) 近世史料研究会編『江戸町触集成』一巻(塙書房、一九九四年)一六四号、一六五号、一六六号。
(24) 近世史料研究会編『江戸町触集成』一巻(前掲)一六九号。

(25) 近世史料研究会編『江戸町触集成』一巻（前掲）一七一号。
(26) 玉井哲雄『江戸町人地に関する研究』（近世風俗研究会、一九七七年）。
(27) 岩淵令治「江戸の沽券図について」（『国立歴史民俗博物館研究報告』二〇四集、二〇一七年）は現存する沽券絵図を一覧化しており有用であると同時に、四点の沽券絵図のトレース図を掲載しており参照させていただいた。
(28) 旧幕引継書（国立国会図書館蔵）八一九―一七五。
(29) 岩淵令治「江戸の沽券図について」（前掲）七一頁トレース図。
(30) 近世史料研究会編『江戸町触集成』四巻（塙書房、一九九五年）六〇〇六号。
(31) 「撰要永久録」（『東京市史稿』産業篇十二）六五一～六五三頁。
(32) 近世史料研究会編『江戸町触集成』四巻（前掲）六〇一九号。
(33) 近世史料研究会編『江戸町触集成』四巻（前掲）六二五八号。
(34) 近世史料研究会編『江戸町触集成』五巻（塙書房、一九九六年）六六六七号。旅人の人別把握についての諮問は略す。
(35) 詳細は拙稿「江戸の公共空間と支配管轄」（『比較都市史研究』三四巻二号、二〇一五年、本書第六章所収）参照。
(36) 『新修日本橋区史附録』（東京市日本橋区、一九三七年）。
(37) 岩淵令治「江戸の沽券図について」（前掲）六八頁トレース図。
(38) 『新修日本橋区史附録』（前掲）。
(39) 近世史料研究会編『江戸町触集成』五巻（前掲）六五五三号。
(40) 近世史料研究会編『江戸町触集成』五巻（前掲）六七九一号。
(41) 岩田浩太郎「都市経済の転換」（吉田伸之編『日本の近世』9巻、中央公論社、一九九二年、後に同『近世都市騒擾の研究』吉川弘文館、二〇〇四年所収）。
(42) 武陽隠士（本庄栄治郎校訂・奈良本辰也補訂）『世事見聞録』（岩波文庫、一九九四年）四四二頁。
(43) 近世史料研究会編『江戸町触集成』七巻（塙書房、一九九七年）七九九四号。

(44)『市中取締類集』(大日本近世史料) 一巻、三六一頁。嘉永元年(一八四八)に表坊主吉田長佐は自身の拝領町屋敷について、延享沽券絵図に基づき「町並表通　公儀地与申伝候三尺之庇地」を引き去ると奥行きが不足することなどを訴えたが、若年寄は奥行き不足は町並一体のものであって、延享以前のことであるとして、訴えを却下した(『市中取締類集』十四巻、一〇九頁)。ここにも沽券絵図が理念上のものであることが示されていよう。

(45) 近世史料研究会編『江戸町触集成』七巻(前掲)八四一一号。

(46) 近世史料研究会編『江戸町触集成』七巻(前掲)八二九〇号。

(47) 近世史料研究会編『江戸町触集成』八巻(塙書房、一九九七年)八九〇一号。

(48) 藤田覚『田沼時代』(吉川弘文館、二〇一二年)三一頁。

(49) 川名登「関東における河岸問屋株の成立」(『地方史研究』六二・六三合併号、一九六三年、後に同『近世日本水運史の研究』雄山閣、一九八四年所収)。白川部達夫「明和・安永期の関東河岸吟味と土浦」(『金沢経済大学論集』二六巻一・二合併号、一九九二年、後に同『江戸地廻り経済と地域市場』吉川弘文館、二〇〇一年所収)は、河岸吟味に幕府の絶対主義化路線をみている。江戸でもその立場から河岸地の統制とあわせて冥加金賦課に至る道筋を見通せるのだが、そうはならなかった。この間の政治はまだ検討の余地がのこされている。なおこの時期の絶対主義化については、中井信彦『転換期幕藩制の研究』(塙書房、一九七一年)も参照。

(50)『市中取締類集』十一巻、七〇頁。

(51) 近世史料研究会編『江戸町触集成』八巻(前掲)九〇六九号。

(52) 近世史料研究会編『江戸町触集成』八巻(前掲)九〇七四号。

(53) 近世史料研究会編『江戸町触集成』八巻(前掲)九〇八一号。

(54) 近世史料研究会編『江戸町触集成』八巻(前掲)九〇八四号。

(55) 近世史料研究会編『江戸町触集成』八巻(前掲)九〇五六号。

(56) 近世史料研究会編『江戸町触集成』八巻(前掲)九〇六一号。

(57) 近世史料研究会編『江戸町触集成』八巻（前掲）九〇七一号。
(58) 近世史料研究会編『江戸町触集成』九巻（塙書房、一九九八年）九九六九号。
(59) 同様の用例は他史料にも見出すことができる。元文六年（一七四一）正月、増上寺への延焼防止のため町奉行は周辺町屋に対し九月までに瓦葺き、かつ塗り家造りとするよう命じた。間数に応じた一律の拝借金も準備されたが、飯倉町の養生所付御入用屋敷地守はさらなる金子拝借を願い出た。同地はもと浪人者の上り屋敷で、後に預け地となった。そこに地守負担で家作し、町屋敷経営をおこない、上納金を納めていた。こうした土地の事情から町奉行は、他に例もないが「畢竟　公儀地面江自分入用を以建候事」につき、特別に二十両の拝借を認めた（『市中取締類集』二八巻、六一～六五頁）。ここでは「御入用屋敷」が「公儀地面」と表現されていることになる。
(60) 近世史料研究会編『江戸町触集成』十二巻（塙書房、一九九九年）一二一七〇号。六月付。
(61) 近世史料研究会編『江戸町触集成』二一巻（塙書房、二〇〇二年）補二三三号。
(62) 文政七年十一月には河岸付町々名主惣代の呉服町名主三郎右衛門らが既存建物に関する届出書に家主と五人組、そして名主の連印をもって家主一名の町奉行所への出頭で済めば「町々弁理宜」とのことで町年寄を経由して町奉行所へ願い、そのまま認められている（近世史料研究会編『江戸町触集成』十二巻、前掲、一二三〇九号）。
(63)『市中取締類集』十一巻、三頁。
(64) 播磨屋中井家「改廿三番日記」（『東京市史稿』産業篇五十一）三八～四一頁。
(65) 小林信也「近世江戸町方の河岸地について」（『史学雑誌』一〇三編八号、一九九四年、後に同『江戸の民衆世界と近代化』山川出版社、二〇〇二年所収）。
(66)『市中取締類集』十一巻、一七五頁。
(67)『市中取締類集』十一巻、十一頁。
(68)『市中取締類集』十一巻、六七～七〇頁。
(69)『市中取締類集』一巻、二三四頁。天保十三年五月には、小網町の河岸地へ瓦葺き、塗り屋造りの家を建てるにつき、

「河岸地之儀前々与違、冥加金も相納、其上火焚所ニ者不仕、塗家作・瓦葺ニ仕候上者、差障候儀者有御座間敷」と町奉行が述べている（『市中取締類集』十一巻、九七頁）。

（70）『市中取締類集』十一巻、二〇七頁。

（71）『市中取締類集』十二巻、十頁。

（72）『市中取締類集』十二巻、十八頁。

（73）近世史料研究会編『江戸町触集成』十四巻（塙書房、二〇〇〇年）一三七四六号。

（74）『市中取締類集』十二巻、一九八頁。

（75）『市中取締類集』十三巻、十頁。

（76）近世史料研究会編『江戸町触集成』二二巻（塙書房、二〇一二年）補五六九号。

（77）『市中取締類集』十三巻、二六九頁、同書二三巻、二四二頁。

（78）滝島功「近代都市の道路と地租改正」（『地方史研究』二六七号、一九九七年）。

終章　江戸の都市化と公共空間

一

或は棄物あると呼はれば、家々騒ぎたち人を出し、面々の屋鋪の前に棄させまじきとする斗

（荻生徂徠『政談』[1] 享保十一年）

現在店先ニ死人倒れ居候而も、更ニ不相構様之弊習不少哉ニ相聞、当節ニ至り候而も間近く右等之次第有之

（『京都町触集成』[2] 慶応四年）

百万の人は百万の心を抱て各一家の内に閉居し、戸外は恰も外国の如くして嘗て心に関することなく、井戸浚の相談も出来難し、況や道普請に於てをや。行斃を見れば走て過ぎ、犬の糞に逢へば避けて通り、俗に所謂掛り合を遁るゝに忙はしければ、何ぞ集議を企るに遑あらん。習慣の久しき其風俗を成し、遂に今の有様に陥りたるなり。

（福澤諭吉『文明論之概略』[3] 明治八年）

都市化社会の到来は人びとを利己的にして、私的領域へ閉じこもらせ、外部世界との交通をとざしてしまうの

か。丸山眞男にならってこれを「ヨコの公共精神の欠如」といってもよいし、[4] 牧原憲夫が焦点とした「客分意識」の問題として捉えることも可能であろう。[5]

だが、人びとが純粋な利己主義に凝り固まってしまえば都市は解体してしまうほかないだろう。さりとて権力による強制のみでも都市は運営されない。

すべての人間が利己的であるといふことを前提にした社会契約説は、想像力のない合理主義の産物である。社会の基礎は契約でなくて期待である。社会は期待の魔術的な拘束力の上に建てられた建物である。

（三木清『人生論ノート』[6]）

本書は都市化社会の「期待」とその行方を捉えようとしてきたのかもしれない。身分制下の都市であることはもとより、そもそも都市において共同体的な絆は期待できるものではない。ヨコの連帯に代わる仕組みが必要である。それを制度的に確立できないところに「期待」は生まれる。

本書のもとになる論文を書きはじめた当初は、必ずしも「公共」にあたるものを探し求めようとしたのではなかった。武家屋敷の「組合」ということに関心をもち、追究してみたのが最初である。都市の公共機能に関わるところから、議論は公共性の問題として深められるように思ったが、容易には位置づけられなかった。それが自発性を必ずしも前提としない、公共負担の問題として捉えられると思いついたのはしばらく後のことである。

他方で、組合を制度化した公儀の公共空間への立場が問題となってくる。本書では道奉行という、事典にもあまり登場しない無名の役職に着目することでそれへの接近が可能となった。また、その過程で道奉行が「公儀地」の言葉でもって支配をしていないことに気づいた。従来、往還は公儀地として把握され、多くの研究者がそれを前提に役論を組み立てていた。あらためて組合関係の史料を見直しても、公儀地文言は出てこない。ここに公儀地の言説を考えてみることとなった。

以上の位置づけに「都市化」の概念を用いることが適合ではないかと思いはじめたのは、都市社会学に触れてからである。もともと個人への注目というよりは、その集合である社会の方に興味関心をもっていたこともある。無論、近代社会をもっぱら対象にする社会学の理論や概念を前近代社会に安易にもち込むことはできない。とはいえ都市化の概念は広く、また魅力的であった。

都市は均質化圧力をもつ。ということは身分制と都市は相容れないのではないか。解体への契機を常に孕みながらもそれが共存できたのは、近世的な都市化社会が形成されたからではないか。こうした考えのもとに本書はまとめられた。

二

兵農分離と武士の城下町集住によって近世都市の歴史は本格的にはじまった。武士は主君への役務を果たすため、町人たちはもっぱら領主層の需要を満たし、城下町を繁栄させるために呼び寄せられた。泰平の世の到来によって列島各地で生産力が上昇し、流通網が発達して市場を確立させ、商品貨幣経済が深く浸透しはじめると、城下町はただ領主層のための存在ではなくなってゆく。都市化社会への道がここに開けたといってよい。それは都市の公共空間のあり方をも変えていった。

Ⅰ　公共負担組合論

江戸では道や橋、水路などの公共機能を維持管理するために多数の住民組合が組織された。この公共負担組合は、巨大化した身分制城下町が、都市として存続していくために不可欠の仕組みとしてつくり出された。

公共負担組合は、十七世紀半ば以降、遅くとも寛文期にはその姿をみせはじめ、元禄期には広汎に成立した。それまでに進んだ都市域の拡大と人口の増加は、都市基盤設備の拡充を否応なく要請し、拡充された設備は絶えざる維持管理を必要とした。公儀はここに、地域住民を振り向けたのである。その負担論理は、受益者負担原則に近い。公共負担組合は利用の平等性に、負担面での身分序列を有効に取り込むところに成立した。

城下町の住民とは、武家・寺社・町の諸身分のことであるから、住民組合の組織化にあたった道奉行は身分横断的な都市統治役職であったといえる。公儀は、都市公共機能の維持管理を地域住民へ強制的に委任し、自ら維持管理する設備の数を限定したのであった。それは財政的な問題を抱えていたからでもあるし、そもそも近世の公権力が地域的都市基盤に積極的に関与するような権力ではなかったということでもある。

だがそのことよりも、形成されはじめた民間社会の力量を公儀が捉えはじめていることの方にここでは注目したい[7]。実際の設備の普請や修繕は、当初から町人の請負であった。そのことを見越して公共負担組合は組織化されたのである。公共負担組合の成立が民間社会の伸張を踏まえたものであったのならば、それはまさに都市化を背景にもち、組合自体も都市化を象徴するものとしてみることができる。

つづく十八世紀前半は、公共負担組合の運営体制の整備される時期にあたっている。これまで組合の運営を中心になって担ってきたのは、道奉行によって任命され、「指引」や「世話」と呼ばれた、おおむね当該の設備に最寄りの武家であった。それがこの時期、公平・平等な輪番年番制を導入するようになってきたのである。組合の役割の確定とその永続性から、特定の家への事務負担が忌避されてきたのであった。公平・平等とはいえ、年番から旗本が除外されることや、相年番が表高の大小を組み合わせたものとなっていることは身分序列に基づいたものである。輪番年番制の導入にあたって組合内では、運営に関する文書を整理し、年番がこれを引き継いでいくように仕組みを整えた。この仕組みを下支えしたのは、やはり組合のもとで働く請負人であったろう。

請負人と組合との関係は、普請時のみの一時的なものから、次第に恒常的なものへと変わりつつあった。もとより享保期における請負の広汎な展開はつとに指摘されてきたところである。江戸の公儀橋一二六ヶ所の民間「定請負」がはじまったのもこの時期であり、民間は都市の公共事業へ本格的に参入しつつあった。民間社会の厚みへの依拠はこの先強まりこそすれ、弱まることはない。都市化社会とはまさにそのような状況をいう。公共負担組合の基本的形式はここに定まった。

確立した公共負担組合は、つぎに「組合一統」あるいは「組合中」の意識を形成した。それは公儀普請方と意見の対立が生じた場面で、組合の総意と一体性を主張する言葉として登場した。その言葉は都市基盤の責任主体を自認した表現であったといえ、こうした意識は十八世紀半ば以降に形づくられたとみてよい。組合は普請方指示をただ実行するだけの組織ではなくなり、現実の都市機能の必要度および負担額の多少をみて、指示の適否を判断するように成長したのである。とはいえ組合が常に一体性を保持したわけではなく、内部には利害の微妙なズレも存在した。これが埋められない場合には、組合中の合意形成が断念されることもあった。私的利害を抱えたまま、公共的課題を論じること。公共負担組合は、たしかにその位置までたどり着いていた。

公共負担組合の確立は、その仕組みの有効性が広く認められたことも意味する。有効性のひとつは経済的強者が経済的弱者を補い助ける側面の存在であった。それは身分序列を内包して「大家」と「小家」と表現された。

小家が他へ助力を願うものだとすれば、大家とは他を頼まずに自力で対応できるもののことである。およそ十八世紀半ば以降、都市住民は大家と小家に区分されて、大家による原則を超えた公共負担行為が求められることとなった。それは道造りにおいて顕著にみられる。

そもそも道造りは、自分の家の前を自ら維持管理するのが前代から引き継がれてきた慣習であり、これがほとんど制度と化していた。しかしながら享保期以降、旗本や御家人、そして一部の町にあっては経済的困窮から道造りを十分に実施できなくなっていた。小家からの助力要請が発せられ、これを大家が許容したのは、現実問題として、道半分という持場負担原則が、共同作業を必要とするからであり、道半分の境界を立てるのは大家らしくないという自負からであった。大下水組合が道造りへと流用された理由も組合内の大家の存在に求められ、ここへ来て組合は大家を取り込んでいくための手段として使われるようになったといえる。組合の枠組みを利用しての公儀による大家の動員である。ことここに至って都市住民という公平・平等な扱いは放棄され、経済力を比例させるところの身分序列が前面に押し出されてきた。

とはいえ大家は取り込まれる一方ではなかった。次第に大きくなる期待を逸らし、負担を最小化すべく、一手持場の設定によって組合からの離脱を図ったのである。公共負担が表高を基準とする身分序列に基づく限り、大家は多大な負担を免れない。これへの対抗策として採られたのが複数の組合所属ではなく、請負人の選択と活用の幅を広げる単独の一手持場の設定であった。以後の公共空間をめぐる都市化社会の焦点は、この大家と小家とのせめぎあいの局面にある。公儀（道奉行ないし普請方）はその間に立つ調整者へと自己の位置づけを変化させた。

大家と小家の分裂状況は、十九世紀に入るとさらに拡大した。そのような状況にあっても都市公共機能を維持管理していくため、都市化社会にもち込まれた論理が「一作限」であった。小家の困窮によって破綻寸前の公共機能に、大家を文字通り一度だけ投入するために生まれた言葉である。小家も公儀もこれを用いて大家に懇願した。しかしながらこの言説が、効力を有した時間も短かった。一作限は繰り返し用いることのできない言葉であって、使用すればするほど内実の伴わない虚偽の言葉になっていく。

ならば江戸の都市機能は崩壊したのであろうか。否、それはぎりぎりのところで保持された。大家の行為を引き出したものは、公共空間がもとより有するところの不特定多数の利用者の存在であった。すでに都市公共機能の責任主体は広く都市社会に知れわたっていた。公共機能に支障が生ずれば、利用者が頼るのは責任主体である公共負担組合である。大家を擁するところの組合は、公共機能への責任と役割と立場を自己認識して、行為に踏み切ったのであった。都市化社会の醸成してきた規律に従ったといってもよい。身分制下の都市がたどり着いた社会秩序は、身分序列のもとでのそれであったのである。

Ⅱ　公共空間支配論

公共負担組合の成立と展開を考えるにあたり、問題となるのが公儀の立ち位置である。都市化社会の到来は、公儀の公権力としての側面を強めさせ、その役割は公共負担の調整者へと限定されていく。その一方で公共空間をめぐる問題は、土地所有の問題へと移行しはじめていた。

江戸の公共空間を支配したのは道奉行であった。道奉行は、戦国の世にあっては軍団の行路整備を担うものであったが、十七世紀前半、寛永期の城下町造成過程において近世官僚としてあらためての成立をみた。それは都市内交通を円滑ならしめるための指示監督者としての道奉行職の誕生であった。

職名に冠する道とはこの場合、往還とも呼ぶべきもので、橋や水路をその内に含む。それらが本来的機能を果たしつづけていくためには日常の維持管理が必要である。そのため道奉行は往還への都市住民の習慣的行為を引き出し、これを統轄・編成することで都市全体の機能維持を図ったのであった。その過程で、個別の住民による維持管理の範囲を超える部分に、公共負担組合が組織されたのである。そうした組合の組織化は、一片の触をもって都市全体に一挙に構築できるものではなく、その場の住民構成をみながら個別に逐一設定していくものであった。

ここでの住民とは、武家・寺社・町のすべてを含む。その意味で道奉行は、身分横断的な都市統治役職であったし、またそうでなければならなかった。往還は身分別居住区を分断もするが、接続させてもいる。維持管理が身分別居住区内にとどまってしまっては、都市全体の機能は維持できない。都市全体を視野に入れた役職が必要とされた所以である。

十七世紀後半に代官と町奉行の両支配の地となる町並地の設定がはじまり、十八世紀はじめにはその一括指定も実施された。都市域の拡大に伴い、公儀は支配体制を更新していったのである。享保期における道奉行役職の廃止と再設置もその線上で理解され、より合理化された近世官僚としての道奉行をみることができる。

道奉行が武家・寺社・町の身分別居住区にとらわれずに、都市住民全体への命令権力であったことは、身分制支配を基軸とする体制下にあっては問題を内に孕んでいた。武家地の往還においては目付の支配と競合する部分をもったものの、先例主義や御用頼みの存在が問題を覆い隠していた。寺社地にあっては、境内の往還について寺社奉行の支配との競合が発生していたが、大きな問題とはなっていない。

それらに対して、もっとも問題となったのは町地における町奉行支配との競合である。それは享保期を経て「両願」問題となって顕在化した。都市化社会の進展が、公共空間の利用をめぐる独自の慣習や規範を形成させてきており、それと支配との関係を町人たちは問題視したのであった。「両願」問題は、町人たちに当面する支配者を「支配」と「懸り」に分けて理解させることへと結果した。身分制支配と公共空間支配の原理的関係の差へと突き詰められた議論は、身分制支配による一元化へと歩を進め、道奉行役職は十八世紀後半、明和期に廃止された。

とはいえ公共空間支配自体はなくならない。道奉行廃止の直後、普請奉行が赤坂溜池の定浚組合を組織した。赤坂溜池の外堀としての側面より、下水貯水池としての側面を重視して受益者負担となる組合を発足させたのである。寛政改革においては、町奉行と普請奉行の公共空間支配の細かな管轄区分が定められている。城下町は身分制支配の側面を強めながらも、都市であるがゆえにその終焉まで公共空間支配を必要とせざるをえなかったのである。

一方でこうした公共空間支配の論理を考えるうえで、「公儀地」の言説はいかに関わってくるのだろうか。江戸の町触に公儀地文言がはじめて登場するのは明暦大火の直後である。ここでは庇地の幅が問題とされ、これは正徳沽券絵図にも示された。とはいえこのことについてのこれ以上の展開は認められない。

十八世紀前半、享保期に入ると町年寄が公儀地文言を用いて庇地を統制しはじめる。この頃には町人による庇地の占有が目立つようになっており、延享沽券絵図での公儀地は伝聞表現で示されるにとどまった。他方で河岸地を公儀地とする認識が登場し、新規願いの町人はその利権化を企図し、町名主らは慣習の存在からそれを否定した。都市化社会の到来と進展は、都市の土地利用を高度化させ、町人たちによる公儀地の私物化を進めていたのである。

十八世紀後半に入ると、町奉行が公儀地文言を用いて庇地と河岸地の統制をはじめる。公儀による公儀地文言を用いての統制は天明期をまたねばならなかったのである。十九世紀に入ると公儀はさらに積極的な公儀地政策をとりはじめ、河岸地冥加金ついで河岸地地代が設定された。公儀による公儀地の利権化といってよい。公儀地は次第に内実を備えはじめ、そうすることで、いかにも当初からそうであったかのように現れてきたのである。

三

のこされた課題は多い。公共負担組合の具体例はなおも追究されるべきであるし、公儀による支配の実相をとりわけ普請方に着目して検討することが求められる。江戸の公共空間のあり方を相対化すべく、京都や大坂、その他の城下町との比較、あるいは世界の同時代都市との比較も必要であろう。ここでは課題のいくつかを展望も含めて述べておきたい。

まずは公共負担組合の位置を都市化社会の側から捉え直すことが必要であろう。十九世紀前半に効力を有した「一作限」の論理の誕生と、その言説の浸透の過程を問うことは、この問題への手がかりを与えるように思われる。

文化五年（一八〇八）十一月、上大崎村や中目黒村など三田用水組合を構成する十四ヶ村は、永峰町通りの用水堀への石橋架橋と用水板柵の修復を、この地の道造組合、すなわち薩摩藩島津家、佐土原藩嶋津家、椎谷藩堀家、島原藩松平家、三日月藩森家、久留米藩有馬家家臣および旗本三家へ願い出た(8)。この願いをうけて組合側は、当該場所が組合の持場ではないことを確認しながらも、村方の願いに任せて「一作限」の普請を実施することとした。総額七八九両二分のうち、武家側では薩摩藩が六二八両三分余、ついで島原藩が八五両二朱余などと醵出し、十四ヶ村はわずかに一両三分余を負担するのみであった。実に九九・八％が武家屋敷組合の支出である。なお、この普請を請け負った駿河屋七右衛門は、材木仲買であったとみられる(9)。

文政七年（一八二四）に巣鴨の町まちは、将軍徳川家斉の日光社参（これは中止された）を控えて替え道となる中山道の道造りを企図したが、「自力」に及びがたく、最寄り武家屋敷による「一作限道造」を、町奉行所をとおして頼んだ(10)。その結果、庄内藩酒井家、三日市藩柳沢家、豊岡藩京極家が町方の道造りに引き出されることとなっている。

いくつも事例を挙げるのは控えるが、「一作限」の論理は当時の江戸に広汎にひろがっていたものとみられる。「一作限」、すなわち一度だけの普請を願わなければならない状況をなおも問わなければならないが、この言葉によって頼まれる存在が公儀ではなく、公共負担組合ないし大名家であったことは近世の都市化社会と公共空間のあり方を端的に示している。

本書は、都市公共空間の維持管理を、公儀（道奉行・普請方）―公共負担組合―請負人―労働力（職人や日用層）の線で明らかにした。組合への着目は、その上に公儀を仰ぎ、下に請負人をみて、中間にあるものとして理解することが可能であった。しかしながら、当然に、請負人のもとで働く職人や日用層をはじめとした労働力は、微かにみえたに過ぎない。組合と労働力の間に位置する請負人の具体像の検討は社会構造把握の点からも不可欠である。とはいえ、その検討は史料的な制約から容易ではない。本書に名前の挙がった請負人で、確認できた者は材木仲買や人宿であった(11)。

こうした請負人のなかには、江戸の都市基盤設備の複数を請け負う者もいたし、彼らは独自のネットワークを形成してもいた。公共負担組合は彼ら請負人へ依存することではじめてその責任を全うすることができたのである。依存を強めることはまた、組合の公共空間への関与の度合いが一歩退くことを意味した。組合の請負事業が請負人の間で引き継がれ、組合が請負と入札の内実から疎外される方向を進んだとき、都市化社会はまた一段と深化したといえる。それは裏では癒着や談合、それから賄賂のやりとりを伴うものであったろう。公共事業の利権化はすでにはじまっていたのであるが、それも都市化社会の生み出したものであった。

近代化も本書が積みのこした議論である。維新によって公共負担組合は自然消滅するほかなかったろう。近代国家による東京の公共空間維持管理体制の構築は、江戸のなにを引き継ぎ、なにを切り捨てたのか[12]。租税によって間接的に関与するにとどまることになった人びとは、次第に都市の公共的課題への政治参加の場から遠ざかっていった。代わって行政が国民の租税をもって公共空間を運営しようとしたとき、その前提はやはり所有の問題にならざるをえなくなり、土地がだれのものかによって責任主体は異なることとなった。それは画一的なものであるし、従来の社会関係を顧慮するものでもない。近代国家の公共事業はこうして成立する。

以上のように見据えてみると、われわれは都市の公共空間から疎外される存在でしかなくなってくる。われわれの「期待」はどこに向けられるのか。行き過ぎた所有の論理に歯止めをかけるべく、「社会的共通資本」の概念を掲げて現代社会へ警鐘を鳴らしたのは宇沢弘文であった[13]。コモンズが私有制か、あるいは国家統制かといった二者択一では捉えられないように、都市公共空間も単純な所有関係のもとで処理され、理解されることを求めてはいない。そもそも都市そのものが社会的共通資本である。擬似都市（場所なき都市）から「生活」を取り戻し、そして快適都市へ[14]。その道を進むとき、われわれは歴史的前提をこそ踏まえなければならないはずだ。

これ以上、現代都市への言及を差し挟むことは、本書の課題を越えている。この先どんなに時代が進んでも、都市化社会を生きることからわれわれはもはや容易に離れられないだろう。都市化の歴史のなかに現在をみる眼が潜んでいる。本格的な都市化社会の道を歩みはじめた近世という時代を問いつづけることの意味は、そうしたところからも導かれるように思う。

註

(1) 荻生徂徠（平石直昭校注）『政談―服部本』（平凡社東洋文庫、二〇一一年）二二頁。
(2) 京都町触研究会編『京都町触集成』十三巻（岩波書店、一九九五年）五七九号。
(3)『福澤諭吉全集』四巻（岩波書店、一九五九年）七九頁。
(4)『丸山眞男集』十三巻（岩波書店、一九九六年）三五四頁。
(5) 牧原憲夫『客分と国家のあいだ』（吉川弘文館、一九九八年）。
(6)『三木清全集』一巻（岩波書店、一九六六年）二九四～二九五頁。
(7) 深谷克己「幕藩制国家と社会をとらえる新たな視点とは」（『新視点　日本の歴史』五、新人物往来社、一九九三年、後に改題して『深谷克己近世史論集』一巻、校倉書房、二〇〇九年所収）参照。
(8) 東京誌料（都立中央図書館蔵）七六〇―三〇三田用水一件留。
(9) 田中康雄編『江戸商家・商人名データ総覧』4巻（柊風舎、二〇一〇年）二四九頁。
(10) 毛利家文庫（山口県文書館蔵）八館邸二五。
(11) 市川寛明「江戸における人宿の生成と展開」（『東京都江戸東京博物館研究報告』七号、二〇〇一年）、同「人宿米屋による参勤交代の請負実態と収益メカニズム」（『東京都江戸東京博物館紀要』三号、二〇一三年）など、希有な人宿の史料群を得て、これの詳細な分析を進める市川の一連の仕事には注目しておきたい。
(12) 江戸町会所から東京会議所への再編については、中嶋久人『首都東京の近代化と市民社会』（吉川弘文館、二〇一〇年）がある。

(13) 宇沢弘文『社会的共通資本』(岩波新書、二〇〇〇年)。
(14) 間宮陽介「都市の形成」(宇沢弘文・茂木愛一郎編『社会的共通資本―コモンズと都市―』東京大学出版会、一九九四年)、青木仁『快適都市空間をつくる』(中公新書、二〇〇〇年)。

初出一覧

序章（新稿）

Ⅰ　公共負担組合論

第一章「江戸の公共負担組合と大名家―大下水組合と道造組合―」（『社会経済史学』八三巻一号、二〇一七年五月）

第二章「江戸武家屋敷組合と都市公共機能」（『関東近世史研究』五八号、二〇〇五年八月）

第三章「江戸の橋梁維持と武家屋敷組合」（『比較都市史研究』三六巻一号、二〇一七年六月）

第四章「江戸城外堀と赤坂溜池組合」（『白山史学』四八号、二〇一二年五月）

Ⅱ　公共空間支配論

第五章「江戸幕府道奉行の成立と職掌」（『地方史研究』三四九号、二〇一一年二月）

第六章「江戸の公共空間と支配管轄」（『比較都市史研究』三四巻二号、二〇一五年十二月）

第七章「江戸における公儀地の論理」（『法政史学』八八号、二〇一七年九月）

終章（新稿）

既発表論文はいずれも補訂した。とりわけ第一章は史料引用を施し、それに伴い本文も改めた。第二章は改稿した。

あとがき

二〇〇一年九月十一日、私は奥三河花祭の里にいた。前日まで大野瑞男先生の長野県佐久町での古文書合宿に参加し、とって返して今度は民俗学の宮本瑞夫先生の合宿に向かったのである。その夜、テレビが伝える情報を、友人たちはしばらくみて布団に潜り込んだが、私は繰り返し流される世界貿易センタービルの映像を明け方までひとり見続けた。「てーほへ、てほへ」の掛け声と、鎌倉以来の人びとの素朴で沸き返るような力強さに触れたこころのままで、世界に冠たる巨大国家に起こった事態を理解するのは誰であろうと不可能であろう。合宿続きの疲労に、落ち着かない気持ちを抱えたまま、しばらく日を送ったことを思い出す。

次第に明るみに出された「事実」とされたことと、その後の「テロとの戦い」は、二十歳を過ぎたばかりの私のこころに何か暗く重いものをのこした。最初の報復攻撃が報じられた日、ある人から「ついに、はじまってしまいました…」とメールをもらったことも忘れられない。それから私は、遅まきながら現代的課題を論じる本をすこし読むようになった。もとより生学問で、何も理解していないのだが、学問の根底はどこかでそういったものにつながっていなければならないと思った。とはいえ私には、目の前の史料に取り組むことしかできなかった。

本書は二〇〇七年三月に東洋大学から博士（文学）の学位を授与された論文『江戸の武家屋敷地と都市公共空間』（主査白川部達夫、副査小池喜明、大豆生田稔、宮崎勝美）の後半部分をもとに、その後発表した論文を加えて再構成したものである。前半部分の武家屋敷の土地所持に関する諸論文については、また別に機会を得てまとめたいと思う。

私の人生において白川部先生との出会いは決定的であった。ちょうど先生が東洋大学に着任された年に、私は修士課程に進学したから、タイミングもよかった。先生は専門のまったく異なる私を、その広さと深さをもって導いてくださった。先輩もいないから、その分、先生との関係は濃くなる。ずいぶんご相伴に与ったし、お宅にも上がらせてもらった。逆に先生が、陽の当たらない六畳一間の風呂無しアパートを見舞ってくださったこともある。私の生活が成り立つようにと、常々、気を配ってくださった。先生は実は褒め上手で、生来、遅鈍な私もその気になって学位まで取ってしまった。ある時、道に迷った私に先生は、人は時々そういう場面に遭うと仰って、たとえ割を食らっても後悔しない道を進むようにと諭された。以来、現在に至るまで、公私にわたり世話になりつづけている。

田舎から東京の大学に出てきた私を、まず魅了したのは小池先生の日本思想の講義であった。にんじん畑に囲まれた朝霞キャンパスで、教師はシャープニング・ストーン（砥石）であると仰って、受験勉強でこり固まった頭をゴリゴリと研ぎ澄まそうとなされた。常に思考を挑発する先生の授業は、これこそ大学の授業だと思えた。ある日、あまり陽気がいいので、講義をサボって近くの平林寺に行き、授業の終わる頃に教室に戻ってその話をすると、先生は莞爾として笑われた。古き良き大学時代の一コマである。

私を大学院へと背中で誘ったのは上白石実、龍澤潤の両先輩であった。また当時アルバイトをしていた国文学研究資料館史料館の山崎圭さんであった。まだ史料館が戸越にあった頃で、ここで渡辺浩一さんと親しくお話させてもらったことも大きい。

大学院進学後は、関東近世史研究会を中心に、歴史学研究会近世史部会、都市史研究会などで勉強させてもらった。宮崎勝美さんとお近づきになったのは、作事記録を読む会においてだったと思う。こうした場で大学の枠を越えて切磋琢磨した同世代の仲間たちのことは、現在でも少なからず頼りにしている。先輩らしいことは何ひとつしなかったが、荒川将、松野聡子らの後輩たちと机を並べたのも懐かしい思い出である。

院生ながら大学の研究費を得て、最初の大名家文書を採訪する旅に出たのも楽しかった。以来、たびたび訪れることになる各地の史料所蔵機関での厚意にはたいへん感謝している。とりわけ本書の第一章に収録した論文を書くため、山口県文書館には何度も通った。黙々とシャッターを押しつづけ、文字通り寝食を忘れてひとり古文書を読み進める時間は、何ものにも代えがたい。それはこの先も変わることはないだろう。

大学院在学中に世田谷区立郷土資料館に勤め、癖の強い三人の学芸員（恵津森智行、高杉尚宏、武田庸二郎）に揉まれたことで、私の人生観は大きく変わった。この「世田谷道場」は、無知で、世間知らずで、独りよがりな私に痛棒を食らわしてくれた。ときに洋の東西、そして時代を問わず、文学や美術をめぐって談論風発、往年の文士たちもかくやと思われた。三人は、年少な私にも真剣に向き合ってくれたから、「自分」のない者はぎゃふんと言わざるをえない。悔しいから必死で勉強する。ルオーを観て、李朝を語り、唐津を買うことは、私に必要な寄り道であった。私はここで私自身を知った。

非正規雇用で、博物館と大学を行ったり来たりしているうちに、馬齢を重ねてしまった。そろそろ潮時かなと思っていたところに、いまの職場へ正式に迎えられた。学科の先生方には感謝の言葉もない。もともとは任期付きで入ったのだが、法政大学の校風に馴染むのに時間はかからなかった。水が合うとはこういうことをいうのだろう。快活な学生たちとの対話は、教師としての私にどれほどの悦びと誇りを与えてくれることか。私の幾度と知れぬ挫折は、彼らと出会うためのものであったとさえ、いまとなっては思える。

家族にも感謝の言葉を述べておきたい。父も東京の大学を出ていたし、母は東京の人だったから、私も東京の大学に行くものだと子どもの頃から思っていた。都会へのあこがれは自然と育まれていたらしい。両親は大学院への進学も応援してくれたし、祖父母たちもしばしば援助を惜しまなかった。ずいぶん心配をかけたと思うが、田舎へ帰ってこいとは一度も言わなかった。

東京に来てもう二十年になる。もはや方言もめったに出てこなくなった。人並みに結婚したはいいものの、安定しない生活で、この間、妻にも迷惑をかけつづけてきた。

本書の出版に白川部先生は塙書房を紹介してくださった。快く本書の出版をお引き受けくださった塙書房白石タイ社長と、いつまでもグズグズしている私を叱咤激励して出版までこぎ着けてくださった編集の寺島正行さんに厚くお礼申し上げたい。

二〇一八年八月

松本剣志郎

本書の刊行には、東洋大学・平成三十年度井上円了記念研究助成の交付を受けた。

事項索引

索　　引

か

き

く

け

こ

さ

し

藩名索引

研究者名索引

松本　剣志郎（まつもと・けんしろう）

略　歴
1980年　大分県生まれ
2002年　東洋大学文学部卒業
2007年　東洋大学大学院文学研究科修了　博士（文学）
現在　　法政大学文学部専任講師

業　績
「江戸幕府の武家屋敷地書上令」（『関東近世史研究』71号、2012年）
「土浦藩江戸屋敷について―老中役屋敷の成立―」（『土浦市立博物館紀要』23号、2013年）
「鈍叟・況翁・圓了―越後長岡の名望家高橋九郎を交点に―」（『井上円了センター年報』23号、2014年）ほか

江戸《えど》の都市化《としか》と公共空間《こうきょうくうかん》

2019年 1月30日　第1版第1刷

著　者　松本　剣志郎
発行者　白　石　タ　イ
発行所　株式会社　塙　書　房

〒113-0033　東京都文京区本郷6丁目8-16
電話　03(3812)5821
FAX　03(3811)0617
振替　00100-6-8782

亜細亜印刷・弘伸製本

定価はケースに表示してあります。落丁本・乱丁本はお取替えいたします。

ISBN978-4-8273-1300-0　C3021